ÉTUDES D'HISTOIRE ORIENTALE

—

LES SULTANS OTTOMANS

LES SULTANS OTTOMANS

PAR

HALIL GANEM

TOME PREMIER

PARIS

LIBRAIRIE MARESCQ AÎNÉ
A. CHEVALIER-MARESCQ & Cⁱᵉ, ÉDITEURS
20, RUE SOUFFLOT, 20

1901

PRÉFACE

Dans l'étude de l'histoire du Moyen Age, comme dans celle de l'histoire ancienne, il est nécessaire, suivant l'opinion émise par le savant écrivain Heeren, de séparer les Etats qui, par leur constitution, ont donné un grand développement à l'homme lui-même, de ceux où l'homme, considéré uniquement comme esclave, ne jouit d'aucun droit individuel et ne s'élève au-dessus des autres que par la faveur du maître. Il convient de ranger dans cette dernière catégorie l'empire ottoman où les sultans exercent un despotisme illimité et où, du sommet à la base de la hiérarchie, rien ne doit s'accomplir sans leur volonté.

Ils délèguent le plus souvent leurs pouvoirs à des créatures indignes qui en abusent et perpétuent dans le vaste empire des Osmanlis les hideuses pratiques de la tyrannie et de l'oppression.

On chercherait vainement dès lors à trouver chez les Ottomans des hommes tels que ceux qui vécurent à Athènes ou à Rome. Les Etats asiatiques, quel que soit le degré de civilisation auquel ils sont parvenus, ne sauraient donner le jour à des hommes libres ou à de grands citoyens. Aussi, pour se faire une idée exacte du caractère de la domination turque, est-on forcé d'en suivre le développement, non dans la culture intellec-

tuelle du peuple, véritable bétail humain, ni dans
les institutions elles-mêmes qui dépendent du bon
vouloir des sultans, mais dans la vie de ses souverains,
dans l'organisation de l'Etat, dans sa croissance et son
déclin.

La psychologie morale des chefs est également une
source de précieuses découvertes pour l'historien. Le
peuple turc s'identifie, en quelque sorte, avec ses souverains. Le sultan est le centre où tout converge, le point
lumineux sur lequel tous les regards sont fixés. En dehors de lui, rien ne brille ; tel poète n'est connu que
parce qu'il a, en ses vers, célébré les louanges du pa-
dischach, et celui-là seul est homme de mérite qui a su
s'attirer la bienveillance du monarque. Au haut de l'é-
chelle, les favoris ; en bas, les viles multitudes, obs-
cures et flétries. Le dévouement à la patrie, la science,
le courage, la vertu, le succès même, ne comptent pour
rien s'ils ne sont remarqués du sultan qui tantôt les
récompense, et tantôt les dédaigne ou les châtie, suivant les envolées bienfaisantes ou meurtrières de son
caprice.

On peut diviser les sultans qui ont régné sur la Turquie en trois catégories : les conquérants ou les fondateurs de l'empire, les destructeurs ou sultans de la décadence et les réformateurs.

Quelle superbe lignée que celle de ces conquérants
ottomans qui ont marqué leur passage dans le monde
par de prodigieux succès militaires ! Quelle indomptable énergie, quelle noble simplicité chez Osman ! Quelle
fermeté, quelle prudence, quel esprit d'organisation
chez Orkhan ! Quelle sagesse, quelle modération, quelle
grandeur d'âme chez Mahomet ! Quelle vaillance, quelle

noblesse, quel désintéressement chez Amurat ! Quelle
activité dévorante, quel courage indomptable chez le
conquérant de Constantinople ! Enfin, quelle magnificence, quelle splendeur chez Soliman ! De quel éclat les
noms de ces conquérants ne brillent-ils pas au firma-
ment de l'histoire !

Quelques crimes, sans doute, se mêlent à tant de
grandeurs, mais la gloire les atténue si elle ne les efface
pas, et, en lisant les exploits des premiers empereurs
ottomans, on ne se souvient que des services éclatants
qu'ils ont rendus à leur pays. Les plus riches minerais
n'ont-ils pas leurs déchets et les scories n'attestent-elles
pas l'existence de l'or pur ? Telle nous apparaît la vie
des premiers sultans. En dépit de leurs imperfections et
de leurs erreurs, ils méritent d'occuper le premier rang
qui leur est dévolu par la postérité.

Tombés en décadence, leurs successeurs se dépouil-
lent rapidement du splendide vêtement des aïeux et de
tout ce qui constitue la gloire immortelle des ancêtres !
Depuis Osman jusqu'à Soliman, les sultans avaient rempli l'univers de l'éclat de leurs noms et du bruit de leurs
actions guerrières. Tout à coup, la scène change et les
acteurs ne sont plus à la hauteur de leurs rôles. A partir du règne de Bajazet II, leur étoile pâlit. Rongés par
la lèpre de l'ignorance, affaiblis par les débauches, ils
voient leur prestige s'évanouir et leur autorité décroître
au point qu'ils deviennent le jouet de leurs subalternes.
Là où il y avait eu autrefois des colosses, il n'existe plus
que des spectres, des fantômes, des ombres d'empereurs, héros de drame, personnages de comédie ou de
tragédie, êtres fuyants, sans volonté et sans énergie,
parmi lesquels on distingue à peine, çà et là, un ou deux

monarques qui ont tenté, mais vainement, de faire revivre les glorieux souvenirs du passé.

Jamais les lois des survivances ou de l'atavisme n'auront reçu un démenti plus flagrant que par la comparaison que le lecteur ne manquera pas de faire lui-même
entre les deux catégories de souverains dont nous venons
de parler. Et pourtant le même sang a coulé dans leurs
veines ; mais ce sang, pur à l'origine, saturé, pour ainsi
dire, de molécules de noblesse et de vaillance, s'était
subitement vicié.

La décomposition morale et physique, qui atteint les
individus, n'épargne pas les dynasties qui s'abandonnent à l'indolence et à la mollesse, ou qui refusent de
réagir contre le mal qui les corrompt et tarit en elles les
forces de la vie.

La troisième catégorie, celle des sultans réformateurs,
ne s'est révélée jusqu'à ce jour que par quelques actes,
d'une incontestable valeur, sans doute, mais qui ont
amené aussitôt après une formidable réaction, de telle
sorte qu'ils n'ont pu encore s'affirmer avec éclat, ni
même réaliser une transformation sociale que le peuple
semble désirer ardemment, mais qu'il n'ose imposer à
ses chefs.

Le mouvement qui s'est produit, il y a vingt-cinq ans,
pour doter la Turquie d'une constitution libérale, destinée, dans l'esprit de ses promoteurs, à réfréner le despotisme, a complètement avorté. Il a eu pour résultat
de renforcer la tyrannie dans ce pays. L'Europe, jalouse
de ses prérogatives et ne s'inspirant que de son égoïsme,
a pensé qu'il était plus avantageux pour elle de maintenir l'ancien régime qui lui permettrait d'augmenter
ses privilèges. Après la déposition de l'infortuné Mou-

rad V, le despote qui lui avait succédé, un moment désarçonné, fut remis en selle.

Les effets de cette contre-révolution, provoquée par la guerre avec la Russie, ne se firent pas longtemps attendre. Abdul-Hamid, soutenu par l'Europe entière, rétablit le despotisme, base fondamentale de toute domination en Asie.

Au contact de la vie moderne, partout ailleurs, ce despotisme se serait transformé ; il a conservé en Turquie son caractère, avec cette aggravation qu'il s'exerce au milieu de la vie libre des nations civilisées où il apparaît comme une anomalie monstrueuse.

Le peuple ottoman supporte toutes ces avanies et ces déchéances avec une admirable résignation. Après avoir projeté sur le monde les éclairs flamboyants de son large cimeterre et fondé sur les deux continents, dans les tressaillements d'une lutte héroïque, la plus formidable puissance qui ait existé au Moyen Age, il déclina rapidement et voici qu'il s'éteint, pour ainsi dire, dans la servitude. Où sont les beaux élans d'autrefois ? Qu'est devenue cette indomptable énergie qui faisait l'admiration de l'univers ? Comment le torrent de l'invasion, dont les eaux bouillonnantes couvraient victorieusement les plaines de l'Asie et de l'Europe, s'est-il changé en un ruisseau fétide coulant dans des terrains fangeux ? Pendant plus de trois siècles, ce fut comme le flux grondant de l'Océan, une sorte d'inondation périodique couvrant, à la fois, les campagnes et les cités, et s'étendant au delà du Danube. Aujourd'hui, après cinq siècles de domination, nous assistons au reflux de la marée. Les Ottomans, qui n'ont fait, pour ainsi dire, que camper en Europe, sont en pleine retraite vers l'Asie. Ainsi que

l'eau qui remonte à sa source, ils s'en vont, pa rles
mêmes chemins, vers le berceau de leur naissance. Encore quelques années et la plage européenne sera complètement libre. Étrange destinée que celle de ce peuple
qui disparaît sans laisser de traces de son passage. Il
n'a pas su créer une civilisation particulière. Partout où
il a vécu, dans les contrées qu'il a subjuguées, dans les
villes où il a séjourné, sous la tente comme sous le
chaume, et jusque dans ses palais, il est demeuré le
peuple que l'on sait. Ses mœurs ont pu varier, sans jamais perdre l'empreinte indélébile de son origine ; tant
il est vrai que les habitudes nomades sont les plus tenaces. Il a voulu rester ce qu'il a toujours été, un peuple essentiellement guerrier, plein de courage et d'abnégation, mais réfractaire à toute solution pouvant
entraîner un changement radical dans ses institutions.
C'est à cette dernière marque que l'on reconnaît le peuple ottoman, et, dans ce peuple, le type exact des ancêtres. C'est le même moule, moins l'âme. Car l'âme de
ce peuple, jadis si vaillante, réside toute entière dans
les sultans qui l'ont opprimée et meurtrie. Tous ses
élans, toutes ses aspirations sont encore pour le monarque, et, quand parfois la volonté populaire exaspérée
intervient dans les événements, elle est vite ramenée à
l'obéissance passive envers le sultan dont elle subit le
joug, nous devrions dire, peut-être, le charme profond,
tant il entre de passion sincère dans cet attachement du
peuple turc pour ses souverains. Toujours prêt à excuser leurs faiblesses, leurs erreurs, leurs folies, leurs crimes mêmes, il leur garde une inaltérable fidélité, ce qui
explique comment tant de révolutions et de changements de règne sont restés stériles et n'ont apporté au

peuple que des déceptions et des regrets. Touchant exemple de loyalisme dont les sultans n'ont jamais su apprécier le prix ! Il en résulte qu'aucune amélioration ne peut être introduite en Turquie que par ses souverains et que toute réforme, pour être viable, doit être placée sous leur égide. Le relèvement du pays, nous le répétons parce que c'est l'absolue vérité, ne peut venir que d'eux seuls. Aujourd'hui encore, le salut de la nation est entre leurs mains. Puissent-ils réparer le mal qu'ils lui ont fait ! Puissent-ils, en fondant la liberté sur des bases indestructibles, rendre au nom ottoman son ancienne splendeur ! Puissent-ils enfin régénérer l'empire !

Pour atteindre ce but, une réforme capitale est nécessaire, celle de l'éducation des princes. Tant que cette réforme n'aura pas été réalisée, c'est en vain qu'on cherchera à modifier les institutions et les lois.

Dans la plupart des conditions sociales, dans les plus humbles comme dans les plus élevées, il est, chez les parents, une ambition noble entre toutes. Ils veulent que leurs enfants soient plus instruits qu'ils ne le sont eux-mêmes. Ce fut le souci des premiers sultans, d'Amurat, de Mahomet Ier, de Mahomet II. Les princes recevaient alors l'éducation qui se donnait au Moyen Age et qui était bien suffisante pour les besoins de cette époque. Depuis, ce souci semble avoir complètement disparu des préoccupations des souverains régnants. Deux raisons les ont poussés à cette négligence, d'abord, ce fol et naïf orgueil qui les porte à se croire inspirés et, par cela même, posséder à un degré supérieur, si non le texte, du moins l'esprit, l'essence de toutes les sciences divines et humaines. Illusion dangereuse qui fut pour la Turquie la source de bien des calamités, et qui, aujourd'hui encore est cause de son abaissement !

Endormis dans leur antique indolence, les sultans ne connaissent de la civilisation européenne que ses vices, qui viennent s'ajouter aux vices déjà nombreux de cet Orient corrompu sur lequel ils règnent en despotes. Ils repoussent avec un profond dédain les doctrines scientifiques de l'Occident, ses conceptions philosophiques et jusqu'aux causes, pourtant bien connues, de ce progrès qui n'a d'autres fondements que l'activité et le savoir humains. Placés dans leur palais, comme des idoles, ils reçoivent, dans une attitude immobile, l'encens de leurs courtisans et les adorations qui montent vers leur trône, de la foule inconsciente.

La seconde raison qui a empêché les sultans de la décadence de prendre souci de l'éducation des princes, c'est que, depuis longtemps déjà, la couronne revient à l'aîné de la famille.

Relégué dans son conak (1) où il est enfermé, étroitement surveillé par des serviteurs qu'il n'a même pas le droit de choisir, l'héritier du trône vit dans une complète solitude, ne voyant personne, n'ayant à sa disposition que quelques livres de religion dans lesquels il puise les sentiments d'un fanatisme violent et contraire aux traditions des fondateurs de la dynastie et aux enseignements du coran. Une modeste liste civile lui permet de vivre dans une opulence relative. On lui donne plusieurs femmes, on l'encourage même à en augmenter le nombre dans l'espoir qu'il s'usera par les débauches. Le plus souvent on s'arrange pour lui faire contracter l'ha-

____

(1) Maison d'habitation affectée au prince héritier.

bitude des boissons enivrantes. Il restera ainsi pendant
quinze, vingt, trente années, dans une énervante solitude
et le jour où il est appelé sur le trône, il apparaît à ses
sujets comme un spectre sortant du tombeau.

Malheureuse nation, infortunés sultans, serions-nous
tentés de dire car au fond, on doit les plaindre et les
considérer, pour la plupart, comme les victimes d'un
régime suranné. C'est le régime asiatique dans sa saisissante horreur avec le sinistre cortège des abus et des
préjugés qui sont l'essence même du despotisme.

Aux trois catégories de sultans que nous avons indi-
quées correspondent trois types de souverains.

C'est d'abord le sultan conquérant, capitaine, général
d'armée, homme d'État, soldat avant tout, aimant la
bataille, entassant succès sur succès, victoires sur victoires, vivant dans la griserie du triomphe, plaçant au-dessus des intérêts dont il a la garde le souci de sa renommée. Instruit dans la guerre, cette éducatrice des princes, il apprend dans les camps à connaître les hommes ;
son âme ballotée entre mille désirs, tourmentée par des
rêves de gloire et d'apothéose, s'épure au feu de la
mêlée, elle est imprégnée d'émotions vives et salutaires
qui la rendent vraiment vivante. Si elle incline parfois
à la férocité par les attirances des torrents de sang versé,
il est rare de ne pas voir se produire en elle, à certains moments, des réactions généreuses. D'ailleurs le
but est toujours noble et élevé, la grandeur de l'empire,
l'extension de ses frontières, la prospérité du peuple, la
réalisation du bien public par les effets fulgurants de la
force brutale. Un homme qui poursuit un tel but devient
infailliblement un être supérieur, et, alors même qu'il
remplirait le monde de calamités et que, pareil à la fou-

dre, il sèmerait sur son passage la ruine et la mort, il
laissera toujours après lui une traînée de lumière. La
guerre en fait un homme terrible, la paix le rend auguste
et plein de majesté. Si la corruption l'épargne dans le
repos qu'il va se donner, il devient un être bienfaisant
et la postérité le place si haut qu'il ressemble aux dieux.
Tels sont les premiers empereurs ottomans.

Le second type, qui se dégage de l'ensemble de ces
études, est tout l'opposé du premier ; il en est, pour
ainsi dire, l'antithèse. C'est le sultan timide, captif de
ses passions, enfermé dans le sérail, entouré d'une cour
dissolue, fuyant le danger, désertant les camps, enflé
d'orgueil, livré aux vices les plus honteux, les plus
dégradants ; gâté par la flatterie, moisissure qui couvre
les murs des palais, ne respirant pas l'air pur du dehors,
vivant dans une atmosphère corrompue où les meilleures
qualités s'altèrent et où les plus fortes constitutions s'étio-
lent ; monarques affamés de plaisirs, non de gloire,
sultans affaiblis par les débauches et jamais fortifiés par
la pratique des vertus de leurs ancêtres ; ils sont cruels
p ar tempérament, sanguinaires par habitude, majestueux par tradition, solennels et pompeux, mais vides
et dépourvus des mérites qui font les grands souverains.

Entre ces deux types extrêmes se place un type moyen
auquel appartiennent les sultans réformateurs. Ceux-ci
empruntent aux premiers sultans quelques-unes de leurs
qualités, et aux sultans de la décadence beaucoup de
leurs défauts et de leurs vices. Ils jouèrent un rôle
moins effacé que celui de leurs prédécesseurs, mais,
faute d'un caractère viril, ils ne surent jamais assurer le
salut de l'empire par une refonte de ses institutions.

D'une part, ils ne voulurent pas se dépouiller de leurs préjugés ; d'autre part, forcés de reconnaître qu'il était impossible de soustraire complètement aux élans vainqueurs du progrès ce qui restait de l'ancienne Turquie, ils se décidèrent, entre temps, à la doter de certaines réformes assez bien conçues, mais mal exécutées. Ils sont restés, en somme, rétrogrades, encore qu'extérieurement ils aient tous les signes des hommes civilisés. Ils n'acceptent à aucun degré les idées qui sont l'âme de la civilisation moderne. Comment en voudraient-ils d'ailleurs, quand ils savent qu'elles sont toutes le produit de la liberté ? Ils demeurent indissolublement attachés aux pratiques sanglantes du despotisme asiatique, renforcé par le fanatisme religieux, dont les explosions emplissent de temps en temps le monde d'indignation et d'horreur.

Despotisme et fanatisme, voilà les deux principales causes de la décadence de l'empire ottoman et de la dégénérescence, de plus en plus marquée, de la dynastie.

LES SULTANS OTTOMANS

CHAPITRE PREMIER

LES OTTOMANS

Situation géographique de l'Asie Mineure. — Les Turcs. — Caractère et mœurs de ce peuple. — Son origine. — Son établissement en Asie. — Sa division en tribus. — Son émigration. — Sa conversion à l'Islamisme. — Conquête de la Perse. — Les Turcs Seljoucides de Perse. — Les Seljoucides en Asie Mineure.

L'Asie Mineure, où les Turcs s'établirent au douzième siècle de l'ère chrétienne (600 de l'Hégire) est une des parties du monde les plus favorisées de la nature par sa situation géographique, la beauté de son climat et l'incomparable variété de ses productions.

Elle forme la meilleure portion de cette vaste contrée appelée Asie Méridionale, qui comprenait jadis les pays

(1) Les premières études ont été publiées par le *Journal des Débats* de 1879 à 1883.

1

situés entre l'Euphrate et le Tigre, entre le Tigre et l'Indus : la mer Noire au Nord, au Sud la Méditerranée, à l'Ouest l'Archipel, à l'Est le Kizil-Irmak (Halys) et une partie du Taurus font de cette contrée une grande presqu'île.

Ses golfes sont larges et profonds ; ses côtes artistiquement découpées et, pour ainsi dire, dentelées, présentent un aspect pittoresque, plein de surprises et d'enchantements ; plusieurs chaînes de montagnes, détachées du Taurus et du Caucase, s'étendent comme des bras de géants de l'Est au Couchant ; des fleuves nombreux, tels que l'Halys, le Sangarus, l'Hermus, le Méandre et l'Iris la traversent en tous sens et la fécondent de leurs eaux.

Lorsqu'on parcourt ces régions, autrefois florissantes, l'esprit se reporte en arrière, vers les époques les plus reculées de l'histoire, au temps de l'éclosion des civilisations antiques et particulièrement de la civilisation grecque qui fleurissait, on sait avec quel éclat, dans ces régions bénies.

L'antiquité vit surgir, à l'ombre de l'Olympe, une myriade de petits Etats aujourd'hui disparus, mais dont les noms sont restés célèbres : la Cilicie, la Bythynie, la Carie, la Lydie, la Pamphylie, la Mysie ; les villes de Phocée, Ephèse, Milet, Héraclée et Sinope ; les îles de Chio, Lesbos et Samos dans lesquelles les jeunes colonies helléniques se développèrent grâce aux institutions qu'elles avaient rapportées de la mère patrie.

Les Turcs leur ont substitué des noms nouveaux, empruntés à ceux de leurs capitaines ou à la configuration des lieux : Angelcoma, Aïdos, Modreni, Théodosiopolis, Iconium, cent autres villes échangèrent leurs noms contre ceux d'Aïnœgul, Iénidjé-Tarahdji, Angora, Erzeroum, etc. Les dénominations harmonieuses et poétiques des Grecs choquaient les oreilles du vainqueur

habituées aux sons durs et rauques d'un idiome barbare:
l'Amiras de Pline s'appellera Mourad-Tchaï et l'Olympe
sera désigné sous le nom prosaïque de Kétché-Dagh ou
la Montagne des chèvres.

Qu'importait d'ailleurs aux nouveaux conquérants le
son mélodieux des noms ! Les hennissements des chevaux, le cliquetis des armes et le bruit du tambour étaient
la seule musique qui chatouillât agréablement leurs
sens. Venus de l'Asie septentrionale, du pays au Nord de
l'Altaï (1), les Turcs avaient traversé toute l'Asie du
milieu (2) parmi des vicissitudes sans nombre. Ils n'y
laissèrent aucune trace de leur passage et ne purent
fonder aucune dynastie durable jusqu'à leur arrivée en
Perse, où ils ne séjournèrent du reste que peu de temps.
Du haut de la chaîne du Taurus, ils virent bientôt se dé-
rouler sous leurs yeux le plus beau spectacle qu'il leur
ait jamais été donné d'admirer : de magnifiques plaines
sillonnées de cours d'eau, de fertiles vallées, remplies
d'ombre et de mystère, des cités opulentes, habitées par
les plus beaux enfants des hommes, des jardins ornés
de fruits et de fleurs, un ciel clair et pur avec les magi-
ques irradiations d'une lumière éblouissante, en un mot,
toutes les richesses et toutes les séductions réunies en un
lieu enchanteur. C'est là qu'ils résolurent de s'établir
avec leurs familles. Tout semblait devoir les favoriser,
et l'état de décrépitude de l'empire d'Orient, et la civilisation efféminée des Grecs, et la corruption légendaire
des Persans.

Doués d'une force physique remarquable, d'une constitution robuste, les Turcs sont sobres, disciplinés, rom-
pus aux fatigues de la guerre, capables de supporter
les plus grandes privations, résignés dans le malheur,

(1) 50° et 40° de latitude Nord.
(2) Scythia, Sarmatica, Asiatica.

intempérants dans la bonne fortune, simples, hospitaliers et généreux, tolérants, calmes et graves, pleins d'orgueil et de courage, fiers de leur origine, ayant au plus haut degré le culte des aïeux, profondément attachés à leurs croyances, agriculteurs plutôt que commerçants ou industrieux, vivant de rapines et de pillage. Dédaigneux du passé, insouciants du présent, ne songeant guère à l'avenir, ils subissent l'arbitraire de leurs chefs et l'exercent à leur tour sur les races conquises, créant ainsi sur la vaste surface de leur empire des foyers d'oppression et de tyrannie. Deux vertus les distinguent particulièrement : l'obéissance envers les chefs et l'amour de la famille. De ce qu'ils possèdent la première de ces vertus, ils sont un peuple de soldats, et de ce qu'ils sont attachés à leurs familles, ils forment une nation compacte et unie.

Le Turc est prodigue ; ce qu'il reçoit d'une main il le donne de l'autre. On le voit rarement thésauriser, estimant sans doute que la fortune est chose éphémère, dont il faut savoir profiter quand on la tient, non seulement pour en jouir soi-même, mais pour la partager avec les siens. Cette précieuse qualité constitue, du reste, son principal mérite. En ne laissant pas l'égoïsme pénétrer dans ses mœurs, il s'est préservé de cette lèpre hideuse par où s'échappe la sève la plus pure des sociétés modernes. On le trouve égal à lui-même, dans la bonne comme dans la mauvaise fortune, gardant intactes, malgré les effroyables ravages du despotisme, les vertus séculaires, legs de ses ancêtres. La corruption n'a atteint que les hautes classes de la société. Là elle s'étale au grand jour, avec un luxe inouï de débauches et de vices. Cette corruption trouve au surplus dans les institutions qui régissent l'empire un terrain propice. Aussi est-elle un danger permanent pour l'existence de ce peuple.

Il est difficile de remonter jusqu'à ses premières origines. A l'instar des peuples qui les ont précédés, les Turcs cachent dans la nuit des temps le berceau de leur naissance. Les recherches minutieuses faites par les savants dans tous les pays n'ont donné aucun résultat. Tous ont émis sur ce sujet des opinions différentes. Les uns croient que ce sont les Targitaos d'Hérodote (1), et les autres les Togharmas de l'Écriture (2). Il en est qui les font descendre en droite ligne des Tartares et des Mogols, ou des Scythes et des Parthes (3). On connaît la méthode suivie dans ce genre d'investigations. Un voyageur, en parcourant les contrées de l'Asie, rencontre-t-il une rivière (4) dont le nom rappelle vaguement celui des Turcs, il en conclut aussitôt que ce peuple a vécu sur les bords de cette rivière, découverte précieuse dont il s'empresse de faire l'objet d'un rapport à l'Académie. Un érudit trouve-t-il dans une histoire ancienne une phrase ou un nom propre quelconque, pouvant servir de base pour établir l'origine d'un peuple, origine jusque là inconnue, aussitôt il s'en empare, et cette importante découverte est signalée au monde savant. Bientôt les doutes deviennent des certitudes, et des Sociétés scientifiques sont appelées à émettre un avis qui est le plus souvent favorable. Un écrivain rencontre-t-il dans une chronique ancienne un passage ayant trait à l'émigration des tribus turcomanes, il choisit dans ces tribus celle dont le nom a quelque analogie avec celui du peuple ottoman. Que penser enfin de ceux qui ont poussé la fantaisie jusqu'à prétendre que les Turcs descendent des Finois, c'est-à-dire des Hongrois ou même des Byzantins ? Il

(1) IV, 5.
(2) Genèse, X, 3.
(3) Chalcondyle, livre I.
(4) Térek.

en est résulté une confusion si grande qu'il est devenu presque impossible de démêler la vérité sur ce point. Toutefois quelques historiens de valeur, parmi lesquels nous citerons notamment l'auteur des *Origines russes* (1) ont cru découvrir dans les Kœiocks des Chinois les véritables ancêtres des Ottomans ; ils se basent sur ce que dans cette tribu on parlait autrefois un turc très pur. Cette assertion elle-même, quelque fondée qu'elle paraisse, se trouve contredite par le témoignage des historiens orientaux. Ceux-ci affirment que les Turcs sont issus des Oghouzes ou Oughours, de sorte qu'à moins de convenir que les Oughours ou Oghouzes et les Kœiocks ne forment qu'une seule et même tribu, il faut renoncer à assigner aux Turcs une origine certaine et bien définie. En effet, les preuves historiques manquent, les documents font défaut, et l'on en est réduit aux conjectures.

Cependant toutes les nations ont leurs légendes, et, s'il est vrai que l'histoire des peuples, à leur origine, découle principalement de la tradition, le récit suivant qui remonte à une haute antiquité, doit contenir une partie de la vérité, s'il ne la révèle pas tout entière.

« C'est Oghouze, fils de Kara-Khan, suivant le témoi-
« gnage de Neschri, qui serait le véritable père des
« Turcs dans l'Asie septentrionale. Il eut six fils, appe-
« lés Khans du Soleil, de la Lune, de l'Etoile, du Ciel,
« de la Montagne et de la Mer. Ayant un jour envoyé
« ses fils à la chasse, ils en rapportèrent un arc et trois
« flèches. Oghouze donna les flèches aux Khans du Ciel,
« de la Montagne et de la Mer, et l'arc aux trois autres.
« Il nomma les premiers *Outchocs* ou les trois flèches,
« et les seconds *Bouzouks* ou destructeurs, car ils brisè-
« rent leur arc et se le partagèrent. Oghouze confia le

(1) Ouvrage remarquable publié à Saint-Pétersbourg en 1825, où les plus anciennes chroniques sont citées.

« commandement de l'aile droite de son armée aux
« Outchocs et celui de l'aile gauche aux Bouzouks. » Les
Turcs, d'après cette précieuse légende, appartiennent
aux Khans de l'aile droite.

Cette opinion s'accorde avec les données que nous
possédons sur l'histoire asiatique. En effet, l'hypothèse
que les Ottomans descendent de l'une des nombreuses
tribus nomades qui peuplaient autrefois l'Asie septentrionale aux confins du Céleste Empire, n'a rien qui
doive surprendre ; elle mérite quelque créance, tant à
cause du rapprochement que l'on pourrait établir entre
le récit des chroniqueurs et ceux que les historiens de
l'Extrême-Orient nous ont laissés sur l'origine de leurs
dynasties, qu'à raison même de cette vérité, aujourd'hui
démontrée, que les Turcs ont eu pour berceau les hauts
plateaux de l'Asie septentrionale. C'est aux sommets de
l'Altaï, que l'avalanche d'abord, minuscule et embryonnaire, s'était formée : roulant ensuite à travers les vastes
plaines de l'Asie centrale, elle était devenue gigantes-
que, et ne s'était arrêtée pendant quelque temps dans
le Turkestan que pour rebondir vers le Taurus d'où elle
faillit engloutir l'Occident. Il y a d'ailleurs plus d'un
trait de ressemblance entre les Chinois et les Turcs : le
Fils du Ciel et le Padischah sont frères ou proches parents.
L'un est représenté par le dragon, être fantastique,
monstre que l'imagination des Orientaux embellit et dont
elle fait presque une divinité ; l'autre par l'houmaï,
oiseau de proie aux longues serres, au bec recourbé,
noir comme la nuit, sinistre comme le vautour. Aux
yeux de tous ses sujets, l'empereur de Chine est le vice-
roi du Ciel ; aux yeux des Ottomans, le sultan passe pour
être l'ombre d'Allah sur la terre. L'un et l'autre vivent
dans leur palais au milieu d'un grand nombre de femmes et d'eunuques.

Sans doute il existe des liens communs entre tous les

peuples ; ceux de l'Asie notamment se ressemblent par plus d'un côté. Il n'en est pas moins vrai que la civilisation chinoise, représentée par les institutions et les mœurs de ce vaste empire, a exercé de tous temps une influence considérable sur les tribus qui peuplaient l'Asie. Les Arabes eux-mêmes n'ont pu échapper, malgré l'éloignement, à cette influence néfaste, à cause du commerce qu'ils entretenaient avec l'Extrême-Orient : il n'y a dès lors rien d'étonnant à ce que les Turcs qui, suivant toutes les probabilités, vivaient sur les frontières de la Chine aient été imprégnés de l'esprit et des coutumes chinoises. C'étaient les Pavillons Noirs que l'on a vus de nos jours envahir le Tonkin, et dont la manière d'être a beaucoup d'analogie avec celle des Turcs d'autrefois. Sans même sortir de la légende qui est suffisamment explicite à cet égard, on peut reconstituer les faits sur les données que l'on possède, sinon avec une certitude absolue, du moins avec des probabilités qui, en pareille matière, ont aux yeux de l'historien et du philosophe un prix inestimable. Il n'y a pour cela qu'à examiner attentivement les antécédents du peuple turc et les caractères qui le distinguent des autres races. Or, sa propre légende nous le représente comme un peuple guerrier, destructeur et pillard, trois traits distinctifs, que nous retrouvons en ses descendants, à peine atténués par les progrès qu'ils ont réalisés. En outre, l'orgueil de la race se révèle dans les noms que le vieil Oghouze donna à ses fils. Tout ce qui est beau et grand dans la nature sert à les désigner à l'admiration de la postérité, le soleil, la lune, les étoiles, les montagnes, la mer. Cet orgueil, les Turcs l'ont conservé, presque intact. Admirez l'attitude des plus modestes d'entre eux ; elle est à la fois noble et fière. Le Turc est né pour le commandement et il semble porter sur son front le sceau de son origine, avec je ne sais quel reflet qui montre la richesse du sang sinon la

hauteur de l'âme. On remarquera au surplus qu'Oghouze n'a remis à ses fils ni charrue, ni livre, mais un
arc et des flèches, indiquant par là les aptitudes de sa
race et l'avenir qui lui était réservé.

Si maintenant, de la légende nous passons à l'étude
de l'histoire particulière du peuple turc, nous constatons
qu'avant même qu'il ne se fût constitué en nation conquérante, il avait traversé trois périodes successives qui
sont comme les sommets sur lesquels l'observateur peut
se placer pour mieux voir la succession des faits et leur
enchaînement. La première période remonte à l'existence préhistorique des tribus, il n'est guère possible
de la définir. La seconde est celle de leur immigra-
tion en Turkestan où elles vécurent à l'état nomade.
Cette période est également obscure, et ce qu'en disent les chroniques du temps permet à peine de s'en
faire une idée exacte. C'était l'aube avec ses lignes indé-
cises et vagues, bientôt suivie de la troisième période
que l'on peut justement appeler la période de conquêtes
ou période historique.

Tout ce que l'on sait aujourd'hui de l'histoire du
peuple turc, c'est qu'il vécut longtemps sur les hauts
plateaux de l'Altaï ou Altoun-Dagh, la Montagne d'or.
C'était un pays vaste et aride, sans culture ni bois, propre seulement au pâturage. Les Turcs ayant vu augmenter leur nombre, ne tardèrent pas à émigrer vers l'Ouest
et se répandirent dans les plaines environnantes.

C'est dans les contrées habitées par des tribus nomades disséminées sur leur surface qu'à certaines époques,
ces tribus s'étant multipliées, grâce à la simplicité de
leurs mœurs et à la fécondité de leurs femmes, forment
des agglomérations d'hommes vivant pêle-mêle, au milieu de leurs troupeaux. Ces troupeaux étant devenus à
leur tour très nombreux, les tribus vont vers des pays où les
pâturages sont plus abondants, et ce n'est que lorsque les

ressources qu'elles y ont trouvées sont épuisées, qu'elles transportent leurs tentes sous d'autres climats. Repoussées par les habitants des contrées envahies, elles reviennent à la charge quand toute autre issue leur est fermée. Il s'établit alors entre elles et les peuples sédentaires une lutte qui se termine rarement à l'avantage de ces derniers ; car, tandis que les anciens propriétaires du sol se sont adonnés au repos, toujours funeste aux nations, et laissés corrompre par les plaisirs inséparables d'une vie sédentaire et oisive, les peuples nouveaux, qui avaient mené jusque là une existence aventureuse, pleine de surprises et de dangers, sont plus entreprenants et plus hardis. Occupés dès leur plus tendre enfance à dompter les chevaux, à se servir du sabre avec adresse et à manier la lance avec dextérité, ils acquièrent dans ces exercices continuels l'habileté et la vigueur qui caractérisent les races conquérantes. Bientôt surgira du sein de ce peuple un chef illustre qui le conduira dans les pays habités par des hommes que le repos a énervés ou qui ont été corrompus par les tyrans, et qui, ne pouvant briser le joug sous lequel ils gémissent n'aspirent qu'à trouver des vengeurs ou des maîtres.

La troisième période de l'histoire des Turcs commence au dixième siècle de l'ère chrétienne, et marque en quelque sorte les différentes étapes de leur marche triomphante vers l'Occident. De relais en relais, ces intrépides cavaliers étaient arrivés jusqu'aux confins de la Perse. Leur accroissement avait fini par inquiéter les Chosroës qui, s'étant concertés, à cet effet, avec les Califes de Bagdad, résolurent de les attaquer et de les refouler jusque dans leurs anciens campements. Vaine tentative ! efforts impuissants d'un peuple usé, contre une race décidée à vaincre et curieuse des choses qu'elle voyait. Elle allait toujours de l'avant, attirée vers un but qu'elle ignorait elle-même.

Le premier choc ne fut pas favorable aux armes persanes, et les Califes, étant accourus au secours de leurs alliés, furent battus à leur tour. Il devenait manifeste que les Turcs étaient les plus forts et que, tôt ou tard, ils seraient les maîtres du pays. En effet, la division ne tarda pas à éclater dans le camp des alliés ; les Turcs en profitèrent pour s'unir aux Califes contre les Persans qui furent entièrement subjugués. Les Turcs retirèrent de cette alliance offensive et défensive, pendant laquelle ils eurent occasion d'affirmer leur supériorité, un avantage infiniment précieux : celui de leur conversion à l'Islamisme.

Ce fut Selour (1) qui, vers la fin du huitième siècle, embrassa le premier la religion mahométane. Son exemple fut suivi par les autres chefs, et bientôt toutes les tribus turques adoptèrent le cri de ralliement de leurs coreligionnaires, ce cri formidable qui cinq siècles après devait retentir sous les murs de Vienne : Allah ! Allah !

La nouvelle religion les rendit plus audacieux et plus avides de conquêtes que jamais. Un des effets les plus remarquables de l'Islamisme est de développer, chez ses adeptes, l'amour de la guerre et cet esprit de prosélytisme à la fois ardent et héroïque qui anima les Arabes après leur conversion. Poussés par ce sentiment religieux autant que par leur humeur belliqueuse, les Turcs envahirent la Perse sous la conduite de Toghrul Bey, petit-fils de Seljouc, qui y fonda une dynastie connue dans l'histoire sous le nom de la dynastie Seljoucide.

Le jeune empire prit, sous le règne d'Alp-Arslân, successeur de Toghrul, une extension considérable, englobant dans ses vastes limites le pays qui s'étend de la mer Caspienne à la Méditerranée et de la contrée des Hajas

(1) Hammer : Tome I.

aux extrémités de l'Arabie. Toute l'histoire de l'établissement des Turcs en Perse se résume d'ailleurs dans le règne de ce prince qui fut à la fois conquérant et réformateur. Après sa mort, son empire tomba comme un édifice encore mal affermi. Il avait duré à peine un siècle. Si ses commencements furent brillants, sa chute fut rapide, et pourtant rien ne lui avait manqué pour être puissant et durable. Il avait trouvé en Toghrul Bey, son fondateur, un homme de guerre remarquable, et dans son neveu Alp-Arslan un digne successeur. Dans tout État naissant, il y a un héros qui gagne des batailles et à qui revient le principal honneur de sa fondation ; mais à côté de ce héros, il y a également un ministre chargé d'organiser le pays, et qui peut, à bon droit, revendiquer pour lui une part de l'œuvre si glorieusement inaugurée par le vainqueur. Le jeune empire turco-persan avait trouvé en Nuzam-al-Mulk (1) ce sage organisateur indispensable aux conquérants. Toutefois sa croissance rapide avait nui à son développement et compromis son existence.

Maîtres, en moins de vingt ans, de la plus grande partie de l'Asie Mineure, de la Mésopotamie, de la Syrie, de l'Arabie et de l'Irak, les Seljoucides succombèrent sous le poids de leurs conquêtes. Pour consolider cette puissance naissante, il eût fallu un gouvernement aussi vigilant que ferme, et l'union la plus complète entre les membres de la famille royale ; il eût fallu, dans l'État, une unité de direction et de commandement qui ne pouvait encore exister chez les Turcs à peine sortis des langes de la barbarie. Durant leur séjour en Perse, ils furent plutôt les hôtes du peuple vaincu, que les véritables souverains du pays.

(1) L'homme d'État le plus célèbre dans les annales de l'histoire orientale. Il administra pendant trente ans l'empire Seljoucide, fut le protecteur des sciences et des arts, et mourut assassiné (Hammer : Tome I).

Au lendemain de la conquête, les Persans comprirent, avec cette finesse qui distingue les races civilisées, qu'ils étaient en face d'un peuple inexpérimenté, et se proposèrent dès lors de l'exploiter. Ils s'acquittèrent de cette tâche avec une habileté consommée. De son côté le vainqueur, ne possédant aucun des éléments nécessaires à la bonne constitution des Etats, était obligé de recourir aux lumières des vaincus pour organiser le gouvernement. En très peu de temps il adopta leurs mœurs, leurs usages, et leur langue. Bientôt la corruption envahit ce grand corps et la décomposition en fut si rapide que les Persans auraient pu se dire qu'ils n'avaient pas changé de maîtres. Il y eut, en effet, un court interrègne, après lequel, les princes de l'ancienne monarchie furent rétablis sur le trône.

La première dynastie turque s'étant éteinte dans les circonstances que nous venons de rappeler, une seconde dynastie, celle des Seljoucides de Roum, issue de la même souche, se forma en Asie Mineure. Fondée par Soliman Schah (1) un des cousins de Melek Schah, le dernier sultan seljoucide de Perse, elle eut une existence glorieuse mais éphémère et périt par les causes qui avaient amené la chute du précédent empire. Là encore, nous retrouvons les mêmes vices d'organisation dans l'Etat, les mêmes désordres dans le gouvernement, les mêmes cruautés chez les princes, les mêmes divisions dans la famille régnante, et le même amour effréné pour le luxe et les plaisirs. Il y eut également le même attachement à la religion et la même ardeur pour la guerre et les conquêtes. Un siècle après sa formation, la nouvelle dysnatie fut atteinte du mal qui avait amené la destruction de l'empire turco-persan, les vaincus ayant inoculé au vainqueur le virus dont ils portaient en eux

(1) Hammer : Tome 1.

le germe morbide. Or, rien n'est plus pernicieux que
l'effet de la contagion sur un corps sain et robuste, les
ravages qu'elle exerce sont d'autant plus redoutables que
le sang n'a point été vicié et que le corps est resté pour
ainsi dire indemne. Tel était le cas des Turcs venus du
fond de l'Asie et qui se voyaient tout à coup transportés
dans un milieu délétère, au sein de mille voluptés. Aussi
la chute de la première dynastie fut-elle foudroyante, et
la disparition de celle qui lui succéda en Asie Mineure
ne fut pas moins soudaine. Alors un rejeton vigoureux
poussa de ce tronc pourri et ce fut la dynastie ottomane.

CHAPITRE II

OSMAN

Erteghrul. — Naissance d'Osman. — Son éducation. — Sa jeunesse. — Son mariage. — Ses exploits. — Fondation de l'Empire ottoman. — Périls conjurés. — Conquête de Brousse. — Mort d'Osman. — Jugement de l'histoire.

C'était en l'an **1227** de l'ère chrétienne, au septième siècle de l'Hégire, dans le temps où les tribus turcomanes émigraient vers l'Ouest ; tout un peuple s'acheminait vers l'Euphrate.

Il était difficile d'en évaluer le nombre : quatre mille cavaliers, disent les uns, deux mille affirment les autres, des femmes, des enfants, des vieillards, des esclaves, d'innombrables troupeaux ; en un mot, un immense cortège qui s'avançait lentement sur la route de l'émigration, dans le désordre indescriptible d'une cohue humaine.

Cette foule en marche se composait d'une puissante tribu, les *Caïs*, qui, après avoir séjourné pendant quelque temps en Asie Mineure, s'en allait au pays natal. Son chef, Soliman Schah, chassé de l'Asie centrale par les Mogols, était venu avec tous les siens demander asile et protection à Alaedin Ier qui régnait à Konich ; mais des hôtes aussi nombreux ne pouvaient qu'être incommodes et portaient, en outre, ombrage au sultan seljoucide. Aussi furent-ils accueillis avec quelque froideur par Alaedin. Ils résolurent, en conséquence, de revenir dans le Turkestan.

Arrivés sur les bords de l'Euphrate, non loin du château de Jaber, dont on apercevait encore les ruines il y a deux siècles, la tribu commença le passage du fleuve. Le plus grand nombre des émigrants l'avaient déjà traversé sans encombres, quand un accident imprévu vint jeter le désordre et la confusion dans la tribu. Le cheval de Soliman s'étant abattu, son cavalier, entraîné par la violence du courant, fut noyé dans le fleuve.

On comprend le trouble et l'émotion qu'un tel événement dut produire sur les esprits. On en tira les plus mauvais présages ; ceux qui étaient restés de ce côté de l'Euphrate refusèrent de suivre leurs frères.

Ce sentiment de la crainte chez une race vaillante, habituée à affronter la mort dans les combats n'a rien qui doive nous surprendre, tant à cause de ce que l'on sait du caractère superstitieux des peuples de l'Orient qu'à raison même de la frayeur dont certains nomades sont saisis à la vue de l'eau : « Je ne passerai pas sur ta surface perfide, ô fleuve, quand même j'y verrais croître l'herbe verte », fait-on dire à un cavalier arabe qui, après avoir poursuivi sa course jusqu'au bord d'un grand fleuve s'y arrêta et n'osa le franchir.

Le nombre des émigrants restés en deçà de l'Euphrate était, assure-t-on, de quatre cents guerriers, mais suivant d'autres témoignages, également dignes de foi, ils ne comptaient pas moins de deux mille chevaux. A la tête de cette troupe se trouvait le brave Erteghrul, fils de Soliman Schah.

L'événement dont nous venons de retracer les péripéties est sans contredit un des plus importants de l'histoire du peuple turc. Sans cet accident qui eut pour les fils de Soliman et pour leurs descendants les suites les plus heureuses, l'Empire ottoman n'eût, peut-être, jamais

existé. C'est ainsi que les faits les plus ordinaires exercent quelquefois une influence considérable sur le sort
des États, et, à moins de rattacher ces faits à une cause
surnaturelle, on n'ose croire que les destinées de l'humanité puissent dépendre de si peu !

Erteghrul s'établit d'abord à Jessine, à l'Est d'Erzeroum, dans une plaine peu étendue autour de laquelle
s'élevaient quelques collines. Les Turcs qui avaient coutume de donner aux endroits qu'ils habitaient des noms
appropriés à la configuration des lieux appelèrent cette
localité *Soumerli-Tchoukour* ou Puits de Soumerli. Une
telle résidence ne pouvait leur convenir. Ils y étaient enfermés comme dans une enceinte fortifiée, et les pâturages y étaient, en outre, si insuffisants que leurs troupeaux maigrissaient à vue d'œil. A ces vaillants guerriers,
il fallait de l'air et de l'espace.

Une nouvelle démarche faite par Erteghrul auprès
d'Alaedin, pour en obtenir une meilleure protection,
eut un plein succès. Venus en force dans le pays de
Roum (1), les Caïs pouvaient être suspects au sultan
seljoucide ; réduits à un petit nombre, ils devenaient
peu dangereux et Alaedin n'hésita pas dès lors à les
admettre parmi ses vassaux.

Il n'eut pas à s'en repentir ; car deux années après, ce
prince étant aux prises avec les Mogols qui avaient envahi
l'Asie Mineure, Erteghrul vint à son secours, et, par son
courage, décida de la victoire. Le sultan voulant reconnaître ce service signalé, revêtit lui-même le vainqueur
d'un manteau de pourpre et d'or, conformément à l'antique usage qui existe encore dans les tribus, et lui dési-
gna le district de Sœgud pour y séjourner l'hiver et les
montagnes de Tomanidj, comme résidence d'été.

(1) Nom que les Turcs donnèrent à l'Asie Mineure, lorsqu'ils s'y
établirent.

Les vœux du brave Erteghrul étaient maintenant comblés. Jusque là il n'avait eu d'autre désir que d'habiter avec les siens un lieu retiré où l'herbe fût abondante; et voilà que par sa vaillance il se trouvait à la tête d'un grand district, à l'avant-garde de l'armée musulmane, sur les frontières de l'Empire byzantin, au poste d'honneur d'où il allait harceler les Grecs.

Placé en face de Karadja-Hissar, la forteresse byzantine qui jouera un rôle considérable dans l'histoire de la fondationde l'Empire ottoman, et non loin de Bilejik, ville fortifiée, appartenant aux empereurs de Constantinople, Erteghrul ne songea plus qu'à se frayer un passage vers la plaine de Brousse et la mer. Il remporta d'abord sur les Grecs, dans le défilé d'Erméni, un succès éclatant, et les poursuivit jusqu'au delà d'Angelcoma. Alaedin accourait au secours de son vassal lorsqu'il reçut la nouvelle de ce brillant fait d'armes ; il ordonna que le district où cet heureux événement venait de se passer porterait le nom de Sultan Œuni, ou Front de Sultan, un front que la victoire avait couronné.

Ce lieu fut le berceau de la puissance ottomane, et cette victoire le premier coup porté à l'empire grec par ses redoutables adversaires.

Erteghrul n'étendit pas plus loin ses conquêtes. Content de son sort, il chercha à mener dans le domaine qui lui fut concédé par Alaedin une vie tranquille et paisible.

Il commençait d'ailleurs à fléchir sous le poids des années, et quoiqu'il eût conservé jusqu'à la fin de ses jours cette vigueur qui est l'apanage de sa race, il voulut se fier désormais sur son fils Osman du soin de défendre ses États et d'en étendre les frontières.

Osman était né à Sœgud l'an 657 de l'Hégire, 1258 de l'ère chrétienne. Dès l'âge de quinze ans — les princes ottomans se battaient à quinze ans — son père fon-

dait déjà sur lui de grandes espérances : son allure mar-
tial et sa passion pour les exercices du corps dénotaient
le désir d'acquérir de la gloire.

Les historiens ottomans passent sous silence ses premières années. On eût pourtant aimé suivre ses pas dans
la vie et connaître jusqu'aux moindres facultés de cette
nature exubérante qui fit de lui le fondateur d'un grand
empire. Mais les soins minutieux que les historiens modernes apportent dans leurs recherches étaient inconnus
des anciens. On ne s'occupait alors des princes que
pour raconter leurs exploits. Leur première victoire
marquait, pour ainsi dire, la date de leur naissance. On
ne sait donc rien de l'enfance d'Osman, si ce n'est qu'il
fut élevé au milieu du bruit et du tumulte des camps.
Adolescent, il apprit à dompter les chevaux et à manier
le sabre et la lance. Elevé dans l'amour de la guerre, il
n'eut qu'un désir : celui de grandir pour prendre part
aux expéditions des siens. Mais ce fut d'abord à l'amour
qu'Osman paya le premier tribut de sa jeunesse. Il
avait à peine seize ans, quand, ayant aperçu la fille de
Cheik Edbaly, légiste distingué de Karaman, il en fut
épris. Le père, prenant sans doute pour un caprice de
l'âge le désir d'Osman, s'opposa d'abord à ce mariage ;
mais ce refus ne fit qu'irriter la passion du prince qui se
manifesta d'une manière si touchante que Cheik Edbaly
accorda son consentement à cette union. Elle fut des plus
heureuses en ce qu'elle donna à l'empire naissant des
rejetons qui devaient porter si haut sa gloire et sa fortune.

Peu de temps après, Osman se signalait dans de nouveaux combats et remportait sur les Grecs des succès
importants. Ce fut le prélude d'autres victoires.

Les Chrétiens ne voyaient pas sans crainte le pouvoir
passer aux mains du fils d'Erteghrul. Ils se concertèrent
sur les moyens d'étouffer chez ce jeune prince l'ardeur

belliqueuse dont il était animé et décidèrent de l'attaquer dans le défilé d'Erméni, au retour d'une excursion qu'il projetait de faire dans l'intérieur du pays. Surpris par ses ennemis dans ces rochers escarpés où son père s'était battu si vaillamment, Osman se défendit avec une rare énergie et mit en fuite les Grecs coalisés. Cet exploit fut suivi de la prise de Karaja-Hissar, plusieurs fois conquise par Erteghrul qui, dans sa magnanimité l'avait rendue aux Chrétiens. Osman, y transporta sa résidence, et par ce moyen s'en assura la possession. D'autres forteresses tombèrent en son pouvoir, Belejik, Yénijé, Modreni, Belcoma, Yar-Hissar, Aïnegœl se soumirent successivement à son autorité ; les villes et les châteaux lui ouvraient leurs portes ; devant lui les remparts tombaient.

Hammer cherchant à s'expliquer les causes de tant de succès obtenus, en peu d'années, par les Ottomans, fait remarquer que les empereurs de Constantinople ne se souciaient guère de la défense de leurs frontières et se reposaient de ce soin sur leurs vassaux, lesquels se voyant délaissés n'opposaient, à leur tour, qu'une faible résistance à leurs ennemis.

On ne trouvait que des forteresses mal gardées ou mal approvisionnées, des citadelles démantelées, des châteaux en ruines, des troupes sans solde, des chefs sans courage et qui, seigneurs des localités dont les Turcs convoitaient la possession, avaient reçu pour la plupart leurs fiefs, en héritage : aussi n'avaient-ils d'autre désir que de vivre en bonne intelligence avec leurs voisins. Les Grecs, à vrai dire, étaient devenus un jouet entre les mains d'Osman. Ici, il les battait aidé seulement de quelques cavaliers ; là, il les surprenait au milieu d'une fête et leur enlevait un riche butin, et, plus loin il se rendait maître, grâce à un stratagème de l'une de leurs plus importantes forteresses.

Il était né, du reste, sous une heureuse étoile. Si brillante était sa fortune, si grande était la terreur qu'il inspirait aux Grecs qu'il devint, en peu de temps, redoutable à tous ses voisins et aux Turcomans eux-mêmes.

Ceux-ci, poussés par ses ennemis, cherchèrent, mais vainement, à lui barrer la route de la mer. Il avait les témérités de la jeunesse et, en même temps, la sagesse et la prudence, sans lesquelles il eût évité difficilement les écueils dont sa route était semée. Les Grecs, en effet, multipliaient les pièges sous ses pas ; mais Osman avait su se ménager des intelligences dans le camp de ses ennemis. L'amitié qui l'unissait depuis son enfance à Michel Kœussé, seigneur de Chermenkia, lui fut particulièrement profitable. Ce chrétien, qui devait, à quelques années de là, embrasser l'islamisme, avait soin de prévenir Osman des complots ourdis contre lui. Il en fut récompensé par les marques d'affection et de sympathie que le fondateur de l'empire ottoman ne cessa de lui prodiguer jusqu'à sa mort.

Cependant un nouveau péril venait de surgir. Les empereurs de Constantinople, alarmés par les succès du prince ottoman, envoyèrent contre lui un de leurs meilleurs généraux. Osman lui infligea une sanglante défaite prouvant ainsi aux Grecs qu'ils étaient impuissants et leur faisant pressentir leur fin prochaine.

Ces faits colportés de ville en ville, de village en village, prenaient aux yeux du peuple les proportions d'événements considérables. On louait le courage du prince, on exaltait ses mérites et l'on vantait sa justice. Les poètes célébraient ses exploits et les derviches lançaient dans la foule des prédictions qui enflammaient le zèle de ses admirateurs. Ces dispositions enthousiastes étaient l'effet d'une politique habile dont Cheik Edbaly fut l'âme. Pendant qu'Osman organisait, à la tête de ses vaillants guerriers, des expéditions d'où il revenait toujours victorieux, son beau-père recevait dans sa maison les ulémas venus de tous les pays pour présenter leurs hommages au prince.

Dans ce cénacle, on ne parlait naturellement que du jeune Osman et du brillant avenir qui lui était réservé. Edbaly se plaisait souvent à faire le récit d'un songe qu'Osman avait eu quelques jours avant son mariage. « Il lui avait semblé voir le croissant de la lune sortir du sein virginal de son épouse. En même temps, un arbre immense, au feuillage épais, dont les branches couvraient à la fois les montagnes du Caucase, de l'Atlas, du Taurus et de l'Hémus surgissait de ses reins, et, tandis que le Nil, l'Euphrate et le Tigre épanchaient leurs flots au pied de cet arbre et se couvraient de mille vaisseaux, le vent souffla de la plaine, secoua violemment l'arbre dont les feuilles se hérissèrent et se transformèrent en lames d'acier dont les pointes étaient dirigées vers l'Occident ».

Une légende se forma autour de ces récits merveilleux, et, de son côté, il faut bien le reconnaître, Osman ne négligea rien pour justifier toutes les prédictions dont il était l'objet.

D'une taille au-dessus de la moyenne, d'une structure nerveuse et solide, le port noble et majestueux, la démarche superbe et hautaine, l'allure fière et martiale, le teint basané, les yeux tantôt clairs et profonds, tantôt animés et lançant des éclairs, les cheveux, la barbe et les sourcils noirs, de ce noir que Hafiz chanta en ses vers immortels (1), tout en Osman révélait la noblesse, la dignité et une haute distinction.

Il avait, au dire de ses chroniqueurs, les bras longs,

____

(1) Vois cet homme noir qui sait attirer le monde ! Par son regard brillant, par le charme de son sourire, il séduit tous les cœurs !

d'Artaxerxès, et cette conformation particulière avait accrédité chez le peuple l'opinion qu'il serait plus puissant que les rois de Perse.

Vêtu du caftan des guerriers de l'Islam, il était coiffé d'un bonnet rouge surmonté d'un turban blanc, emblème de la souveraineté ; il dédaignait l'or et les pierreries, vains ornements où se complaisait la vanité des rois. Ceint du sabre à double pointe que ses successeurs ont conservé précieusement, ce sabre avec lequel il accomplit des prodiges de valeur, il portait la lance des guerriers arabes et l'arc des Persans.

Cependant de grands événements se préparaient, la chute de l'Etat seljoucide était imminente. Bientôt un craquement se fit entendre et l'empire qu'Osman avait servi jusqu'à la dernière heure, avec tant de dévouement, disparut emporté par le torrent dévastateur de l'invasion mogole. Maintenant la place était libre. Osman, avec la décision qui le caractérisait, n'hésita pas à s'en emparer. Il se fit proclamer souverain indépendant. Ses sujets accoururent aussitôt pour l'acclamer ; le bruit du tambour résonna dans le camp et tous les guerriers, réunis autour de leur chef, s'écrièrent d'une seule voix : « Padischahem tchok Yacha ! » (1) Osman était sacré sultan des Ottomans.

Toutefois un danger menaçait le jeune empire turc. Dix Etats indépendants s'étaient formés autour de lui. Ces Etats n'avaient, il est vrai, aucune cohésion entre eux, mais ils pouvaient, à un moment donné, se coaliser contre les Ottomans. Osman conjura le danger en entretenant habilement au sein de ces principautés la discorde et les rivalités. Il les réduisit ainsi à l'impuissance et montra, dans cette occasion, qu'il joignait à ses qualités guerrières l'habileté consommée de l'homme d'Etat.

____

(1) Vive notre Empereur.

Il avait d'ailleurs sur ses rivaux l'incontestable supériorité de posséder une idée grandiose, qui le guidait et le soutenait. Rattachant le présent à l'avenir, il négligea les questions accessoires, et, poursuivit à travers tous les obstacles la réalisation de son plan qui consistait à fonder sur les ruines de l'empire seljoucide un grand Etat libre et indépendant.

Tournant résolument le dos à l'Asie sur laquelle il se contentait de jeter de temps en temps un regard furtif pour n'être point surpris par ses émules, Osman faisait sa trouée vers la mer, abattant cette forêt de citadelles élevées par les anciens empereurs de Bysance, pour la protection de leurs Etats. Osman n'avait qu'un objectif, celui de se rendre maître de l'empire grec dont la possession devait lui assurer la suprématie sur toute l'Asie. Ce fut là le trait caractéristique et saillant de son règne. Au lieu de disputer à ses voisins les débris d'une puissance éphémère qu'ils étaient d'ailleurs incapables de garder, il poursuivit ses conquêtes et, par ses victoires, sur les Bysantins, il réveilla les espérances du monde musulman.

L'islamisme traversait à cette époque une crise redoutable. Après avoir brillé du plus vif éclat, il voyait sa puissance décroître chaque jour davantage. Les Khalifes de Bagdad avaient disparu à la suite des troubles qui, depuis deux siècles, désolaient l'Arabie ; ceux de Damas n'étaient que des fantômes ; ceux mêmes de Cordoue, les plus vaillants et les plus illustres de tous les Khalifes arabes ne résistaient que faiblement aux assauts répétés des Chrétiens en Espagne ; de leur côté les Mamelouks remplissaient l'Egypte de sang, enfin l'Irak et l'Yémen étaient en proie aux luttes intestines d'une nuée de chefs turbulents et incapables de reconstituer l'unité du vaste empire islamique qui tombait en lambeaux. Situation sombre, aggravée par l'invasion des hordes mogoles !

Dans cette effroyable tourmente qui dispersa le monde arabe comme les épaves d'un navire brisé, la religion musulmane trouva en Osman un champion et un vengeur.

En effet, l'invasion ottomane fut la revanche de l'islamisme, revanche terrible et sanglante. Durant les croisades, les nations chrétiennes s'étaient ruées sur l'Orient qu'elles couvrirent de sang et de ruines ; à leur tour les Mahométans, sous le commandement des empereurs ottomans, allaient se ruer sur l'Europe. Ainsi chaque invasion appelle une invasion et les guerres ont leurs représailles.

Osman avait-il conscience de sa mission ? Nous ne saurions l'affirmer ; tout ce qu'on peut dire du fondateur de l'empire ottoman, c'est que, s'il ne conçut pas ouvertement le projet de faire la conquête de l'empire d'Orient, il dirigea du moins de ce côté tous ses efforts, poursuivit ce but avec acharnement et y appliqua toute sa volonté.

Dès qu'il se vit libre, son activité ne connut plus de bornes. Dégagé de toute entrave, il éprouva le besoin de s'élever. Il possédait les éléments d'une véritable armée et pouvait disposer à son gré d'un grand nombre de guerriers également recommandables par leur courage et leur obéissance envers leurs chefs : un Konour-Alp, un Abdurrhaman, un Hadji-Kodja, un Samsama, un Ak-Timour, un Balaban, un Haki-Hassan et ce Tourghaudalp, qui à lui seul valait une armée. Tous ces chefs reconnaissaient l'autorité d'Osman et le secondaient dans ses projets de conquête, de sorte que, sans commander à des forces régulières, il avait sous ses ordres des troupes d'autant plus redoutables qu'elles se composaient de combattants qui joignaient à l'homogénéité de la race l'identité de la foi. Le nombre s'en était considérablement accru depuis le jour où la victoire était apparue sous les étendards du fils d'Erteghrul. Des guerriers célèbres venus de l'Asie centrale et des hommes sans asile et sans foyer s'étaient réclamés de l'élu de la victoire. Un souffle héroïque animait cette jeune armée et la rendait apte aux entreprises les plus hardies. Autour d'Osman l'émulation était grande, chacun voulait conquérir une ville ou une forteresse pour y attacher son nom ; tous ambitionnaient le titre de *ghazy* ou vainqueur des Chrétiens et tous chérissaient la victoire.

Ce fut le commencement d'une brillante épopée. Jamais le mépris de la mort n'avait été poussé plus loin. Le prophète promet, il est vrai, la couronne du martyre à ceux qui meurent en combattant; mais ce ne fut pas le seul mobile de leur courage : il y avait alors dans ce peuple vaillant une ardeur naturelle qui avait besoin de se répandre au dehors, un sang bouillant qui ne demandait qu'à s'épancher, en un mot, toute cette exubérance de la force qui est la caractéristique des peuples conquérants.

Pour suivre la fortune merveilleuse des Ottomans, il faut s'attacher à cette avant-garde dont Osman fut le chef, qui ne s'arrêta ni à Sœgud, ni à Karadja-Hissar, ni à Brousse, marchant sans cesse devant elle, jusqu'à ce qu'elle eût planté ses tentes au bord de la mer.

Un jour qu'Osman traversait à cheval le défilé d'Erméni, un vautour passa au-dessus de sa tête. Un derviche, Abdul Kumral se servit aussitôt de ce présage pour lui révéler ses glorieuses destinées. Sa puissance devait s'étendre sur les deux mers, la mer Blanche et la mer Noire, comme les deux ailes du vautour.

A quelque temps de là, Osman étant tombé malade et se trouvant sur son lit de mort reçut la nouvelle de la conquête de Brousse, par son fils Orkhan. Il eut ainsi la suprême consolation de voir en sa possession le plus grand boulevard de la chrétienté en Asie. Le jeune vainqueur accourut auprès de lui pour recevoir ses dernières volontés. « Mon fils, lui dit-il, ne laisse pas le glaive tomber de ta main, et fais de Brousse la capitale de ton empire. Sois bon et juste, envers tes sujets. Respecte les savants, observe la loi, ne te fie pas à ta puissance et au nombre de tes armées et mets ta confiance en Dieu. » Il mourut à l'âge de 70 ans, au milieu de sa famille et de ses vieux compagnons d'armes. Son tombeau est à Brousse sous le Gumuch-Kobbé ou la voûte argentée. C'était la chapelle de l'ancien château. Au commencement de ce siècle on y voyait encore quelques trophées d'Osman, son turban surmonté d'un croissant et son sabre à double pointe. Aujourd'hui la voûte est couverte d'une chaux blanche et, dans la prairie, paissent les moutons dont une pieuse tradition fait remonter l'origine jusqu'au temps d'Osman.

Il est malaisé de porter un jugement définitif sur le fondateur de l'empire Ottoman. Ce ne fut ni un grand capitaine, dans la véritable acception du mot, ni un général d'armée ; mais un chef de tribu incomparable et un vaillant soldat. Son courage, sa haute intelligence et ses sentiments magnanimes lui avaient gagné tous les cœurs. Il commença sa carrière par une lutte peu glorieuse contre les Grecs ; mais les résultats en furent considérables. Il sut grouper autour de lui une phalange de guerriers qui reçurent son impulsion et la communiquèrent à leurs compagnons d'armes. Avec cette petite troupe il parcourut les pays environnants, vivant aux dépens de ses voisins, les rançonnant et leur infligeant parfois de cruelles humiliations. C'étaient les mœurs du temps. C'est à peine si après chaque expédition il se donnait quelques jours de repos, tant ses guerriers étaient impatients de reprendre le cours de leurs exploits. Oh ! comme l'attente leur paraissait longue quand leur chef prolongeait l'inaction. Les bras étaient frémissants, les chevaux piaffaient d'impatience, appelant la mêlée de leurs hennissements. Aussi quand le roulement du tambour donnait le signal du départ, c'étaient des sauts superbes et des bonds étincelants. Ce mervéilleux élan, cet entraînement étaient l'œuvre d'Osman. Seuls les vrais capitaines savent inspirer à leurs troupes un tel enthousiasme. Osman fut d'autant plus redoutable à ses ennemis qu'il possédait à un rare degré la confiance, et l'affection de ses soldats. Peut-être avait-il trop aiguisé leurs appétits par de fréquentes incursions sur le territoire grec ; peut-être eût-il pu réprimer quelques excès commis.

Ses soldats enlevaient quelquefois les femmes et les enfants, de sorte que les malheureux Grecs n'avaient plus rien qui leur appartînt en propre, pas même leur famille. Néanmoins les excès qu'on reproche aux Ottomans semblent avoir été exagérés à dessein par les historiens byzantins, encore qu'ils reconnaissent que le nouveau sultan rendait justice à ses sujets chrétiens.

Il faut donc juger l'œuvre dans sa genèse et remonter aux sources d'où elle a jailli. « Ici, rien de factice ni d'emprunté ; les passions sont vraies, les ambitions ne se dissimulent point sous le manteau de la ruse et de l'astuce : les mouvements d'amour et de haine sont sincères, les triomphes sont décisifs ; le sentiment se manifeste enfin non dans sa finesse et sa grâce, mais en son degré de suprême énergie. »

Osman eut le tempérament des vrais conquérants, moins la férocité. Il n'a abusé d'aucun des avantages de la victoire. Qu'on nous cite une seule ville, une seule bourgade qu'il ait livrées à feu et à sang, une seule garnison qu'il ait fait passer au fil de l'épée. Qu'on nous montre les pyramides de crânes amoncelés, de cadavres mutilés, d'enfants éventrés, tous ces sanglants trophées des conquérants de l'Asie. Humain envers ses sujets, il traita toujours les vaincus avec douceur. Il permit à ses soldats de piller, mais quel était au moyen âge le condottiere ou le chef de bande qui eût osé interdire le pillage et d'autres abus plus révoltants encore. C'était la loi de la guerre. Osman s'y est conformé, plus peut-être par nécessité que par goût.

Il est étrange d'entendre reprocher aux guerriers ottomans quelques fautes contre la discipline ou quelques excès dans la guerre, alors que de nos jours, dans les armées les mieux organisées, nous voyons se passer des actes qui excitent l'indignation publique. Les soldats d'Osman n'étaient pas autrement faits que les autres, ils avaient leurs passions et leurs entraînements. La force ne va pas d'ailleurs sans quelque rudesse, et quand on se reporte à l'origine de ce peuple et au mode de recrutement de l'époque, on est obligé de rendre hommage aux efforts d'Osman et de ses lieutenants pour contenir leurs troupes et les modérer. Si nous comparons, d'autre part, ces mêmes guerriers avec ceux de leur temps, nous constatons qu'outre l'indéniable supériorité qu'ils avaient sur les hordes barbares, sur les Huns, les Visigoths, les Vandales et les Mogols avec lesquels on a essayé de les confondre, les premiers soldats ottomans étaient certainement moins cruels que les Bulgares et les Serbes, moins féroces que les Moldaves et les Albanais, moins rapaces que les Hongrois et les Allemands. De même, si nous comparons Osman à Ginghis-Khan et à Tamerlan, nous sommes également amenés à reconnaître qu'il les dépassait en vertus. Sa supériorité morale, sa modération, son désintéressement, sa grandeur d'âme le rapprochent davantage du type du vrai paladin.

Il réunissait en lui deux vertus qui font les vrais conquérants : l'amour de la guerre et l'amour de la justice. Par la première il inspira à ses ennemis une crainte salutaire ; la seconde servit à lui gagner les cœurs. Fatigués de la honteuse tyrannie qu'exerçaient sur eux les empereurs, les Grecs témoignaient une profonde sympathie au vainqueur et aplanissaient les voies de la conquête. Leur esprit fin et délié, aiguisé d'ailleurs par les subtilités théologiques, avait deviné en Osman, le futur maître de leurs destinées. A ces raisons d'ordre général venaient s'ajouter pour les vaincus des raisons d'intérêt. Ces guerriers ottomans, campés dans leur pays et occupant leurs citadelles, ne pouvaient-ils pas devenir les gardiens de leurs familes et de leurs biens ? Qui les aurait protégés contre les invasions successives des hordes mogoles, si Osman et ses braves soldats ne s'étaient trouvés là pour refouler les envahisseurs ? Leur sécurité leur commandait dès lors d'accueillir les Ottomans avec joie et de les servir avec loyauté. Le terrain, comme on le voit, était merveilleusement préparé pour asseoir solidement l'œuvre de la conquête, et Osman sut profiter habilement de ces dispositions pour fonder sa puissance sur l'accord simultané des volontés et des intérêts.

Les historiens ottomans en le plaçant au même rang qu'Alexandre-le-Grand n'ont pas entendu sans doute, établir un parallèle entre ces deux hommes si différents par leur origine, leur caractère et leurs destinées. L'un était né sur les marches du trône, l'autre sous la tente d'un simple chef de tribu. Le premier fit la conquête des plus riches provinces de l'Asie et mourut après avoir ébloui l'univers par l'éclat de sa gloire, le second borna son ambition à créer un petit État qu'on pouvait à sa mort parcourir en un seul jour, tant le périmètre en était restreint, mais qui devint dans la suite un vaste et puissant empire : enfin, pour marquer la distance qui sépare ces deux conquérants, Alexandre, malgré ses succès et son génie, perdit avec ses conquêtes l'héritage que son père lui avait légué, tandis qu'Osman, plus modeste, agrandit son patrimoine et laissa à ses enfants, après sa mort, un Etat qui devait prendre en peu de temps un si grand développement. Ce fut la juste récompense de sa modération et de ses vertus. Mais les historiens ottomans, comme du reste tous les historiens orientaux, attribuent à Alexandre-le-Grand toutes les hautes qualités de l'homme, du monarque et du général d'armée, et le prennent souvent pour terme de comparaison dans leur langage hyperbolique. Dire d'Osman qu'il ressemblait à Alexandre, c'est affirmer qu'il en possédait tous les mérites sinon la gloire. A ce point de vue la comparaison peut paraître exagérée, mais n'est nullement déplacée. En s'en tenant à l'égard d'Osman à la vérité historique, on peut lui décerner bien des éloges qui lui sont dus par droit de conquête ; car, quelle que soit la valeur des critiques qui lui sont adressées, on ne saurait nier que le fondateur d'un empire ne soit un homme supérieur qui, par ses éminentes qualités s'est élevé au-dessus des autres et a mérité l'admiration de ses contemporains et celle de la postérité.

Ses mœurs étaient austères comme celles des premiers disciples du prophète. Sage administrateur autant que vaillant capitaine, il sut donner à ses Etats une organisation qui, bien que rudimentaire, contenait le germe des réformes accomplies depuis par ses successeurs.

Il n'eut point, à proprement parler, de cour, ses compagnons d'armes formaient sa garde impériale et quelle garde ! Ses fils étaient ses ministres, son beau-père, Cheik Edbaly, son unique conseiller et son grand vizir. Qu'aurait-il fait, d'ailleurs d'une cour brillante et chamarrée d'or, comme celle que les rois de Perse traînaient à leur suite ? Dans le jeune empire des Osmanlis tout était simple le langage comme les mœurs, le costume comme l'armement. On y était en outre fort gai, non de cette gaîté bruyante que l'on rencontre chez les peuples en décadence, et, qui, le plus souvent ne sert qu'à mas-

quer leur misère ; c'était une gaîté saine et franche
comme le rire de l'enfant. On était heureux, on vivait
dans l'abondance de tous les biens, aucun souci dans le
présent, aucune préoccupation pour l'avenir. Sûrs de
vaincre sous le commandement de leur glorieux chef,
les Ottomans marchaient au combat, la joie dans le
cœur, comme s'ils allaient à une fête.

Osman abandonnait tout le butin à ses braves guerriers ; mais ni le pauvre, ni l'orphelin n'était oublié ; ils
avaient leur part après chaque expédition. Il ne laissa, ni
or ni argent. On ne trouva chez lui après sa mort qu'une
cuiller, une salière, un kaftan, un turban de toile, quelques drapeaux de mousseline rouge, quelques chevaux
et quelques attelages de bétail pour la culture.

La maison d'Osman était hospitalière ; il recevait
tout le monde à sa table, riches et pauvres, chrétiens et
musulmans, les vainqueurs et les vaincus, donnant ainsi
à son peuple l'exemple de la charité, de la fraternité et
de la tolérance.

Inaccessible à la crainte, il n'était point cruel. Il épargna le sang des chrétiens et tandis que les princes turcomans, qui régnaient sur les autres provinces de l'Asie
Mineure, répandaient autour d'eux la terreur, en se
livrant à des actes de piraterie, Osman faisait naître
dans ses États la paix et le bonheur. C'est de lui qu'on
peut dire : « Il fut le père de ses sujets ». Sa bonté éga-
lait sa justice, elle était devenue proverbiale et adoucissait ce que la main du vainqueur avait de rude.

Ces qualités du cœur ne diminuaient chez lui ni la
fermeté, ni l'énergie. L'unité de sa vie fut admirable ;
tel on le connut, lorsqu'il n'était encore qu'un simple
chef de tribu, tel il resta après qu'il se fut proclamé
sultan par sa seule vaillance.

Dans une longue vie, si bien remplie, la loyauté fut son
seul guide. Fidèle aux sultans seljoucides dans la bonne

comme dans la mauvaise fortune, il ne songea jamais
à les trahir.

Rien de plus touchant d'ailleurs ni de plus instruc-
tif, que le récit de ses relations avec la cour suzeraine.
C'est là que le caractère d'Osman se révèle en sa noble
simplicité. Ces relations étaient celles d'un vassal à
l'égard de son suzerain. Les sultans seljoucides ne lui
demandaient pas toujours compte de ce qu'il faisait et
se contentaient de lui adresser chaque année quelque
témoignage de leur haute satisfaction.

Une de ces missions dont il convient de rappeler ici le
souvenir, fut celle d'Ak-Timour chargé par Alaedin de
remettre à Osman, auquel le Sultan venait de conférer
le titre de Beylar-Bey, les insignes attachés à cette
haute dignité. Ce fut la première cérémonie officielle.
Elle eut lieu avec un grand apparat. Osman reçut l'envoyé du Sultan, entouré de ses principaux guerriers. Le
rescrit impérial qui fut lu à cette occasion ne contenait
pas moins de vingt-cinq pages pleines d'incohérences,
de citations burlesques et de poésies sentencieuses qui
réflètent bien les mœurs de l'époque, tandis que la réponse d'Osman au souverain seljoucide se composait
en tout de deux petites pages d'un style sobre et d'une
forme concise, où se montrent dans toute leur pureté
les sentiments de loyauté et de dévouement du vassal
envers son suzerain. Un observateur qui se serait livré
à une étude approfondie de ces deux documents n'aurait pas manqué de constater la supériorité d'Osman
sur ses congénères. C'est que la corruption persane,
cause de tant de révolutions en Asie, n'avait pas encore pénétré chez les Ottomans.

CHAPITRE III

ORKHAN Ier

Orkhan et Alaeddin. — Organisation de l'armée ottomane. — Création du premier corps d'infanterie turque. — Origine des janissaires et des azabs. — Noms donnés aux officiers. — Organisation de la cavalerie. — Fiefs ou timars. — Prise de Nicée. — Passage du détroit. — Mort d'Orkhan. — Les sciences et les arts sous son règne. — Sa vie, ses mœurs.

De son mariage avec Mal-Khatoune, fille d'Edbaly, Osman eut deux fils, également remarquables par leurs vertus et leur érudition. Le premier, Alaeddin, fut un légiste des plus distingués. Son goût pour la haute culture scientifique l'avait rendu particulièrement cher à son grand-père, qui l'initia de bonne heure aux préceptes de la religion et l'instruisit dans les lettres arabes. Alaeddin abandonna, en conséquence, à son frère Orkhan la carrière des armes, pour laquelle il ne se sentait aucune vocation, aussi quand Osman, à son lit de mort, voulut désigner son successeur, il eut comme une illumination soudaine du brillant avenir réservé à Orkhan et, étendant sa main sur lui, il le sacra empereur des Ottomans.

Il y eut, à ce moment, entre les deux frères, une lutte touchante. Orkhan refusa de ceindre le sabre d'Osman, prétendant que ce droit appartenait à son aîné, plus digne que lui d'occuper le trône, qui n'était alors que la selle mouvante d'un cheval de bataille, tandis qu'Alaeddin, respectant les dernières volontés de son père, ne voulut point obtempérer à ce désir et insista auprès de son frère pour qu'il assumât seul la responsabilité du pouvoir. Orkhan dit alors à Alaeddin : « Puisque tu ne veux pas être sultan, sois au moins mon vizir. Aide-moi à porter ce fardeau ». Noble exemple ! témoignage éclatant de l'union qui existait alors dans la famille d'Osman ! Pourquoi faut-il, hélas ! qu'à quelque temps de là, les fils de ces glorieux ancêtres aient renoncé à ces traditions.

Alaeddin remplit dignement la tâche qui lui était dévolue, et fut le serviteur le plus actif et le plus dévoué de l'Etat. Les deux frères se complétaient l'un l'autre, tant l'affection qui les unissait était grande, tant étaient puissants les sentiments qu'ils avaient puisés dans une éducation commune. On vivait d'ailleurs dans une période tourmentée qui ne laissait place ni à la haine ni aux compétitions. Tout était à créer dans le nouvel empire, et, la grandeur de la tâche, aussi bien que les difficultés qui en résultaient, excluaient toutes les jalousies. Il fallait préparer le sol à recevoir la semence qui devait donner une si belle moisson.

L'administration et l'armée appelaient avant tout l'attention du législateur.

Orkhan commença par édicter des lois somptuaires, réglant le costume des guerriers, celui des fonctionnaires et des ulémas. A mesure qu'ils s'avançaient vers l'Occident et qu'ils se mêlaient aux peuples vaincus, les Turcs avaient modifié la coupe de leurs vêtements. La coiffure qui, chez les Orientaux, est le signe distinctif de la race, subissait des transformations étonnantes. Elle s'allongeait, se rétrécissait, s'arrondissait, montait en spirales, devenait plate ou bouffante ; elle ressemblait tantôt à un chou palmiste, tantôt à une pyramide tronquée et tantôt à une nacelle. Il était urgent de prendre à cet égard, certaines dispositions. Orkhan prescrivit à tous les guerriers et aux officiers de la cour de porter indistinctement le feutre blanc ; les autres devaient continuer à se coiffer du feutre rouge. Comme leur principale industrie était la guerre, ils se servaient, pour leur usage personnel, des oripeaux faisant partie du butin. L'un revêtait l'uniforme d'un soldat bysantin, l'autre portait le bonnet brodé d'or d'un capitaine de la garde, ou la mitre d'un métropolite, tandis qu'un troisième s'affublait de l'habit de cour. Seuls, les officiers n'avaient pas abandonné le caftan des guerriers de l'Islam qu'Osman lui-même avait porté. Orkhan fit cesser ces anomalies choquantes dans le costume. Toutefois ses lois somptuaires tombèrent bientôt en désuétude. Le costume des particuliers dépendant du caprice de chacun, il était impossible de le soumettre à une règle fixe. Les lois qu'Orkhan édicta sur la monnaie eurent un caractère plus stable. Il eut, le premier, l'insigne honneur de faire frapper des pièces à l'effigie ottomane.

Il organisa ensuite l'armée et la disciplina. Formée tout d'abord d'un corps de fantassins, les yayas, elle grandit rapidement ; mais cette troupe ayant donné, peu de temps après, des signes d'insubordination, et le besoin d'une infanterie plus solide et plus compacte se faisant sentir, Orkhan convoqua le conseil de l'empire pour délibérer sur ce grave sujet. A ce conseil assistaient Alaeddin, Tchenderli, beau-frère de Cheik Edbaly et les principaux lieutenants d'Orkhan. Tchenderli proposa de créer une milice recrutée parmi les chrétiens que l'on forcerait ainsi à embrasser l'islamisme. Ce fut l'origine des janissaires.

Le projet auquel Tchenderli attacha son nom cachait, sous le couvert de la religion, un profond dessein politique. Il donna, en effet, naissance à l'une des institutions les plus puissantes, et les plus redoutables que le génie militaire des Ottomans ait inventées. Orkhan dont l'esprit était ouvert à toutes les grandes réformes, accueillit cette idée avec empressement. Nous verrons les développements qu'elle aura dans la suite ; mais elle offrait déjà aux Ottomans cet inappréciable avantage d'utiliser, dans une large mesure, les forces des vaincus.

Occupés sans cesse à faire la guerre, les Ottomans ne pouvaient, sans mettre en danger leur existence même, laisser les chrétiens croître et se multiplier autour d'eux. Le jour où, pour des raisons d'ordre intérieur, ils renoncèrent à prélever sur les chrétiens cet impôt du sang, ils les forcèrent à s'insurger et à combattre pour leur affranchissement. Comment, en effet, admettre qu'un peuple vaincu, tenu dans un complet isolement, et qui voit de nouvelles générations succéder les unes aux autres, n'aspire pas à reconquérir son indépendance.

Il y a là un stock de forces accumulées qu'il est dangereux pour un gouvernement de laisser subsister, pour ainsi dire, à l'état de matières explosibles : survienne une étincelle et la mine éclatera avec une telle violence que les fondements de l'Etat en seront ébranlés.

Les janissaires furent soumis à une discipline rigoureuse ; officiers et soldats étaient punis de la bastonnade. Le bâton en Orient est le signe de l'autorité, et cette peine n'est point infamante. On leur assigna une solde et chacun d'eux reçut une ration.

Le législateur voulait que la nourriture qui leur était distribuée fût saine et abondante Il estimait, non sans raison, que c'était une condition indispensable à la bonne constitution d'une armée ; le soldat bien nourri pouvant accroître ses forces et décupler son énergie (1).

---

(1) La solde d'un janissaire était d'un aspre par jour, mais elle pouvait être augmentée sans qu'elle pût jamais dépasser trois aspres. La ration se composait de deux pains, de deux cents grammes de viande, de cent grammes de riz et de trois cents grammes de beurre (Hammer).

Un des caractères les plus étranges de cette organisation consistait dans les noms qui furent donnés aux officiers.

Le chef de la chambrée ou le colonel du régiment s'appelait *Tchourbadji-Bachi*, — premier distributeur de soupe — et l'officier qui venait après *Achi-Bachi* — premier cuisinier. Il y eut également le *Saccha-Bachi* — premier porteur d'eau — et l'*Achik-Bachi* premier coupeur de pain. Les janissaires professaient en outre un grand respect pour le *cazan*, ou marmite, qu'ils considéraient, pour ainsi dire, comme le drapeau du régiment. C'était autour du cazan que se tenaient les réunions tumultueuses, préludes des grandes révoltes, et que les sanglantes mêlées avaient lieu. Renverser le cazan c'était donner le signal de la rébellion.

Il est impossible d'indiquer les raisons qui ont amené le législateur à décerner aux officiers des janissaires des noms se rattachant aux emplois de la cuisine. Quelques historiens ont attribué cette innovation bizarre à ce que le sultan, étant considéré comme le père nourricier de ses sujets, ceux à qui il confiait le soin de veiller à leur sécurité se trouvaient naturellement désignés sous des noms culinaires. C'est la seule explication plausible qui en ait été donnée ; on pourrait en ajouter une autre, non moins vraisemblable. Il y avait en Orient, à l'époque dont nous parlons, une belle coutume qui consistait à fonder des *imarets*, sortes d'hospices, où les sultans faisaient distribuer aux pauvres du pain et de la soupe. Les historiens ottomans rapportent qu'après la prise de Nicée, Orkhan, ayant fait construire un imaret, convia à un festin, peuple et soldats, et se fit honneur de les servir lui-même.

Il est possible dès lors que cette conduite, si belle en sa simplicité, et si digne d'éloges, ait donné à Orkhan l'idée d'assimiler les grades de l'armée aux emplois de la cuisine. Du moment, en effet, que le sultan n'avait pas dédaigné de servir la soupe à ses convives, il était naturel que la fonction de Tchourbadji-Bachi devînt une grande dignité.

Orkhan institua, en outre, un corps d'infanterie irrégulier, les *azabs*. Ils occupaient généralement le front de l'armée, engageaient le combat et soutenaient le premier choc de l'ennemi. Ces vaillantes troupes, qui répandirent abondamment leur sang sur les champs de bataille, ne jouissaient que de quelques rares privilèges. Elles étaient sacrifiées aux corps d'élite et notamment à la cavalerie (1).

Jusque là, les Turcs avaient fait la guerre avec des cavaliers irréguliers appelés *akindjis*. Ces guerriers conservaient une grande indépendance d'allures, quoiqu'ils fussent, en réalité les mieux disciplinés de l'armée. Ils ne contractaient aucun engagement, mais toutes les fois qu'ils étaient convoqués sous les drapeaux, ils étaient exacts au rendez-vous, et jamais on ne les vit manquer à l'appel de leurs chefs. Cavaliers intrépides et batteurs d'estrades, ils savaient se transformer en fantassins, entreprendre des sièges, livrer des assauts et gagner des batailles. Plus tard, on composa, avec ces éléments, une cavalerie régulière, les *moslimans* ou les exemptés, pour indiquer qu'ils n'étaient soumis à aucun impôt. Leurs chefs s'appelaient *Sandjakbegs* ou chefs de l'étendard, *Bimbachis* ou chefs de mille, et *Soubachis* ou chefs de cent. En dehors de ces régiments qui acquirent, en très peu de temps, une grande célébrité dans les premières guer-

---

(1) Cette organisation était empruntée, en grande partie, aux Tartares ou Mogols qui n'étaient pas ce que l'on se figure généralement, un ramassis de barbares, n'ayant aucune cohésion entre eux, et ne connaissant aucune discipline. On y remarquait, entre autres éléments, des corps réguliers parfaitement organisés : les uns, écrit Hammer, avaient des uniformes rouges, les autres des uniformes jaunes, et d'autres étaient habillés en blouse.

res de l'empire, on comptait quatre escadrons : les *Sépahis*, les *Silahdars*, les *Ouloufdjis* et les *Ghourbas* ou étrangers.

Les uns, comme les Ouloufdjis, avaient une solde, les autres recevaient des terres en échange de leurs services. Une disposition particulière de la loi prescrivait, en effet, qu'une partie des terres conquises devait être abandonnée aux guerriers qui se seraient distingués par leur valeur.

Ces terres formèrent, plus tard, des fiefs nombreux, dont quelques-uns subsistaient encore en Turquie, au commencement de ce siècle. Les possesseurs de ces fiefs étaient tenus, en temps de paix, d'entretenir les routes en bon état. Le même règlement existait pour l'infanterie. Les fiefs étaient héréditaires dans la ligne masculine, mesure admirable et digne d'un peuple conquérant !

Telle fut, dans ses données générales, cette première organisation militaire qui devait coûter tant de sang à l'Europe. Quand elle fut terminée. Orkhan se rendit chez le célèbre derviche Hadji Bektach pour appeler la bénédiction du pieux cénobite sur cette nouvelle milice ; il se fit accompagner dans cette visite de deux janissaires. Hadji Bektach étendit la main sur la tête de l'un d'eux et prononça ces paroles prophétiques : « La milice que vous venez de créer, dit-il, en s'adressant au sultan, s'appellera *Yeni Tchéri* ; sa figure sera blanche et luisante, son bras redoutable, son sabre tranchant et sa flèche acérée ; elle sera victorieuse dans tous les combats et portera si haut ta gloire, ô prince, que toutes les nations courberont la tête devant toi ».

Les transformations, que nous venons d'indiquer, eurent lieu dans les dix années qui suivirent la mort d'Osman. Tels étaient alors les progrès réalisés par les Ottomans dans l'ordre militaire. Ce ne fut qu'un siècle après, sous Charles VII, que se forma en France le premier corps régulier. Les Turcs, les faits historiques sont là pour l'attester, avaient déjà, au point de vue de l'organisation de leurs armées, une supériorité marquante sur les nations chrétiennes.

La discipline fut de tout temps la principale force des Ottomans. C'est elle qui leur assura la victoire sur maints champs de bataille. Aujourd'hui encore, c'est à l'obéissance passive du soldat, obéissance qui n'est obtenue par aucun moyen factice, qu'il faut attribuer la valeur des armées turques.

Pendant qu'Orkhan organisait les forces militaires de l'empire, il préparait une expédition.

Le vainqueur de Brousse méditait depuis longtemps la conquête de Nicée, le dernier boulevard de la chrétienté en Asie.

Rempli de cette ardeur guerrière qui distingua les souverains ottomans de la première période, il s'apprêta à mettre le siège devant cette ville, célèbre dans l'histoire des Croisés et dont on a pu dire, avec raison, qu'il n'y avait pas une seule pierre de ses remparts qui ne fût teinte du sang chrétien. Elle avait résisté pendant de longues années aux attaques des Ottomans qui rôdaient autour d'elle, comme des lions dont les rugissements réveillaient les échos d'alentour. Las d'attendre leur proie, ils résolurent de donner l'assaut à la ville.

Orkhan se présenta devant les remparts, à la tête de ses héroïques akindjis ; il fit harceler l'ennemi, et coupa les communications des habitants avec le dehors. Le siège était commencé et Orkhan, les yeux fixés sur les coupoles qui s'élevaient fières et superbes derrière les remparts, attendait, dans cette attitude, la reddition de la place pour transformer en mosquées ces magnifiques édifices, vestiges de la grandeur romaine.

Les Grecs, pâles fantômes de cette puissance qui

allait s'éteindre en Asie, comprirent néanmoins qu'ils devaient tenter un dernier effort pour empêcher que la ville sainte de la chrétienté ne tombât aux mains des Ottomans.

Ici, quelques explications sont nécessaires pour montrer la situation respective des deux rivaux.

Détaché de l'empire d'Occident, peu d'années avant l'irruption des barbares, l'empire d'Orient avait survécu à la chute de Rome. Depuis près de huit siècles, il se traînait dans la corruption, le sang et le crime. Déchiré au dedans par les factions et les compétitions dynastiques, assailli au dehors par ses ennemis, il tombait en lambeaux, perdant successivement ses provinces d'Europe et d'Asie. Mais la décomposition de ce grand corps était si lente, qu'on eût souhaité alors pour le repos du monde, qu'une puissance quelconque vînt l'achever. La durée de cet empire, pendant des siècles, malgré sa faiblesse extrême, est un des faits les plus surprenants de l'histoire.

Quelques-uns l'ont attribuée à la situation inattaquable de la capitale et au despotisme, qui est la dernière ressource des gouvernements dans leur décadence. Mais un événement aussi extraordinaire peut dépendre également de causes mystérieuses, qu'une étude approfondie de l'histoire pourrait seule révéler. Ils nous importe peu de les connaître. Il est un fait qu'on ne saurait nier, c'est que la résistance que les Grecs opposèrent à l'invasion turque fut dérisoire. Rien ne saurait donner une idée de la facilité avec laquelle les Ottomans firent leurs premières conquêtes que le nombre des villes, châteaux et forteresses dont ils s'emparèrent successivement et presque sans coup férir. Leur seule apparition devant une citadelle suffisait à leur en ouvrir les portes. Ils marchèrent ainsi d'étape en étape, jusque sous les murs de Brousse. Toutefois malgré la conquête de cette place, dont Orkhan avait fait sa capitale, la puissance des Ottomans était encore bien fragile et le réveil soudain des Grecs pouvait la briser.

En effet, le nouvel empire ne comprenait alors que quelques districts, dont le plus important, celui qu'Osman avait choisi pour en faire le siège de son gouvernement, avait à peine une journée de marche de périmètre. Il était au surplus entouré d'ennemis. Au Sud de Brousse s'étendaient de vastes plaines limitées par les États des princes turcomans, tels que ceux de Mentché, Kermian et quelques autres ; au Nord, c'étaient les Grecs qui, bien que peu redoutables pouvaient arrêter les Ottomans sur la route de Constantinople. Ils occupaient en Asie, outre la ville de Nicée, un petit nombre de places fortes et leurs possessions en Europe était restées intactes : elles comprenaient en dehors du pays dont est formée aujourd'hui la Roumélie orientale, une partie de l'Illyrie la Thrace, la Thessalie, l'Épire, la Grèce, les îles de l'Archipel. Ils possédaient, au surplus, une nombreuse flotte et des marins expérimentés, avantage dont leurs adversaires ne jouissaient point.

En un mot, la puissance militaire des Grecs était supérieure à celle des Ottomans. Par l'étendue de leurs domaines, aussi bien que par le nombre de leurs sujets, ils étaient en état de prendre l'offensive, ils pouvaient réunir une armée, et aidés des Turcomans leurs alliés refouler les Ottomans en Asie. Mais étaient-ils capables de cet effort viril ? Non, si l'on en juge par l'attitude qu'ils montrèrent devant l'ennemi, en diverses circonstances. Une seule chose manquait aux Grecs ; c'était le courage, sans lequel toute entreprise de guerre est fatalement vouée à l'avortement.

L'empereur Andronicus ayant réuni en toute hâte une armée, accourut au secours de Nicée. C'est la seule entreprise sérieuse que les Grecs aient tentée contre les

Turcs. Il est d'autant plus nécessaire de s'y arrêter qu'on peut juger par là du degré de résistance qu'ils étaient capables d'opposer à leurs ennemis. Les historiens by-santins et parmi eux Cantacuzène, grand chambellan, nous ont laissé un récit pompeux de cette campagne, dont les chroniqueurs ottomans font à peine men-tion dans leurs écrits. Andronicus commandait son armée en personne. Il avait mis deux jours pour faire quatre lieues ! Arrivé en face de l'ennemi, qui occupait une forte position sur une colline, il n'osa pas l'atta-quer. On tint conseil dans la nuit ; il fut décidé qu'on l'at-tendrait dans la plaine et, s'il refusait d'accepter le com-bat qui lui serait offert, eh bien ! on s'en retournerait à Constantinople. Résolution héroïque qui montre com-bien peu les Grecs étaient disposés à se battre ! Le len-demain pourtant, il fallut en venir aux mains. Cantacu-zène, en habile courtisan, fait ici un éloge extraordinaire du courage déployé dans cette circonstance par l'em-pereur.

« On se battit, écrit-il, pendant toute la journée, l'empereur chargea plusieurs fois l'ennemi à la tête de ses troupes ; les Turcs eurent à déplorer des pertes sé-rieuses ». Sait-on quelles furent celles que subirent les Grecs ? Cantacuzène nous le dit : un homme tué et un cheval blessé ! Le jour suivant le combat recommença, les Grecs firent encore des prodiges de valeur. Cent cin-quante Turcs trouvèrent la mort, mais du côté des Grecs, qui le croirait ? il n'y eut ni un homme blessé, ni un cheval mort. Enfin le troisième jour, poursuit Canta-cuzène, quelques Grecs s'étant aventurés près du camp turc, furent entourés par l'ennemi. L'empereur accourut pour les dégager ; il fut cerné à son tour et c'est à peine s'il put se frayer un passage à travers la cavalerie turque, pour chercher son salut dans la fuite.

Il s'embarqua aussitôt sur une galère qui fit voile vers

Constantinople, pendant que le reste de l'armée en déroute se réfugiait dans les villes et les châteaux d'alentour. Cette fois Cantacuzène est forcé d'avouer la perte de cinquante Grecs. Encore trente de ces malheureux avaient-ils été massacrés aux portes de Philacrème, ville fortifiée dont les Grecs avaient emporté les clés au camp où elles furent oubliées ! Il faut lire ces détails navrants dans les récits des historiens bysantins pour y croire (1). Il était clair désormais que les Grecs ne se battraient plus en rase compagne, et que, même derrière leurs remparts, ils n'opposeraient qu'une faible résistance à leurs ennemis.

Cependant les Akindjis, conduits par le vaillant Samsama, prenaient déjà leurs dernières dispositions pour escalader les murailles de Nicée, quand les habitants, fatigués par un long siège, se rendirent au vainqueur sous la condition que la garnison pourrait se retirer librement. Orkhan n'eut garde de s'y opposer ; il connaissait les sentiments intimes des Grecs. Un fort petit nombre de défenseurs se retirèrent à Constantinople, les autres se soumirent à Orkhan et acceptèrent la domination ottomane, sinon avec joie, du moins avec une parfaite résignation. Ainsi tomba la première ville de la chrétienté en Asie, celle qui vit se profiler sur ses murs crénelés les silhouettes fières et élégantes des Godefroi de Bouillon, des Tancrède, des Bohémond et de tant d'illustres guerriers du Moyen Age ; celle qui vit se réunir dans l'un de ses principaux temples, consacré au culte chrétien, le premier concile œcuménique. Oui, dans cette même enceinte d'où s'était élevé, comme un *Hosanna* éternel, l'hymne du *Credo* catholique, monu-

(1) Nicéphor Grégoras raconte également qu'en 1337 l'empereur ayant été avisé de l'arrivée des Turcs sur un point de la côte, Atyra, aujourd'hui Bouyouktheck-Medjé, Andronicus les attaqua brusquement, en fit périr mille, et pas un Grec ne fut blessé.

ment impérissable de la foi, les soldats de l'Islam, précédés de leurs derviches, allaient faire retentir le nom d'Allah et de son prophète. Oh ! que les ossements de ceux qui dormaient là depuis des siècles, sous les froides dalles du temple, durent tressaillir en entendant les pas sonores des guerriers ottomans, marchant derrière leur glorieux chef, et les adorations cadencées et ryhtmées de cette armée victorieuse, prosternée devant la puissance et la majesté de Celui qui dispose à son gré des empires ! La ville ne fut point livrée au pillage et pour récompenser ses officiers, Orkhan leur donna les palais et les demeures somptueuses des princes chrétiens, ainsi que les filles et les épouses de ces derniers ; le sang chrétien se mêla au sang musulman et en tempéra les ardeurs L'union s'opérait entre le vainqueur et le vaincu.

Chez les Grecs écœurés de la faiblesse et de la lâcheté de leurs chefs, il y avait comme le vague espoir d'un renouveau terrestre qui les eût dédommagés de leurs souffrances. Sans doute ils ne seraient plus les maîtres chez eux, mais ils vivraient paisiblement sous l'égide des lois musulmanes, et, ne possédant plus de gouvernement, ils n'en auraient ni les hontes ni les responsabilités.

Ils avaient au surplus toutes sortes de ménagements pour leurs futurs maîtres. Façonnés à la servitude par un long despotisme, ils devinaient jusqu'à leurs moindres désirs. Après la conquête de Nicée, cet état de choses n'avait fait qu'empirer. S'ils apprenaient par exemple que le vainqueur eût l'intention d'occuper une ville ou de s'emparer d'une citadelle, ils les abandonnaient, ou bien, elles étaient si mal gardées que le conquérant y pénétrait sans obstacle. Il était même rare qu'il ne se trouvât pas un traître sur son chemin.

Quand un pays en est arrivé à ce degré de décomposition, il est difficile de déterminer la part de responsabilité qui revient à la nation et celle qui incombe au gouvernement.

Ils étaient pourtant doués d'une grande finesse et d'une intelligence peu commune ces empereurs de Bysance. Que de talent et que de ruse chez un Cantacuzène, usurpateur malheureux d'un trône chancelant, sur lequel il lui fut impossible de se maintenir, malgré des prodiges d'habileté !

Si l'empire grec avait pu être sauvé, il l'eût été assurément par cet homme remarquable, qui montra, en plus d'une circonstance, les aptitudes d'un véritable homme d'Etat. Le projet qu'il forma, à cette époque, de marier sa propre fille avec Orkhan et de s'assurer, par ce moyen, l'appui et la protection des Ottomans, était un coup de maître.

Ces finesses diplomatiques qui, jointes aux discussions théologiques, ont rendu l'école byzantine si célèbre dans l'histoire, étaient d'autant plus impuissantes à protéger les chrétiens contre l'insatiable ambition de leurs voisins, que ceux-ci joignaient au courage et à l'énergie qui les caractérisaient, quelques-unes des facultés dont les Grecs étaient doués, et notamment l'habileté et la ruse qui sont les traits distinctifs des races conquérantes. Ainsi, pendant qu'Orkhan aidait Cantacuzène à garder le pouvoir, il encourageait secrètement son rival à persister dans ses revendications, et, tandis qu'accompagné de toute sa famille, il rendait visite à son beau-père à Bysance, il méditait l'expédition qui devait le rendre peu de temps après maître de la rive européenne. Ces faits, d'autres encore que nous pourrions citer, jettent un jour curieux sur les mœurs de cette époque. Orhkan avait en outre la supériorité que donnent la toute-puissance et la force. Il entrait volontiers en lutte avec son beau-père sur le terrain politique ; mais dès qu'il s'apercevait que Cantacuzène allait triompher, grâce à quelques combinaisons ingénieuses dont il n'avait pu d'abord démêler la trame, il s'indignait, et, laissant de côté les conventions et les stipulations diplomatiques arrêtées entre les deux États, il tranchait la difficulté d'un coup de sabre, et mettait fin aux pourparlers engagés. Dans ces conditions, la lutte était inégale et la victoire devait rester aux Ottomans qui s'étaient habitués peu à peu à ne plus considérer les empereurs de Bysance que comme des vassaux, bons tout au plus à leur rendre quelques menus services, ou à être attachés comme captifs à leur char de triomphe.

Terrible exemple de ce que peut devenir un peuple puissant et glorieux, quand il s'abandonne aux mains d'un gouvernement indigne chez lequel la corruption a étouffé tout germe de vertu, toute manifestation, si faible soit-elle, d'une force morale, attestant un reste de vigueur. L'empire de Bysance n'était plus, hélas ! qu'une ombre indécise se reflétant dans le miroir des eaux du Bosphore et à laquelle la nature donnait simplement une apparence de vie. Les Ottomans se montraient justement jaloux de la magnifique situation qu'il occupait.

Cette situation, ils la convoitaient avec une passion de plus en plus violente, et nous allons les voir franchir les détroits et dresser sur la terre occidentale leurs tentes surmontées du croissant. Leur apparition sur ce continent fut, sans contredit, le plus grand événement de ces temps ; il passa inaperçu, presque ignoré, tant l'Europe dormait profondément dans la nuit du Moyen Age. Si lourd même était son sommeil qu'il fallut la grande voix de l'Eglise, prêchant une nouvelle croisade, pour l'arracher à sa torpeur. Les deux religions allaient se trouver de nouveau face à face pour se livrer un dernier combat.

Nous avons vu que, grâce à l'occupation de Brousse et de Nicée, les Ottomans n'avaient plus rien à redouter en Asie de la part des Grecs. Ceux-ci s'étaient retirés en Europe où ils imploraient en vain le secours de la chré-

tienté. Que d'événements en moins d'un siècle ! Le chemin parcouru, de l'Euphrate à la mer, marquait la première étape du peuple turc. Il allait bientôt traverser les
détroits, et, se jetant sur l'Occident, couvrir de ses armées
un vaste continent. Un drame à la fois sanglant et tragique se préparait ; la conquête de l'Asie Mineure n'en
était que le prélude. Elle avait permis aux Ottomans de
se grouper sous la bannière des fils d'Osman, de s'essayer
aux grandes guerres, et de prendre, en quelque sorte,
leur élan, pour poursuivre la conquête de nouveaux
pays où les attendaient des ennemis plus redoutables que
les Grecs, des ennemis véritablement dignes d'eux, qui
leur permettront de montrer leur supériorité sur les
champs de bataille. Le merveilleux se mêle ici aux réalités de l'histoire et en fait une véritable épopée. Ces
villes abandonnées par les chrétiens ressemblent à des
temples antiques pleins de mystère et de majesté. Des
palais en ruines, des colonnes renversées, des remparts
démantelés, et, sur ces amas de pierres, quelques caba-
nes habitées par des pêcheurs grecs dont les barques
demeuraient attachées au rivage, comme des oiseaux
craintifs blottis dans leurs nids. Tel était l'aspect désolé
de la côte occidentale en face de laquelle les Turcs avaient
planté leurs étendards. D'une part, tout était vie et
mouvement, de l'autre, c'était l'engourdissement de la
mort ; tandis que sur la rive européenne régnaient un
calme et un silence profonds, on entendait sur la rive
opposée les chants guerriers se mêler au bruit des tambours et des fanfares ainsi qu'aux hennissements des
chevaux battant de leurs sabots l'écume de la mer et
appelant leurs cavaliers.

Orkhan avait confié le commandement de son avant-
garde à son fils aîné Suleyman, le guerrier le plus accompli
de son temps. Quelle tentation pour le jeune prince que
la vue de cette rive européenne qui s'étendait devant lui !

Enchaîné au rivage asiatique, il entendait un vague concert de voix mystérieuses que la brise lui apportait matin et soir. Que se passait-il là-bas, dans ce continent, au delà de ces vallons, de ces coteaux, de ces horizons derrière lesquels le soleil disparaissait ? Le soleil couchant a tenu une grande place dans les destinées des Ottomans. Il les avait guidés dans leur marche vagabonde à travers l'Asie. Ils l'avaient suivi, de l'Est à l'Ouest, au milieu de tous les éblouissements du triomphe et de la gloire, et, maintenant qu'ils le voyaient disparaître derrière les montagnes, ils voulaient toujours marcher à sa suite. Jamais, en effet, l'idée ne leur était venue de modifier leur orientation. Poursuivre leur route vers l'Occident, ne regarder que de ce côté, et, laissant derrière eux, les pays ensoleillés, s'avancer hardiment vers l'Ouest, tel fut leur plan, leur idée fixe, une sorte de vocation irrésistible qui les poussait à accomplir la mission qui leur avait été tracée par la sagesse éternelle. Admirez ici les desseins de la Providence qui les conduisit, pour ainsi dire, par la main jusqu'au cœur de l'Europe. Nous les avons vus s'en aller dans leur pays quand la mort subite de leur chef, Soliman Schah, noyé dans le fleuve, les ramena vers l'Ouest, et, depuis ce moment, cette protection visible du Ciel ne les abandonna pas. L'empire seljoucide s'écroule. Il suffisait au Turcoman vainqueur de deux jours de marche pour exterminer les Ottomans, il s'arrête à Konieh et rebrousse chemin. Cette protection deviendra encore plus tangible sous le règne de Bajazet.

Ce fut donc Suleyman, fils d'Orkhan qui foula le premier le sol européen. Ayant aperçu un jour un bateau se détacher de la rive, et, traversant rapidement le détroit, disparaître au loin vers l'horizon, il conçut le projet de passer la mer sur des barques.

Quelques arbres abattus dans la forêt et solidemen

attachés les uns aux autres formèrent un radeau sur
lequel Suleyman et trente-neuf de ses compagnons prirent place. Le passage du détroit s'effectua heureusement au milieu d'une nuit étoilée. La ville de Trympe
se rendit sans coup férir, et, dès le lendemain, des barques grecques emmenaient sur la rive européenne le
reste des troupes. Avec ces nouvelles forces, Suleyman
tenta une attaque contre Gallipoli et réussit à s'en emparer à la faveur d'un tremblement de terre qui avait
accru la terreur des habitants. Du moment que le Ciel
se chargeait de favoriser les Ottomans, les Grecs ne pouvaient faire mieux que d'obéir aux éléments conjurés
contre eux. D'ailleurs Orkhan lui-même à qui Cantacuzène se plaignait de la rupture des traités et de l'occupation de Gallipoli, justifiait la conduite de son fils par
les mêmes raisons. Dans un message adressé à son beau-
père, il s'exprimait ainsi : « Dieu ayant manifesté sa
volonté en notre faveur en faisant tomber les remparts,
mes troupes sont entrées dans la ville, pénétrées de sentiments de reconnaissance pour Allah ». Ainsi le même
argument servait à la fois aux Grecs pour excuser leur
faiblesse, aux Ottomans pour justifier leur usurpation.

Cet événement mémorable se passait l'an 758 de
l'Hégire, cinquante-six ans après la fondation de l'empire, vers la trentième année du règne d'Orkhan. On ne
vit alors se produire chez les Grecs aucun de ces mouvements spontanés par lesquels un peuple assure quelquefois son salut. Les Ottomans auraient pu, ce jour-là,
marcher sur Andrinople, sans rencontrer la moindre
résistance ; mais ils procédaient par bonds. Suleyman
ne jouit pas, d'ailleurs, de son triomphe. Il mourut à la
chasse, au moment où il suivait au galop le vol de son
faucon, et telle était l'affection du peuple pour ce jeune
prince, qu'il le fit revivre en ses légendes. Pour lui il
n'était point mort, et apparaissait de temps en temps à

la tête de ses troupes pour les mener à la victoire.
Cette légende qui faisait passer l'âme du général dans
celle des soldats, montre combien était puissant l'attachement des Turcs pour leurs chefs. Seul, Orkhan fut
inconsolable de la perte de son fils. Il l'aimait si tendre-
ment qu'il ne put survivre au chagrin que lui causa sa
mort. Il descendit dans la tombe peu de temps après,
chargé d'années et de gloire. Il fut, sans contredit, le
plus grand et le plus accompli des hommes de son
époque ainsi que de sa race. Guerrier redoutable, il
n'abusa jamais de la victoire, prince juste et équitable,
il se fit chérir de tous ses sujets. La douceur qu'il témoigna aux vaincus attestait sa grandeur d'âme.

Pendant un règne de trente-cinq ans, et malgré les
plus éclatants succès, on ne put lui reprocher aucun
acte de cruauté. Il aimait les pauvres pour lesquels il fit
élever de nombreux hospices. Telles étaient sa piété et
sa reconnaissance envers Dieu qu'elles se manifestaient
dans toutes les circonstances par des aumônes et des fon-
dations charitables. Il créa de magnifiques écoles et institua des chaires dont quelques-unes furent illustrées par
les hommes les plus remarquables de cette époque.

Orkhan aimait la paix et mettait à profit le temps qui
s'écoulait d'une campagne à l'autre pour doter son pays
de superbes monuments. Les mosquées, les hospices, les
fontaines publiques et les écoles s'élevaient de tous côtés
comme par enchantement.

Des inscriptions gravées sur la pierre, avec un art
merveilleux, couvraient les murs des édifices publics. De
beaux mausolées surgissaient du sol aux lieux illustrés
par les exploits des héros morts sur les champs de bataille, et, chose plus surprenante encore, de nombreux
couvents étaient fondés par la piété des fidèles. Le mouvement religieux qui commençait à se dessiner sous le
règne d'Osman, avec une grande netteté, était maintenant

dans son plein épanouissement et se faisait remarquer par la variété des types, l'éclat des couleurs, et une puissante originalité qui lui donnait une saveur toute particulière.

Geiklibaba, le père des Cerfs, qui habitait au pied de l'Olympe, rappelle certaines créations fantastiques de l'Inde. Il était Arien et se plongeait avec délices dans les longues contemplations mystiques d'où l'âme sort endolorie et comme enivrée par l'extase, tandis que le corps devient vibrant et sonore. Le moindre bruit l'agite et le plus léger contact a pour ce corps une intensité extraordinaire. Le sentiment ainsi aiguisé acquiert une force qui fait de ceux qui se livrent à ces sortes de pratiques des hommes capables d'affronter la mort. Le père des Cerfs, ainsi appelé parce qu'il paraissait en public monté sur un cerf, appartenait à cette catégorie. Il portait, suivant la légende, un sabre pesant, et il est représenté combattant à la tête des troupes avec cette arme terrible. D'autres derviches imitaient son exemple, les uns avaient des sabres en bois dur, les autres d'énormes bâtons noueux avec lesquels ils fendaient les crânes. C'étaient les *babas* et les *abdals*, chefs vénérés de la secte mystique qui, au Moyen Age, exerça une si grande influence sur l'émigration des peuples. Ils accompagnaient les armées, excitaient le courage des guerriers et se jetaient dans la mêlée, entraînant par leur exemple les soldats et leurs chefs. Leur désintéressement était au-dessus de tout éloge ; ils dédaignaient l'or et l'argent, foulant aux pieds les grandeurs humaines et n'ayant qu'un but, le triomphe de leurs coreligionnaires. Aussi étaient-ils entourés de la vénération des fidèles, et la protection d'Orkhan leur était d'autant plus assurée que ce prince éclairé s'était montré, dès le commencement de son règne, le défenseur de la religion et le propagateur le plus zélé du Coran.

CHAPITRE IV

AMURAT Ier

Coup d'œil rétrospectif sur le règne d'Orkhan, Amurat Ier se révèle comme un grand capitaine. — Situation critique de l'Europe. — Coalition des Chrétiens des Balkans. — Bataille de la Maritza. — Prise d'Andrinople. — Bataille de Kossova. — Organisation des armées turques. — Infériorité des armées chrétiennes, organisation défectueuse des troupes. — Défaut d'entente entre les chefs. Caractère ombrageux d'Amurat. — Sa sévérité envers ses fils. — Conquêtes.

Dans Orkhan le sultan n'apparaissait pas avec ce caractère dominateur que l'on trouve déjà chez Amurat ; il avait conservé quelque chose de la ferme et tranquille majesté de son père. Il n'y a que le pouvoir absolu qui inspire aux conquérants une confiance illimitée en eux-mêmes. Or, l'empire turc n'avait pas encore atteint ce degré de puissance qui donne le vertige. Aussi nous avons pu voir avec quelle prudence Orkhan traitait les affaires de l'Etat, sans compromettre l'œuvre commencée.

Toute sa sollicitude s'était portée sur l'armée, comme s'il eût prévu que son fils au moment où il venait de franchir les détroits pour pénétrer en Europe, aurait besoin d'une organisation plus complète des forces militaires de l'empire, afin de parer aux événements.

Le sol occidental, il n'est que juste de le reconnaître, fut plus propice au développement de la puissance ottomane que le sol asiatique, telle la plante qui, transportée sur la terre étrangère, pousse des rejetons plus vigoureux. Le nombre des Turcs s'était accru considérablement le long des Dardanelles. Leurs légions se pressaient, sous les étendards d'Amurat, pleines d'ardeur pour la lutte. Comment contenir cette force redoutable ? Personne n'y songeait, Amurat moins que les autres. Animé de la passion la plus vive pour la conquête, jeune, amoureux de gloire, impatient de se mesurer avec l'ennemi, Amurat voulut surpassser son frère Suleyman dont l'armée pleurait la mort prématurée.

Il accomplit de grandes choses et se révéla, dès les premières années de son règne, comme un habile capitaine. C'est lui qui soutint le choc des armées chrétiennes, coalisées pour la première fois contre les Ottomans. Il mobilisa ses forces et franchit les Balkans. A lui revient l'honneur de l'établissement définitif des Turcs en Europe. Il ne s'agissait plus ici de combattre les Grecs ; d'autres adversaires avaient surgi plus terribles et plus redoutables. Osman avait fait la conquête de Karadja-Hissar et de Brousse, Orkhan celle de Nicée et des Dardanelles, Amurat s'empara d'Andrinople, et par la possession de ce poste stratégique, isola Constantinople du reste de l'Europe. Il marchait où le péril l'appelait et possédait ce coup d'œil qui fait qu'une position occupée à temps assure le gain d'une bataille. Il semblait dédaigner les victoires faciles et aimait à affronter le danger avec la sérénité des héros, entassant triomphes sur triomphes, et les cimentant finalement de son sang.

Quelle était à ce moment la situation de l'Europe qui jusque là, avait assisté impassible à l'invasion ottomane ? Il importe de la définir. Après les Croisades, elle s'était repliée sur elle-même. Déçue dans ses espérances, elle avait perdu le goût des lointaines aventures. Déchirée par les factions, ensanglantée par les guerres civiles, elle était en proie à la plus complète anarchie ; ce n'était partout que révoltes et séditions ; les peuples étaient las d'obéir et les nations commençaient à ronger leur frein.

C'était, on s'en souvient, l'époque où, en France, la féodalité épuisée par les guerres qu'elle eut à soutenir contre l'islamisme, livrait ses derniers combats à la royauté triomphante. Vers le même temps, les Anglais, devenus maîtres des plus belles provinces de l'Est, poussaient leurs incursions dévastatrices jusqu'en Aquitaine.

La Jacquerie, le brigandage, la misère et la peste exerçaient de cruels ravages. Au delà des Pyrénées, le peuple gémissait sous la tyrannie de ses rois. Castille et Aragon étaient ennemis, tandis que le Maure régnait sur l'Espagne.

Déchirée, par la guerre des Guelfes et des Gibelins, l'Italie marchait dans le sang et l'Allemagne désolée, elle-même, par l'anarchie retombait alors sous le joug avilissant des rois de Bohème qui la traitèrent comme une prostituée.

Plus loin, au Nord, c'est la Pologne, en proie à des dissensions intérieures et ne pouvant jeter dans la balance le poids de sa vaillante épée ; c'est la Russie envahie par les Mongols et traversant une période pleine de calamités et d'angoisses. Sur un autre point de l'Occident, la république de Gênes était en pleine décadence et celle de Venise, malgré le traité de Chiozza, qui lui assurait la suprématie sur toutes les mers s'était abandonnée aux mains d'une oligarchie défiante et orgueilleuse qui devait la mener fatalement à sa ruine. Elle formait toutefois avec la Hongrie et les peuples des bords du Danube les seules forces disponibles que la chrétienté pût opposer à l'invasion ottomane.

La situation des peuples chrétiens des Balkans ne différait guère alors de ce qu'elle est aujourd'hui. Ils formaient un groupe de petits États autonomes dont cha-

cun avait sa constitution particulière, ses coutumes et
ses lois. Vassaux, ils aspiraient à reconquérir leur indépendance ; devenus indépendants, ils ne tardaient pas à
retomber sous la domination de leurs puissants voisins.
Aucune fusion n'était possible entre ces divers États,
quoique composés, pour la plupart, de peuples ayant la
même origine et la même foi. A l'époque dont nous
parlons, la Bulgarie et la Serbie étaient indépendantes,
la Bosnie formait un État tantôt tributaire de la Serbie
et tantôt vassal de la Hongrie : la Valachie venait
d'être affranchie de la domination des Hongrois par
Radul ; enfin l'Albanie après s'être donnée tour à tour
aux Vénitiens et aux Français, dans la personne de
Charles d'Anjou, frère de St-Louis, allait trouver dans
l'un de ses fils, Scanderbeg, un chef illustre.

Ainsi les Turcs étaient seuls contre plusieurs adversaires ; leur union faisait leur force, tandis que les
Chrétiens divisés étaient incapables de leur opposer une
résistance victorieuse. Si ces derniers avaient pu faire
taire leurs rancunes, ils eussent, sans nul doute, triomphé de leur ennemi. Que d'éclat et que de puissance
chez ces peuples chrétiens indépendants de l'empire
grec ! Un Ourousch, un Douchan, un Lazar, un Milosch,
un Scanderbeg, un Hunyade et tant d'autres héros ne
purent arracher leur pays à la domination turque. Nous
les verrons dans plus d'une circonstance, engager la
lutte séparément contre leur adversaire qui

« Trop faible pour eux tous, trop fort pour chacun d'eux »

les battait successivement. Lorsque les Bulgares étaient
écrasés, les Serbes entraient dans la lice, et c'est seulement quand ceux-ci étaient complètement battus que les
Hongrois et les Albanais venaient à la rescousse. Toutefois, à mesure que le danger de l'invasion augmente
et que le péril devient plus menaçant, la cohésion entre

les différents peuples des Balkans est plus forte, et sur maints champs de bataille on voit combattre, pêle-mêle, Bulgares, Serbes, Bosniaques, Valaques, Hongrois et Albanais. Là encore la hideuse trahison vient compromettre la plus sainte des causes.

A la vérité, tous ces peuples, grâce à leurs passions mesquines, et à leurs préjugés invétérés, ne constituaient pas une force capable de briser le colosse ottoman. Leur puissance était aussi vacillante que leurs destinées étaient mobiles. Il aurait fallu qu'une main vigoureuse les réunît sous un même sceptre ou que l'union, une union constante et sincère, les tînt solidement attachés les uns aux autres, afin qu'ils pussent former un faisceau de forces compactes, capables d'arrêter la marche de l'envahisseur. Or, nous avons déjà dit qu'aucune entente n'était possible entre des nations qui s'étaient voué une haine implacable, et qui, pour conserver un semblant d'autonomie, qui pouvait satisfaire leur ambition, mais qui n'était même pas la garantie de leur indépendance, risquaient de compromettre la sécurité de l'Europe.

L'histoire des guerres que les Chrétiens eurent à soutenir contre l'invasion turque aux treizième, quatorzième et quinzième siècles, peut se diviser en trois périodes successives, marquées par des succès éclatants et d'irréparables revers.

La première période comprend la résistance que les peuples des Balkans, aidés des Hongrois, opposèrent aux Ottomans depuis la bataille de la Maritza, qui eut lieu en 1363, jusqu'à l'année 1442, qui vit apparaître Hunyade et Scanderbeg, les deux héros qui remplirent de leurs exploits la dernière moitié du quinzième siècle. La seconde période commence avec l'apparition de ces deux grands capitaines auxquels il convient d'ajouter les princes de Moldavie qui, entrés tard dans la lutte, s'y

comportèrent vaillamment, et se termine à la mort de
Mahomet II, le conquérant de Constantinople. Enfin la
troisième période commence à la guerre dite *Vénitienne*
qui dura vingt ans environ et expire à la mémorable bataille livrée sous les murs de Vienne, en 1663, par Sobieski. C'est Amurat qui ouvre la première période avec
un incomparable éclat.

En moins de vingt années, les Turcs avaient fait de
sensibles progrès dans les Balkans. Après avoir occupé
la Thrace, l'Illyrie, une partie de la Bulgarie, Andrinople, Kustendil, Philopopolis et toutes les villes situées
le long de la Toundja, il se disposèrent à franchir les
Balkans. Jusque-là les Ottomans ne s'étaient pas trouvés en face d'une véritable armée : des combats partiels,
des faits d'armes isolés, quelques sièges glorieux comme
ceux de Brousse et de Nicée, des excursions hardies,
voilà par quels exploits ils s'étaient signalés.

La bataille de la Maritza fut le premier événement
militaire par lequel les Turcs s'illustrèrent en Europe.

Amurat avait confié le gouvernement des provinces
occidentales à Lalachahin, l'un des plus illustres généraux de son père. Celui-ci hésitait à attaquer dans leurs
retranchements les Serviens et les Hongrois, quand un
de ses lieutenants, Hagi-Ilbéki, surprit l'armée chrétienne, dans une nuit sombre, aux cris répétés d'Allah !
Allah ! et la précipita dans la Maritza. Le roi de Hongrie
échappa, comme par miracle, au sabre du vainqueur.
Quelques années plus tard, Amurat franchissait les Balkans et venait mettre le siège devant Nisch, la grande
forteresse qui commande toutes les communications entre la Thrace et la Servie (1).

Yakhschi Bey, fils de Timourtasch, monta le premier
à l'assaut de la ville qui se rendit au vainqueur. Bien-

____

(1) Serbie actuelle.

tôt Sophia, la capitale de la Bulgarie, subit le même sort, pendant que Khaïreddin Pacha s'emparait de son côté de Thessalonique. Ces victoires avaient été chèrement achetées par les Turcs. Ce n'étaient plus de simples combats, mais de véritables batailles rangées entre des armées fortes de cinquante à quatre-vingt mille hommes. En 1390, c'est-à-dire cinquante ans après le règne d'Osman, les Turcs pénétraient jusqu'en Herzégovine, en éclaireurs qui préparaient les grandes invasions. Ces excursions hardies, ces forteresses tombant successivement en leurs mains, ces généraux concevant les projets les plus audacieux, et les exécutant avec un rare bonheur, le Sultan qui se transportait de l'Asie en Europe avec une effrayante rapidité, ranimant le courage de ses troupes, et les conduisant à la victoire ; tous ces événements avaient jeté le trouble et l'épouvante parmi les Chrétiens. Ce fut alors que Lazar, kral de Bulgarie, l'homme le plus remarquable de son temps, comprenant le danger qui le menaçait, forma avec les Albanais, les Hongrois, les Serbes, les Moldaves, une formidable coalition contre les Turcs. Pour briser cette coalition et la réduire à l'impuissance, Amurat accourut en Europe et se plaça à la tête de son armée. La plaine de Kossova fut le champ clos où se décida pour la première fois le sort des peuples des Balkans.

Cette bataille eut une issue tragique : Amurat avait dressé ses tentes à l'entrée de la plaine, faisant face à l'ennemi. Le combat commença au point du jour. Durant toute la nuit, un vent violent avait soufflé et, le matin, la pluie était tombé en abondance. L'effort des Chrétiens s'étant concentré sur l'aile gauche, une partie de l'aile droite de l'armée ottomane se porta à son secours. Les deux centres s'étaient rapprochés l'un de l'autre et la mêlée devint générale. A l'heure où la victoire se dessinait en faveur de l'armée turque, un Servien, Milosch

Kabilovitch s'ouvrit un chemin à travers les morts et les combattants, demandant à voir le Sultan pour lui révéler un secret. Ayant été admis dans la tente d'Amurat, il se pencha vers lui, comme s'il eut voulu lui baiser la main et lui enfonça son poignard dans le cœur (1). Cet acte immortalisa le nom de Milosch, mais ne sauva pas les chrétiens de la défaite.

Dès cette bataille, éclatent à tous les yeux, d'une part, la force et la puissance de l'armée ottomane, de l'autre, la faiblesse et l'infériorité de l'armée chrétienne. On peut assigner, en effet, deux causes aux succès des Turcs en Europe; l'unité de commandement et la discipline qui existaient dans leurs rangs, opposées à l'anarchie qui régnait dans les rangs de l'armée chrétienne.

Nous avons déjà dit de quels éléments se composait l'armée ottomane. La tactique qu'elle suivait dans les combats était remarquable. Les azabs occupaient le front des troupes. Placés sur la première ligne, ils avaient ordre de se replier sur les sipahis qui, prévenus de ce mouvement, ouvraient leurs rangs pour les abriter. Les janissaires étaient aux armées ottomanes ce que la vieille garde était aux armées de Bonaparte. Ils entouraient le Sultan, placé au centre; cette troupe d'élite surgissait tout à coup au milieu de la mêlée et décidait du sort de la bataille. Les premiers feux du jour éclairaient une masse immobile qui, lorsqu'elle s'ébranlait, tombait comme une avalanche sur l'ennemi qu'elle ensevelissait sous un monceau de cadavres, tandis que la cavalerie légère, échelonnée sur les deux ailes se portait du côté où l'adversaire était en force. Ainsi rangée l'armée ottomane présentait une triple enceinte qu'il fallait franchir successivement. Si l'ennemi parvenait à rompre la première ligne et à la culbuter, il se trouvait aussitôt en

(1) Sadeddin.

face des sipahis qui lui opposaient une vive résistance, et si après des efforts inouïs, il arrivait à franchir la seconde enceinte, il voyait alors se dresser devant lui, comme une forteresse inexpugnable, le corps des janis-saires.

Les Turcs ne connaissaient pas encore les armes à feu : la flèche acérée des Persans, la lance droite des Arabes et le sabre recourbé étaient leurs armes préfé-rées.

Montés sur des chevaux légers et fringants, les offi-ciers dédaignaient les lourdes armures et les pesantes cuirasses des guerriers chrétiens bardés de fer. A aucune époque, le casque ne remplaça pour eux le turban. Tou-tefois, beaucoup de guerriers avaient adopté la cotte sarrazine en mailles serrées, peu élégante, mais ample, et laissant au soldat la liberté entière de ses mouve-ments. Ce fut plus tard que les janissaires revêtirent ces gigantesques armures dont les proportions larges et la forme arrondie révèlent la puissante carrure de ces redoutables guerriers.

Le fantassin turc, sobre et robuste, pouvait supporter les plus grandes fatigues. Privé de ces boissons enivran-tes qui énervent les plus fortes constitutions, il trouvait dans son tempérament la force physique nécessaire pour soutenir la lutte, et dans l'enseignement religieux le ressort moral qui affermit le courage.

Les vides qui se faisaient dans les rangs de l'armée étaient comblés par les nombreux contingents qui arri-vaient de l'Asie. Chaque année, de nouvelles hordes envahissaient l'Occident et les Chrétiens avaient sans cesse devant eux des troupes renouvelées ; une telle armée était invincible.

L'Europe aurait pu devenir, il est vrai, pour les Chré-tiens des Balkans, ce que l'Asie était pour les Otto-mans ; mais la situation troublée des nations occidentales s'opposait à l'exécution de ce plan, et, tandis que les Serbes, les Bulgares, les Valaques, les Albanais et les Hongrois ne devaient compter que sur leur seule vaillance, pour chasser de leur pays l'envahisseur, les Musulmans ne cessaient d'accourir sous les drapeaux des descendants d'Osman, en masses compactes et serrées. Si on ajoute à toutes ces considérations, que l'armée ottomane ne formait alors qu'une seule et même famille, qu'on y adorait le même Dieu, qu'on y reconnaissait l'autorité d'un chef unique, le Sultan, on aura une idée de sa puissance.

Tout autre était l'organisation des armées chrétiennes. Celles-ci se composaient, pour la plupart, d'éléments sans cohésion ; les Bulgares, les Valaques, les Serbes, les Moldaves, les Bosniaques, les Hongrois et les Albanais. Tous étaient chrétiens, mais ils n'appartenaient pas tous à la même Eglise ; les défections et les trahisons, qui se répétèrent fréquemment dans leurs rangs, n'eurent point, le plus souvent, d'autre cause que la différence de religion.

Au surplus les armées chrétiennes se livraient à des débauches qui paralysaient leur action, le camp était rempli de courtisanes qui suivaient les chefs ; on s'y livrait fréquemment à des orgies. Quand sonnait l'heure de la bataille, tous ces jeunes débauchés se transformaient en héros ; mais les armées dont la valeur ne dépend pas seulement du courage des soldats, perdent beaucoup de leur force lorsqu'on n'y observe pas une stricte discipline. Les Chrétiens avaient adopté, en outre, quelques-unes des habitudes qu'on rencontrait autrefois chez les Perses et les Mèdes. Dans son histoire sur la Hongrie, Engel fait observer que les bagages de l'armée chrétienne étaient en raison inverse de sa force numérique ; on eut dit que chacun avait apporté sa maison avec lui : des milliers de chariots suivaient les troupes, attelés à des bœufs dont la marche lourde et lente embarrassait les armées dans leur évolution. On allait devant soi et l'on se battait comme des lions, voilà quelle était toute la tactique. La théorie de la division en deux ailes et le centre était néanmoins connue et pratiquée au Moyen Age ; mais c'était la lutte corps à corps qui finalement décidait de la victoire. Chez les Chrétiens on vit souvent l'aile droite victorieuse ne prêter aucun secours à l'aile gauche vaincue, et l'on assista plus d'une fois au spectacle attristant de l'une ou l'autre aile refusant obstinément de secourir le centre. Dans l'armée turque, au contraire, il y avait moins d'isolement, plus de cohésion et l'accord des volontés et des cœurs ; il y avait, par cela même, plus de mobilité et la possibilité d'exécuter des mouvements enveloppants, avec une prodigieuse célérité. Ce fut cette aptitude et le manque de bagages, joints à la valeur des soldats, qui firent la supériorité des armées turques.

Guerrier infatigable et politique avisé, Amurat n'eut qu'une ambition, celle d'étendre en Europe les limites de ses Etats. Il réunit autour de lui les plus célèbres généraux : Timour-Tasch, pierre de fer, Evrenos, Lalachahin, Hadji-Elbéki, Khaireddin Pacha. Il était né du mariage d'Orkhan avec une grecque (1), et ce mélange du sang chrétien avec le sang turc présente un vaste champ d'observation à ceux qui voudraient en suivre les effets sur le développement physique, intellectuel et moral de la dynastie ottomane. Les lois de l'atavisme, appliquées à l'étude de l'histoire, résoudraient bien des problèmes demeurés obscurs. Ainsi, on remarquait déjà en Amurat des traits que l'on chercherait vainement dans le caractère de son père ou de son aïeul : une

______

(1) Niloufer, fleur de lotus, enlevée à son mari le jour de ses noces, devint la première femme d'Orkhan.

grande indépendance, une intelligence plus aiguisée et plus ouverte, un amour immodéré pour les plaisirs, un penchant excessif pour le luxe, un goût prononcé pour l'élégance, en même temps qu'une tendance à la cruauté et à l'astuce qu'on ne rencontre point en ses ascendants.

Elevé dans la retraite, au fond d'une province de l'Asie, alors que son frère Suleyman occupait en Europe une situation des plus enviables, il avait enduré dans l'exil des souffrances qui semblent avoir laissé des traces profondes dans son esprit. C'est ce qui explique la méfiance que lui inspirait son entourage, méfiance d'ailleurs justifiée par la conduite de l'un de ses fils qui, dans un moment d'égarement, avait pris les armes contre lui. C'était la première fois qu'un événement aussi grave se produisait au sein de la famille régnante, et cet acte criminel appelait une prompte répression : elle ne se fit point attendre. Informé de la révolte de Saoudji Bey, Amurat se porta au devant de lui, harangua les soldats, les fit rentrer dans le devoir et livra au bourreau la tête du rebelle.

Cette conduite, digne des anciens Romains, justifie-t-elle l'accusation portée contre Amurat par l'historien Hammer, d'avoir médité depuis longtemps des desseins homicides contre Saoudji? Hammer cite, à ce propos, une lettre d'Amurat à Bajazet, antérieure à la révolte ? Que disait cette lettre ? « Tu auras, écrivait le Sultan à Bajazet, les yeux ouverts sur toutes les actions de ton frère, Yakoub qui réside à Karazi, ainsi que sur la conduite du commandant de Brousse, mon fils bien aimé Saoudji, dont Dieu prolonge les jours ! ».

De ce qu'Amurat recommandait à Bajazet de surveiller la conduit de son frère, Hammer conclut qu'Amurat en voulait à ce dernier. Rien cependant n'autorise cette supposition et jamais accusation ne fut moins fondée.

Occupé à de nouvelles conquêtes, il était naturel que le Sultan s'informât de ce que faisait son fils durant son absence. S'il était permis, en écrivant l'histoire, de recourir à des hypothèses pour expliquer des faits sur lesquels il n'existe aucune preuve, nous serions plutôt tenté d'accuser Bajazet d'avoir amené par ses sourdes intrigues la disgrâce de son frère, en effet voici en quels termes il répondait à la lettre d'Amurat, dont nous venons de citer le passage le plus caractéristique : « Mon frère Yakoub, lui disait-il, exerce bonne et rigoureuse justice ; quant à Saoudji tu recevras ci-joint dans la même bourse ma lettre et celle du juge de Brousse. »

Et il terminait sa missive par ces paroles significatives « C'est de la justice de ta Sublime-Porte que j'attends maintenant de nouveaux ordres ». Ici Bajazet ne s'adresse pas à la clémence de son père, mais bien à sa justice, il y a une nuance. Ce qui nous confirme d'ailleurs, dans cette opinion, c'est que, dès son avènement, Bajazet fit périr son frère Yakoub, sous le prétexte qu'il pouvait lui disputer un jour la possession du trône. Sans chercher à disculper Amurat du reproche qui lui est adressé par ses historiens, d'avoir été trop sévère pour son fils, disons que, dans toutes les autres circonstances de sa vie, il se montra équitable et humain.

Amurat fut le pionnier le plus actif et le plus redoutable de l'invasion turque en Europe. Il ne marchait point au hasard ; il étudiait d'abord son terrain et poussait des reconnaissances hardies jusqu'au cœur des provinces qu'il voulait soumettre à sa domination. Il compléta ainsi son éducation militaire et acheva celle de son armée. Dans les rapports que ses généraux lui adressaient, ceux-ci l'entretenaient sans cesse des nouvelles contrées qu'ils venaient de découvrir. Ici, c'était une ville opulente, couchée dans la plaine au milieu des jardins et des fleurs ; là, une forteresse s'élevant au sommet d'une montagne, comme un géant qui regarde le ciel, et, plus loin, le long du vieux Danube, une agglomération de maisons et de villages, se réflétant dans les eaux du grand fleuve. C'est en épelant les noms des villes célèbres par leurs victoires que les Turcs ont appris la géographie.

L'enthousiasme se communiquait des soldats jusqu'aux chefs et augmentait leur ardeur guerrière. Maintenant, les Turcs avaient des ennemis à leur taille ; à chaque pas ils rencontraient des héros.

On a pu admirer la conduite d'un Milosch ; celle de Lazar, fait prisonnier à Kossova, et remerciant le Ciel d'avoir vu périr son ennemi, ne fut pas moins héroïque.

Pour un État qui est dans la première période de sa croissance, un long règne est un grand bienfait. Amurat occupa le trône pendant trente années. Il lui fut ainsi donné de consolider l'œuvre de son père. Ce qu'il fit pour sa gloire et la grandeur de l'empire, l'histoire seule pourrait le dire. Nous n'avons pas la prétention, quant à nous, de retracer, dans le cadre d'une étude aussi restreinte, toutes les belles actions d'une vie si bien remplie.

Qu'il nous suffise de dire qu'il avait une grande indépendance de caractère, ce qui lui valut l'hostilité des ulémas. Il ne leur refusait pas, certes, la considération qu'ils méritaient, il entendait seulement qu'ils n'intervinssent pas dans les affaires de l'État, dure obligation pour des hommes qui croient posséder la vérité tout entière et qui, détenteurs de la tradition, prétendent exercer sur les pouvoirs publics une domination absolue. Il n'en était pas moins attaché à la religion. L'Islamisme n'avait pas de plus ardent défenseur. Telle était sa confiance en Dieu, qu'avant chaque bataille, il implorait le secours du Très-Haut : « O Dieu, s'écriait-il, dans la ferveur de sa piété, combats les infidèles ! » A la veille de la bataille de Kossova, il resta plongé toute la nuit dans la contemplation et la prière. Hammer paraît s'être mépris complètement sur le caractère de ce prince; car il laisse supposer qu'il n'avait aucune conviction religieuse et sacrifiait en apparence aux préjugés nationaux. Grave erreur.

Où donc le vainqueur de Kossova aurait-il connu le scepticisme? On vivait à une époque où la foi était vive et ardente chez les chrétiens aussi bien que chez les Musulmans.

Victorieux dans toutes les guerres qu'il entreprit, jusqu'à cette mémorable journée où il fut, pour ainsi dire, enseveli dans son triomphe, il mérita le titre de ghazi (1).

Les beaux édifices qu'il fit élever attestent son goût pour les arts. Ce goût se révèle tout entier à nous dans un seul monument : c'est la mosquée d'Andrinople. Le même bâtiment renferme une église et une école. Le rez-de-chaussée forme la mosquée. A l'étage supérieur et dans une galerie qui entoure l'édifice sont rangées les cellules des étudiants, d'où ils peuvent voir l'imam faire sa prière. C'est à lui que la postérité doit également la magnifique coupole des anciens bains de Brousse, chef-d'œuvre admirable d'architecture orientale.

Osman, Orkhan, Amurat! Ces noms éveillent dans l'esprit les souvenirs les plus glorieux. Ils remplissent à eux trois un siècle d'un incomparable éclat. On voit naître un puissant empire; on y distingue une longue suite d'actions merveilleuses, un amoncellement de succès, toutes les splendeurs du triomphe. Toutefois le cycle

(1) Ghazi ou conquérant ; ce titre se donne aujourd'hui indistinctement à tous les Sultans ottomans, même à ceux qui, comme le souverain actuel de la Turquie, Abdul-Hamid II, ont essuyé de cruels revers qui ont amené le partage d'une partie de leurs États.

lumineux allait se fermer et une période sombre et
néfaste s'ouvrait déjà devant le peuple turc, période
pleine de calamités et d'angoisses. Nous allons assister
à l'éclipse de la puissance ottomane.

A peine formée et sans être encore parvenue à son
apogée, elle tomba soudainement comme si ses fondements avaient été mal assurés. Le féroce ennemi qu'elle
eut à combattre fut l'un des conquérants les plus
redoutables que l'univers ait connus. Cet homme singulier, cet être véritablement étrange, était lui-même venu
de cet Orient qui, s'il donne naissance à des héros,
enfante aussi des monstres. Tel fut Tamerlan.

CHAPITRE V

BAJAZET 1er.

Bajazet ramassa dans le sang le sabre d'Osman, et, l'ayant ceint aux acclamations de l'armée, il jura de venger la mort d'Amurat.

C'était un fier monarque qui eût porté la puissance des Ottomans à son apogée, s'il avait possédé comme son père, la sagesse et la modération sans lesquelles il est impossible de fonder quelque chose de durable, et s'il n'avait été lui-même marqué du sceau de la fatalité.

Les commencements de son règne avaient fait concevoir de grandes espérances. Vaillant soldat et brillant capitaine, il se distingua, tout d'abord, par des exploits militaires. Il eut l'insigne honneur de se mesurer avec les plus célèbres guerriers du Moyen Age. Actif, entreprenant, plein de fougue et de jeunesse, il aimait la vie des champs. La guerre, avec ses dangers, ses surprises, ses enivrements, occupait tous ses loisirs. Il passait de l'Asie en Europe et de l'Europe en Asie, avec la rapidité de l'éclair. Aussi fut-il surnommé *yeldirim*, ou la foudre, tant promptes et soudaines étaient ses attaques, tant vifs et insaisissables étaient ses mouvements.

On le vit s'éloigner du camp de Kossova, lieu sinistre où il venait d'immoler à son ambition son jeune frère Yakoub, coupable à ses yeux d'être populaire dans l'armée. Par là, il donna la mesure des cruautés qu'il devait commettre jusqu'au jour où ses crimes ayant lassé la justice divine, il se vit enveloppé dans un immense désastre, où sa couronne sombra avec sa puissance, châtiment terrible, mais mérité !

Ayant par le fratricide mis son trône à l'abri des compétitions, il songe à apaiser les troubles qui venaient d'éclater en Asie. Il franchit les détroits, force le prince de Karamanie à lui abandonner une partie de ses Etats, s'empare de Philadelphie, chasse de leurs possessions les princes de Menetché et de Saroukhan, détruit de fond en comble l'île de Chio, revient en Europe, traînant à sa suite l'empereur de Bysance ; puis il envahit la Bosnie, menace la Hongrie, livre à Sigismond une première bataille, sous les murs de Nicopolis, se voit repoussé par les Hongrois, revient à la charge avec des forces considérables, oblige le roi de Hongrie à battre en retraite, repasse les détroits pour voler au secours de ses Etats menacés par le prince de Karamanie, s'empare de Césarée, Tokat et Sivas. Poursuivant sa marche triomphante en Asie, il incorpore à l'empire Castamouni, Samsoun et Djanik. Et le voilà de rechef en Europe ! Il met Gallipoli en état de défense, fait creuser un port sûr pour ses galères, attaque avec la flotte ottomane l'île de Rhodes, fameuse par les combats des croisés, descend vers l'Eubée et l'Attique, s'empare d'Athènes ; de là il vole au secours de ses généraux qui venaient d'envahir la Bosnie, force Sigismond à la retraite, se battant au Nord, au Midi, à l'Occident, exécutant des marches et des contre-marches rapides qu'un habile capitaine n'eut point désavouées, se dérobant devant ses ennemis, et par un retour offensif, plein d'audace, les surprenant dans leurs retranchements et leur enlevant la victoire sur laquelle ils comptaient.

Repoussés par les Ottomans, les Hongrois s'étaient ralliés sous la conduite de Sigismond, le plus malheureux des rois, dans la guerre, mais le plus tenace et le plus énergique des princes chrétiens qui se liguèrent contre l'Islamisme. Ses revers ne faisaient qu'augmenter son courage et accroître ses espérances au point que les souverains de l'Europe, touchés de ses infortunes, lui promirent subsides et soldats. Charles VI lui envoya une petite armée qui, à la journée de Nicopolis, se couvrit de gloire. Là, on vit, sous les ordres du Duc de Nevers, la fine fleur de la chevalerie française, le comte d'Eu, connétable de France, le comte de la Marche, Jacques II de Bourbon, Henri de Bar, Philippe d'Artois, le vicomte de Courcy, et tant d'autres héros tomber aux mains du vainqueur qui leur fit grâce de la vie. A côté du drapeau français flottait la bannière germanique, noblement défendue par les seigneurs bavarois et le châtelain de Nuremberg.

Tourghan Bey commandait la garnison de Nicopolis, il chercha à gagner du temps pour permettre à Bajazet d'accourir au secours de la place. Celui-ci apparut bientôt à la tête de ses vaillants soldats. Mais tandis qu'il prenait ses dernières dispositions pour la bataille, les Français impatients de combattre, se jetèrent sur l'armée turque avec une telle impétuosité qu'ils portèrent le trouble dans ses rangs et la forcèrent à se replier. Elle ne tarda pas cependant à reprendre l'offensive et remporta une des plus grandes victoires que l'histoire ait enregistrées. Poursuivant ses glorieux succès, Bajazet envahit la Styrie, la Smyrnie, et la Valachie inondant ces pays de ses guerriers.

De retour à Andrinople, il reçut les hommages de
l'empereur de Bysance, devenu son vassal. Bajazet lui
imposa l'obligation d'installer dans sa capitale un juge
musulman, *cadi*, et un prêtre, *imam*. Il réduisit ainsi
les empereurs de Bysance à un état pire que la servitude, les condamnant à boire goutte à goutte le calice
de honte et d'amertume dont ils furent abreuvés jusqu'à la conquête de Constantinople par Mahomet II.

Le règne de Bajazet fut fatal à l'hellénisme. Il marque
dans l'histoire l'époque de l'invasion de la Grèce par les
hordes ottomanes. Les Turcs suivaient ainsi l'exemple
des Romains et des Perses. En Asie, ils poussèrent leurs
conquêtes au delà de l'Euphrate, à l'exemple de Justi-
nien, en Grèce, ils marchèrent sur les traces de Kho-
sroës. Après avoir pénétré en Thessalie, Bajazet envahit l'Hellade et traversa les sentiers rudes et tortueux
des Thermopyles, sans se douter peut-être que là, vingt
siècles auparavant, trois cents Spartiates avaient arrêté
la marche des armées persanes. Il s'avança toujours
sans rencontrer d'obstacles, jusqu'à ce qu'il fît son
entrée dans la patrie de Périclès.

De retour dans sa capitale, il se livra aux plus honteuses
débauches. Les grands dignitaires de l'Etat s'efforcèrent,
mais vainement, de le ramener dans le droit chemin. Les
scandales que causait sa conduite désordonnée étaient
devenus si criants que de nouvelles tentatives furent faites par le mufti de Stamboul et le précepteur du prince
pour les faire cesser. Fatigué de leurs remontrances,
Bajazet se jeta dans le feu de la guerre. Là, il était dans
son élément ; mais l'armée, à laquelle il ne laissa ni
trève ni repos, commençait à faire entendre des mur-
mures. Pour comble de malheur, Tamerlan venait d'apparaître aux confins de l'Asie Mineure et tel était l'aveuglement de Bajazet qu'on le vit dédaigner ce puissant
ennemi, taillé pour inspirer la terreur et l'épouvante.

Quel terrible adversaire que ce conquérant! Quand on songe à ces hordes barbares qu'il promena de Samarkand au Caire, de la mer Caspienne à Bagdad et de Delhi à Brousse, on est peu surpris de voir l'empire turc, à peine formé, succomber sous cette poussée des peuples mogols. Deux fois il fut terrassé, il se releva deux fois, ensanglanté, meurtri, presque décapité. Il dut enfin son salut, moins à la résistance qu'il opposa à ses envahisseurs qu'à un concours de circonstances heureuses qui expliquent l'action mystérieuse de la Providence sur les destinées des peuples et des empires. Tels ces fragiles esquifs qui échappent au naufrage, alors que la mer se couvre des débris de mille vaisseaux plus puissants pour lui résister.

Tamerlan naquit à Kesch, près de Samarkand, dans le Djagathaï, vers l'an 1336 de l'ère chrétienne. C'était un homme de petite stature, boiteux et manchot. Il avait cependant le front large et élevé. Son visage, marbré de sang, brillait d'un sinistre éclat et ses yeux lançaient parfois des éclairs. Sa tête volumineuse reposait sur un tronc vigoureux. Des cheveux épais blanchis avant l'âge, couvraient cette tête d'un caractère si étrange. Tout attestait chez lui la puissance et la force. Guerrier redoutable, capable d'écraser le monde ; et il l'écrasa, en effet, sous des monceaux de ruines d'où s'échappèrent des torrents de sang et de boue.

Il portait un turban orné de rubis et avait pour sceptre une massue d'or à tête de bœuf. A chacune de ses oreilles pendait une grosse perle et ses armes étaient étincelantes de pierreries. Il était sérieux et grave. On le vit rarement sourire. Quiconque se permettait de faire une plaisanterie en sa présence était puni de mort. Et pourtant il aimait les fêtes et les plaisirs. Pendant que ses soldats égorgeaient les vaincus, il se livrait en public à des orgies ; ce roi barbare réservait toutes ses caresses pour les femmes ; il en eut un grand nombre, et quelques-unes d'entre elles l'accompagnèrent dans ses plus lointaines campagnes. Il ne semble pas qu'il en fut jaloux, car dans plusieurs fêtes qu'il donna en l'honneur de son armée, elles se montrèrent devant les officiers et les soldats avec leurs atours, pendant que les musiciens jouaient, que les chanteurs faisaient entendre leurs cantiques et que « les échansons du prince tartare présentaient aux convives, dans des coupes d'or, le vin rouge de Schiraz et la liqueur dorée du Liban » (1).

Son père était le chef d'une petite tribu des environs de Samarkand : mais la puissance de Tamerlan s'étant accrue, ses biographes songèrent à lui donner une plus noble origine et le firent descendre directement de Ginghis Khan. D'autres prétendirent que c'était plutôt du côté des femmes que lui venait cette parenté avec le conquérant mogol. Ni l'une ni l'autre version ne paraît fondée, car Ginghis Kan était né presque deux siècles auparavant et aucune généalogie n'indique qu'il ait eu Tamerlan parmi ses descendants. La seconde hypothèse que nous venons de mentionner est encore plus invraisemblable, attendu qu'en Orient on néglige ordinairement la descendance du côté de la femme pour ne s'occuper que de la descendance masculine. On serait plus près de la vérité en disant qu'il existe plus d'un point de ressemblance entre les deux conquérants. D'ailleurs dans ces tribus issues de la même race et ayant une commune origine, toutes les distinctions proviennent moins de la noblesse du sang que de l'éclat des actions guerrières qui élèvent le plus humble soldat au premier rang. Aux époques dont nous parlons, il n'était pas rare de voir un simple chef de tribu passer, après une première victoire, à l'état de héros légendaire. La plu-

(1) Hammer, tome II.

part des princes du Turkestan et de la Tartarie qui se firent proclamer Khans, ou empereurs, n'étaient que des soldats de fortune.

Tamerlan fut cruel et vindicatif. Jamais les vaincus, sauf en de rares circonstances, ne trouvèrent grâce à ses yeux. En entrant en campagne, sa tactique était d'effrayer l'ennemi par des préliminaires sanglants, soit en se livrant à un massacre général des habitants, soit en incendiant les villes abandonnées et les campagnes désertées. De son temps, la guerre fut une horrible boucherie.

Il tuait ses ennemis après la victoire, pour n'avoir plus, disait-il, à les combattre, faisait égorger les femmes parce qu'elles avaient donné le jour à ces intrépides guerriers, et n'épargnait guère les enfants, afin que, devenus adultes, ils n'eussent point à venger leurs pères ou leurs mères.

Rien n'est plus terrible que la logique mise au service d'un barbare. Tamerlan en était arrivé à brûler les lépreux tout vifs de crainte qu'ils ne communiquassent leur mal à son armée. Après cela, pourquoi aurait-il conservé les habitants des pays conquis ?

A quoi servaient ces villes opulentes et ces superbes édifices ? Ne vivait-il pas lui la plupart du temps, avec toute son armée, sous la tente ?

Plus tard, ses idées semblent s'être modifiées, sur ce point. Vers la fin de son règne, on le voit occupé à élever, dans Samarkand, des monuments et des mosquées, destinés à perpétuer sa mémoire à travers les siècles. Mais ce redoutable conquérant laissait à la postérité un souvenir plus durable que tous les édifices ; il marqua son passage dans le monde par une odyssée sanglante que les récits des historiens et des poètes rendent encore plus tragique.

Que de contrastes dans le caractère de ce prince ! Et

qui pourra jamais croire que cet homme qui fit massacrer tous les habitants de Bagdad, qui, devant Delhi,
égorgea, dit-on, cent mille captifs, et qui, en Asie
Mineure, fit écraser sous les pieds des chevaux, mille
adolescents envoyés au devant de son armée pour l'atten-
drir ; que ce tigre, à face humaine, avait pour les siens
une tendresse sincère et profonde ?

Il aimait sa famille et adorait ses enfants. Les fêtes
qu'il donna, à l'occasion de leur mariage, sont restées
légendaires dans les annales de l'histoire orientale, et on
ne le vit jamais pleurer qu'en apprenant la mort de l'un
d'eux. En lisant le récit des scènes sanglantes où se complaisait Tamerlan, on se rappelle les bas-reliefs assyriens
qui représentent les exploits d'Assur, un fleuve qui char-
rie des cadavres mutilés, des corps tronqués, des membres brisés et pour tout dire enfin

« un horrible mélange...
...D'os et de chairs meutris et traînés dans la fange ».

des temples en ruine et des villes en feu, des malheureux suspendus au gibet, des enfants égorgés et des
monceaux de têtes dont le scribe compte le nombre.

Au milieu de ces scènes de carnage, le conquérant
Assur, dont le sculpteur semble avoir voulu exprimer le
contentement féroce, à la vue de ces cadavres et de ces
villes en cendres, se tient debout, drapé d'un long manteau (1). Tel nous apparaît Tamerlan à la lueur des incen-
dies qu'il alluma sur son passage à travers l'Orient.

Il avait à un haut degré l'amour des lettres et des
arts. Toute sa vie il vénéra les savants et les écrivains.
Une des sciences pour laquelle il eut une prédilection
particulière fut l'astronomie. Il fit construire un obser-
vatoire dans ses Etats, et un de ses petits-fils Oulougbeg

____

(1) Perrot, « Histoire de l'art dans l'antiquité. »

devint célèbre comme astronome. Il lisait la biographie des guerriers illustres et l'histoire de leurs expéditions. Hammer, à qui nous empruntons ce témoignagne ajoute qu'il parlait trois langues : le persan, le mogol et le turc et il trouve que sa prodigieuse mémoire aurait pu lui permettre d'en connaître plusieurs autres. Avait-il seulement le temps de les apprendre ?

Cette culture insuffisante le rendait encore plus féroce ; car rien n'est aussi funeste aux hommes qu'une éducation incomplète notamment chez ceux qui sont appelés à gouverner. Il en résulte un certain manque d'équilibre, dans leurs facultés intellectuelles, qui devient extrêmement dangereux. C'est ainsi que Tamerlan fit massacrer les habitants de Damas parce qu'il avait lu dans un livre qu'ils avaient autrefois maltraité Ali, ou Housseïn. Il était retors et cherchait à légitimer tous ses actes soit en les faisant approuver par les ulémas, soit en leur trouvant une analogie avec les faits passés Ayant demandé un jour au mufti d'Alep : « Quels sont les guerriers qui méritent d'être appelés des martyrs, si ce sont les vainqueurs ou les vaincus ? ». « Ce sont ceux qui ont combattu pour la parole de Dieu », répondit le mufti. Alors se montrant humble et faisant allusion à son infirmité, Tamerlan dit : « Je ne suis que la moitié d'un homme, et cependant j'ai soumis la Perse, l'Irak et l'Inde. — Remercie Dieu, répliqua le mufti et ne tue personne — Dieu m'est témoin, reprit Tamerlan, que je ne tue personne par préméditation ». Ce témoignage qu'il se rendait à lui-même ne l'empêcha pas de se livrer, le soir même, à une orgie pendant laquelle le sang des habitants d'Alep coula à flots. Il n'y aurait pas eu, du reste, de joie pour lui, sans ces holocaustes humains.

Il aimait à rappeler ses infirmités et il était parfois sati-rique. Il dit un jour au sultan Bajazet, devenu son pri-

sonnier et qui souffrait à ce moment de la goutte : « Toi
et moi, nous devons à Dieu, notre Seigneur, une reconnaissance particulière pour les empires qu'il nous a
confiés ». « Pourquoi ? demanda Bajazet. — Pour les
avoir donnés à un boiteux tel que moi, et à un para-
lytique tel que toi ». Puis il ajouta cette pensée profonde :
« Il est évident qu'aux yeux de Dieu, la domination du
monde n'est rien ; car s'il en était autrement, au lieu
de la donner à deux hommes estropiés comme nous, il
l'aurait accordée à des souverains sains de corps et ayant
les membres bien faits ».

Nous avons dit qu'il avait le goût des belles choses.
En effet, il envoya, de tous les pays conquis, à Samarkand, les plus habiles architectes qui y élevèrent des
monuments. Les jardins de cette ville rappelaient, par
leur magnificence, ceux de Babylone. Une de ses femmes, Toumane, en eut jusqu'à douze dont elle composa
un seul jardin qu'elle nomma le jardin du paradis, Baghi-
Bihischt (1). Ayant trouvé à Hérat des portes de fer
d'un travail artistique admirable, il en fit don à sa ville
natale. Il avait un culte particulier pour les tombeaux
des hommes célèbres et les visitait toutes les fois qu'il
en trouvait l'occasion. On eût dit qu'en professant ce
grand respect pour les morts, il avait voulu se faire pardonner son mépris pour les vivants.

Ainsi que tous les heureux de la terre, il traitait la
fortune avec dédain. Il croyait, du reste, à la fatalité et
se résignait facilement au malheur. Rien ne pouvait
troubler la sérénité apparente de cette âme hautaine. Il
faisait généreusement l'aumône, et il lui arriva quelquefois d'enrichir les pauvres de sa capitale en leur distri-
buant une grande partie du butin rapporté de ses campagnes. Enfin quelques-uns de ses biographes nous le

(1) Cherefeddin.

représentent comme ayant aimé la vérité et chéri la justice. Comment concilier toutes ces qualités avec les actes de cruauté qu'il commettait ou laissait commettre par
son armée ?

Faut-il croire que ses historiens ont exagéré et le bien
qu'il a fait et le mal qu'il a pu commettre ? Quand on
connaît les écrivains orientaux, on est tenté d'attribuer
à l'exagération une grande partie des récits fantastiques
qu'ils nous ont laissés sur Tamerlan. Loin de nous la
pensée de le disculper de l'accusation de cruauté qu'on
lui a justement imputée. Certes il versa abondamment
le sang des vaincus et fut un véritable fléau pour l'humanité. Mais, sans suspecter la loyauté et la bonne foi
de ceux qui nous l'ont dépeint comme un monstre, il est
permis de supposer qu'ils n'apportèrent pas toujours
dans leurs investigations la sincérité qui caractérise les
travaux des historiens modernes. Comment croire, par
exemple, que, bien que Tamerlan, appelé par les Orientaux Timourlenk (1) fût boiteux et manchot, il eût,
comme ils le déclarent dans leurs récits, « une démarche fière, élégante et majestueuse ? » Les mêmes historiens affirment que « vingt mille personnes, entassées
toutes vivantes les unes sur les autres et enduites avec
du mortier et de la brique, servirent de matériaux à
l'édification de plusieurs tours ». Ces choses-là se pu-
blient et se répètent, depuis des siècles, dans tous les
livres d'histoire, et l'on ne s'est pas demandé comment
vingt mille personnes vivantes, entassées les unes sur
les autres, rangées symétriquement, enduites de mortier,
peuvent servir ainsi à la construction. Hammer nous
apprend également, sur la foi des chroniques du temps,
que leurs corps remplaçaient les pierres de taille. Vou-

____

(1) La particule lenk, ajoutée à son nom, signifie boiteux ou per-
clus.

drait-on bien nous dire comment des corps humains
pourraient être employés à cet usage ? La critique, en
matière d'histoire, n'est point aisée, lorsque les faits re-
montent à plusieurs siècles. Aux affirmations les plus
étranges et les plus hardies on ne peut répondre que par
des négations ; mais combien d'historiens ne sont, au
fond, que des poètes amoureux de fictions et qui prennent leurs conceptions fantaisistes pour des réalités !
Ceci est surtout vrai des anciens chroniqueurs, et notre
désir de nous procurer des documents authentiques fait
que nous acceptons leur témoignage sans contrôle.
D'ailleurs pour juger sainement les écrits du temps, il
faudrait se placer aux âges où ces chroniqueurs ont vécu,
considérer qu'ils ne pouvaient pas toujours dire la vérité
et reconnaître l'obligation où ils se trouvaient de tenir
compte des préjugés de leurs contemporains. Lorsqu'on
lit les écrits originaux, qui retracent la vie de Tamerlan,
on est frappé de cette remarque, que tous ses historiens
en parlent avec une sorte de respect superstitieux,
comme si l'âme courroucée du grand conquérant eût
plané au-dessus d'eux. Pendant les trente-cinq années
que dura son règne, il avait parcouru la Mésopotamie,
l'Inde, la Perse, la Russie méridionale, l'Arménie, la
Géorgie, l'Asie Mineure, l'Egypte, la Syrie et l'Irak. A
son retour à Samarkand (1405), il forma le dessein de
parcourir la Chine à la tête de ses hordes. Il avait
soixante-dix ans. Il venait de faire son entrée triomphale
à Otrar quand il tomba malade et mourut des suites d'une
fièvre ardente, laissant une progéniture nombreuse, un
immense empire et un nom qui avait rempli l'univers
d'angoisses et de terreur.

Tel fut ce redoutable ennemi que Bajazet eut à combattre. Le vainqueur de Nicopolis ne sut pas choisir le
moment favorable pour l'attaquer, si tant est qu'il fût
maître de ce choix. Provoqué par Tamerlan, il répon-

dit en marchant droit à sa rencontre. Mais Tamerlan s'était dérobé devant lui pour envahir la Mésopotamie et la Syrie. Cette disparition enleva à Bajazet toutes chances de succès. Pendant que son redoutable adversaire parcourait les pays de l'Euphrate et du Nil, le Sultan ottoman dut attendre son retour l'arme au bras, erreur grave qui fut la principale cause du désastre d'Angora. En effet, dans cette longue attente, l'armée turque s'était désorganisée, au point que des ferments de rébellion s'y manifestèrent à diverses reprises. La prudence commandait à Bajazet de se retirer en Europe, derrière les détroits. Il avait trop d'orgueil pour se résoudre à ce parti. Il comptait au surplus sur le concours de ses lieutenants. Encore fallait-il qu'ils eussent sous leurs ordres des troupes fraîches. A l'obéissance passive dont ses soldats firent preuve en tant d'occasions avait succédé un esprit de révolte et d'insoumission, précurseur de grandes catastrophes.

Tamerlan de retour en Asie Mineure venait d'établir son camp au Nord-Est d'Angora, à l'endroit même où Mithridate combattit autrefois les légions romaines. Le choix de cette position et la marche forcée que Tamerlan fit faire à son armée pour l'occuper prouvent que ce monarque asiatique avait, sinon quelques notions de l'histoire, du moins une grande expérience de la guerre. Le choc fut formidable et la catastrophe prévue arriva. Bajazet fut fait prisonnier. Il était le quatrième sultan de sa race, et non le moins valeureux, mais que peut le courage contre le nombre?

L'orgueil, un orgueil incommensurable, fut le trait dominant du caractère de Bajazet. Il disait : « Je donnerai à manger à mon cheval sur l'autel de St-Pierre à Rome », avec la même désinvolture que s'il s'était agi de transformer en mosquée une des églises de sa capitale. Féroce et volontaire jusque dans ses plaisirs, il semblait croire qu'il eût le don d'ennoblir le vice. C'était un athlète avide de combats et un lion amoureux de caresses. Dans les rares loisirs que lui laissait la guerre, il se livrait aux vices les plus dégradants. Des esclaves des deux sexes, d'une rare beauté, formaient autour de lui une troupe folâtre et dissolue. Grecs, Valaques, Hongrois, Albanais exécutaient en sa présence des danses lascives avec le secret espoir d'attirer sur eux l'œil du maître.

Quand Bajazet sortait de ce cloaque impur, affaibli par les plaisirs auxquels il s'abandonnait avec une insatiable volupté, on pouvait déjà le considérer comme vaincu. Peut-être voulait-il étouffer dans le bruit des fêtes, ainsi que dans le fracas de la guerre, le remords qui le rongeait. Dans ses nuits agitées, il voyait se dresser devant lui les silhouettes ensanglantées de ses frères. Ces morts, dont rien ne pouvait plus le séparer, montaient, pour ainsi dire, la garde autour de son trône, ombres vengeresses qui s'acharnaient sur leur meurtrier et le poussaient aux partis extrêmes, aux desseins violents, à la folie même!

Il eut néanmoins quelques lueurs de bon sens, mais combien fugitives et éphémères! Son caractère extrêmement emporté ne lui permettait pas de peser les conséquences des actes qu'il accomplissait le plus souvent sans réflexion, s'exposant ainsi aux plus graves mécomptes.

Rien ne le prouve mieux que la correspondance qu'il échangea avec Tamerlan avant la bataille d'Angora et dont les originaux nous ont été transmis par les historiens turcs.

Elle nous montre, d'une part, un homme maître de lui-même, sachant ce qu'il faisait et ce qu'il voulait, gardant dans ses relations avec l'ennemi une modération qui contrastait singulièrement avec les actes de cruauté qu'il commettait après la victoire, et de l'autre, un prince livré à tous les emportements de la passion et marchant aveuglément devant lui comme un taureau furieux. C'est ainsi que Tamerlan observait dans ses écrits toutes les formes de politesse usitées dans les chancelleries orientales. Bajazet affectait, au contraire, de les dédaigner, se montrant agressif et hautain à l'égard de son adversaire.

Dans toutes ses missives, le monarque mogol faisait placer le nom de Bajazet sur la même ligne que le sien, voulant indiquer par là qu'il le considérait comme son égal. Bajazet, lui, faisait écrire son nom au-dessus de celui de Tamerlan, comme pour marquer la distance qui les séparait. Enfin, si le premier employait des expressions d'une correction irréprochable, le second ne se faisait pas faute d'appeler son ennemi « chien de Timour », et terminait ses lettres par cette apostrophe virulente : « Sois maudit de Dieu, ô Tamerlan, et de tous ceux qui te suivront ».

On raconte que le scribe chargé de lire ce passage à Tamerlan, fut pris à ces mots d'un tremblement subit et n'osa pas en achever la lecture. En dépit de ces provocations, Tamerlan ne se départit pas de son calme ordinaire et fit à Bajazet cette réponse qui mérite d'être citée : « Depuis quarante ans, lui répondit-il, j'entreprends des guerres ; j'ai soumis à mon sceptre tous les princes de l'Asie, et jamais je n'ai reçu une épître pareille à celle que vous m'adressez. De plus, mon âge avancé m'autoriserait à vous tenir lieu de père, pourquoi donc me traitez-vous avec tant de dédain ? Sachez, ô Sultan, que pour vous faire mieux connaître ma puissance, j'ai immédiatement entrepris le siège de Sivas, et je viens d'enlever cette ville d'assaut, alors que vous vous morfondez avec votre armée, depuis quatre mois, sous les murs de Malatia. Je pourrais profiter de ma victoire pour vous écrire sur le même ton ; mais le bon sens et les convenances m'interdisent un pareil langage. Vous devez savoir maintenant

de quelles forces je dispose ; de mon côté, je suis parfaitement renseigné sur les vôtres. »

Toutefois Bajazet se montra grand dans la captivité.

« Ses malheurs n'avaient point abattu sa fierté. »

et, jusqu'aux pieds de son vainqueur, il porta haute et
altière sa tête découronnée, donnant par là un grand
exemple de fermeté aux princes dépossédés. Tels ces
pics élevés qui gardent leur majesté au milieu des tempêtes et des bouleversements de la nature. On dit que
cette noble attitude déplut au monarque barbare et qu'il
le fit enfermer dans une cage de fer. Mais la plupart des
historiens contestent cette version d'autant plus invraisemblable, d'ailleurs, que Tamerlan avait intérêt à bien
traiter son prisonnier, qu'il se proposait de faire figurer
dans le cortège de son entrée triomphale à Samarkand.

Miné par la souffrance, le fils d'Amurat mourut triste-
ment sur la route de l'exil, en maudissant la destinée qui
ne semblait l'avoir favorisé que pour lui faire mieux
sentir la profondeur de sa chute.

Quand le monarque barbare apprit le fatal dénoue-
ment, il ne put cacher sa tristesse. « Je lui réservais, dit-il
à ses officiers, une existence paisible dans mes États ; en
désertant la vie, il m'oblige de le recommander à la
miséricorde d'Allah qui nous jugera l'un et l'autre ».

Tamerlan avait le pressentiment de sa mort prochaine,
il expira peu de temps après son arrivée à Samarkand,
dans l'éblouissement d'une gloire qui ne semble pas
avoir troublé un seul instant le puissant cerveau de ce
conquérant, dont la destinée ne fut pas moins étrange que
celle de Bajazet. Ils se rencontrèrent, se battirent et dis-
parurent l'un après l'autre après avoir versé des torrents
de sang.

Que reste-t-il de tout cela ? Une fumée et quelques
enseignements qu'il convient de recueillir.

Tamerlan et Bajazet passèrent sur le monde comme

un sanglant météore, en couvrant la terre de ruines. Mais ce qui assure l'éternel triomphe de la nature sur les hommes, c'est qu'ils disparaissent et qu'elle reste toujours vivante. Ils ont beau vouloir se venger sur elle de leur existence éphémère, l'outrager et l'ensanglanter, elle se rit de leurs colères et fait germer ses fleurs et sa verdure sur les champs dévastés, comme sur les ruines des villes en cendres. Que reste-t-il de tant de conquérants qui ont ravagé le monde ? Une vaine renommée. *Surun*, en *avant*, était le cri de guerre des Mogols, commandés par Tamerlan, c'est aussi le cri du berger tartare conduisant son troupeau au pâturage. Mais qui parlera jamais de l'humble berger, défendant ses brebis contre la dent des tigres et des lions qui peuplent les déserts de Kobi, d'où sont sorties les hordes barbares de Gingis-Khan et de Tamerlan, tandis qu'on ne cessera d'admirer les conquérants. Et qui pourrait dire que leur œuvre ait été tout entière funeste à l'humanité ? Qui pourrait affirmer que la paix universelle, le perpétuel repos, l'inaction et l'immobilité continue, ne seraient pas un mal pour le développement et le progrès intellectuel des hommes, qui croupiraient ainsi dans un état de stagnation voisin de la mort, et arriveraient à une décomposition rapide de leurs forces physiques et morales ? La filiation des races, les affinités qu'elles ont entre elles, les guerres si favorables à la fusion des peuples, les migrations et les alliances ne sont pas un mystère moins profond que celui de la formation des êtres.

Le Moyen Age a été le laboratoire d'où sont sorties tant de nations différentes, où les guerres ont en quelque sorte tenu lieu de fourneaux, et où des hommes tels que Attila, Gingis Khan, Bajazet, Tamerlan et tant d'autres ont été à la fois les artisans qui ont jeté les peuples dans cette fournaise ardente, pour en faire une matière malléable, et les lourds marteaux qui l'ont battue sur l'enclume. Avaient-ils conscience de ce qu'ils faisaient? Non, car de même que dans la nature il existe des forces inintelligentes qui contribuent, par leur action, à l'accomplissement des plus grandes œuvres de l'univers, de même, dans l'organisation des sociétés, on voit quelquefois les hommes conduits, comme par une main invisible, vers des destinées qu'ils ignorent.

Deux grands conquérants ont existé dans l'antiquité : Sésostris et Alexandre. Le premier fut un grand législateur qui voulut initier le monde à la civilisation égyptienne, tandis qu'Alexandre rêva, dit-on, avec la domination universelle, l'union intime de l'Orient et de l'Occident. L'un et l'autre, s'il faut en croire leurs historiens, avaient combattu pour une idée. Quelle est celle dont s'inspirèrent Attila, Gingis-Khan et Tamerlan? On la chercherait vainement et la théorie de l'existence d'une faculté motrice, indépendante de la volonté et des inspirations de l'esprit, trouverait, au besoin, dans ces trois conquérants sa démonstration et sa pleine justification. Toutefois, ces hommes qui nous inspirent une si profonde horreur, ont fait l'admiration de leur temps. Il faut lire en quels termes les historiens orientaux parlent de Tamerlan. C'est qu'ils le voyaient avec d'autres yeux que les nôtres. Aujourd'hui encore, s'ils étaient appelés à formuler un jugement sur cet homme extraordinaire, qui fut le plus grand monstre que la terre ait fait surgir de son sein, ils en parleraient avec le même enthousiasme. Pour les peuples de l'Orient, toute puissance est une émanation de Dieu, et le Dieu qu'ils adorent n'est pas celui en qui le sublime Nazaréen reconnut un père. C'est le Dieu tonnant sur les hauteurs du mont Sinaï, c'est le Dieu de Mahomet, le Jehova des Juifs, le Dieu terrible, le Dieu vengeur, le Dieu exterminateur. Or, les hommes qui, soit comme conquérants, soit comme prophètes, se réclament de la divi-

nité, ne sauraient être, pour ces peuples, des êtres clé-
ments et débonnaires. Il faut nécessairement et fatalement qu'ils exercent quelques-uns des attributs que
possède la divinité. Une des raisons qui constituent aux
yeux du monde oriental la supériorité de Mahomet sur
Jésus-Christ, c'est que Jésus fut le plus doux des hommes
et mourut crucifié entre deux larrons, ce qui passe aux
yeux des peuples de l'Orient, pour une preuve de faiblesse, et j'oserais dire d'infériorité. Pour les Orientaux,
quelle que soit leur croyance, un des plus grands prophètes, celui au nom duquel ils n'oseraient jamais jurer
en vain, c'est Élie, parce qu'il fut un homme redoutable et qu'étant toujours vivant, selon la légende, il tient
sans cesse son épée sur la tête des parjures. En vertu de
ce principe, un souverain asiatique a droit de vie et de
mort sur ses sujets. Quant aux vaincus, que Tamerlan
traitait avec une si grande cruauté, ils étaient déjà hors la
loi au temps des Grecs et des Romains, qui les rédui-
saient en esclavage. Tamerlan les faisait massacrer, il est
vrai, par milliers, mais ici la différence des procédés est
suffisamment justifiée par la distance qui séparait les
Grecs et les Romains des Mogols et des Tartares, l'antique civilisation de la barbarie.

On raconte que Nasreddin Khodja, le don Quichotte
turc, ayant obtenu de Tamerlan dix ducats pour élever
une maison, fit construire, dans un champ aride et dé-
vasté, une simple muraille avec une porte garnie de
verrous. « Le souvenir de cette porte disait-il, ira à la
postérité avec les victoires de Tamerlan ; on versera
des larmes de douleur sur la porte du conquérant et
des larmes de rire sur la porte de Nasreddin ». Toute
l'histoire de Tamerlan, de Bajazet et de leurs pareils
tient dans ces quelques mots, dans cette image d'une
porte isolée, comme dans ces larmes de douleur, opposées aux larmes de joie, que durent verser les peuples
en apprenant la mort de ces féroces conquérants.

CHAPITRE VI

MAHOMET Ier

Anarchie et restauration. — Mahomet Ier monte sur le trône. — Politique du nouveau Sultan. — Relèvement de l'empire turc. — Architecture et art. — Succès de la diplomatie ottomane. — Réformes et législation. — Intimité avec les Grecs. — Inaction des puissances chrétiennes. — Impossiblité d'une nouvelle croisade. — Orientation de la politique européenne.

De tous les conquérants ottomans le plus grand et, à la fois, le plus noble, le plus sage, le plus magnanime, fut, sans contredit, Mahomet Ier, le restaurateur de l'empire, celui en qui s'incarna le véritable génie du peuple turc. Il possédait, à un haut degré, les qualités qui font aimer les princes : le courage, la générosité, la clémence, le respect de la foi jurée, l'amour des arts. La bonté d'Osman se reflétait sur tout son visage. Il avait cet air de grandeur et de majesté élégante quile firent surnommer *Tchélébi* ou gracieux seigneur. En lui, enfin, la figure du sultan revêt une forme auguste. Osman fut un illustre guerrier, Orkhan un noble seigneur du Moyen Age et en même temps un admirable organisateur, Amurat Ier un grand capitaine, Bajazet un spadassin. Mahomet est le premier souverain ottoman qui ait eu quelque chose de la majesté d'un empereur romain, de l'éclat et de la splendeur d'un roi de Babylone.

Pour mesurer la grandeur de l'œuvre entreprise par ce conquérant, il faut se rappeler que l'empire ottoman n'était plus, au moment où Tamerlan venait de se retirer de l'Asie Mineure, qu'un amas de décombres et de ruines. Son unité, qui faisait sa force, était brisée. Et tandis que Mahomet, alors âgé seulement de quinze ans, se réfugiait dans les montagnes de la Magnésie, d'où il harcelait l'ennemi, ses frères se partageaient précipitamment l'empire, qui, coupé en plusieurs tronçons, foulé par le vainqueur, gisait le long du chemin comme un blessé abandonné.

Dans cette lutte suprême, au milieu de l'effroyable désastre qui faillit détruire complètement leur nationalité, les Turcs n'avaient pas désespéré de la fortune. Ils placèrent toute leur confiance dans le jeune prince qui, échappé, comme par miracle, au sort de l'infortuné Bajazet, luttait avec les débris de l'armée contre l'envahisseur. Leur attente ne fut pas trompée. Pendant que Mahomet combattait vaillamment en Asie, pour délivrer le pays du joug des Mogols, Suleyman, qui régnait à Andrinople, tenait les Grecs en échec et Moussa portait la guerre en Serbie, montrant, par cet acte d'audace, que les Ottomans étaient toujours debout, prêts à fondre sur leurs ennemis et à repousser victorieusement leurs attaques.

Tant que Tamerlan resta en Asie Mineure, la mésintelligence qui existait entre les trois frères n'aggrava point la situation de l'Empire, mais le jour où il disparut avec ses hordes, la guerre civile éclata, ajoutant ses horreurs aux ruines que l'invasion avait laissées derrière elle.

Délivrés de la crainte que leur inspirait un si redoutable adversaire, les fils de Bajazet tournèrent leurs armes contre eux-mêmes. Cette guerre fratricide dura plusieurs années et se termina par le triomphe du jeune Mahomet, qui prit possession du trône, dans la force de l'âge, avec la conscience du devoir accompli, et sans qu'il fût possible de lui reprocher le moindre acte de cruauté ou de félonie.

C'est par de grands exemples qu'il affermit sa puissance, de même qu'il conquit les cœurs par sa modération. Ce fut un spectacle grandiose que celui de ce prince réparant les désastres de la guerre, pacifiant le pays, réorganisant l'armée, la magistrature, les finances, relevant enfin, de ses mains triomphantes, le trône de ses ancêtres.

Heureuses les nations qui, à la suite d'une sanglante défaite, trouvent un tel monarque pour les commander, et les aider à reconquérir la place qu'elles occupaient dans le monde ! Heureux les peuples qui ont su conserver au milieu des plus grandes infortunes les vertus qui distinguent les fortes races, le courage, l'abnégation et l'esprit de sacrifice !

Ce qu'on doit admirer le plus chez ce prince, c'est son génie politique, génie bienfaisant qui ne révèle ni l'astuce d'un barbare, ni la duplicité raffinée d'un Machiavel. Persuadé que l'empire périrait infailliblement sous une nouvelle invasion des tribus mogoles, il s'efforça de prévenir ce danger en concluant des traités d'alliance avec les monarchies musulmanes, menacées du même péril, et s'appliqua à entretenir des relations amicales avec les puissances chrétiennes. Doué d'un tact admirable, il montra, dans toutes les occasions, une finesse rare qui le place au premier rang des hommes politiques de son temps.

En prenant possession du trône, après dix années de guerre civile, il tint aux ambassadeurs de Venise, ainsi qu'aux envoyés de la Serbie, de la Valachie et de la Bulgarie, ce discours qui mérite d'être cité : « N'oubliez pas, leur dit-il, de répéter à vos maîtres, que je donne à tous la paix et que je l'accepte de tous. Que le Dieu de la paix inspire ceux qui seraient tentés de la violer ! » Langage plein de noblesse et de dignité ! « Je donne à tous la paix. » C'est la parole d'un maître du monde. Vainqueur ou vaincu, avant comme après son couronnement, dans la bonne fortune comme dans l'adversité, il fut toujours fidèle à ses engagements. Pour obtenir la soumission de ses frères, il s'était vu obligé de conclure, avec l'empereur de Bysance, un traité secret par lequel il promettait de lui restituer quelques forteresses ayant appartenu autrefois aux empereurs de Constantinople.

Aussi son premier soin, en montant sur le trône, fut-il d'exécuter ce traité : « Dites à mon père, répétait-il aux ambassadeurs de Manuel, qui étaient venus lui offrir les félicitations de leur maître, que c'est grâce à son secours que je suis rentré dans les possessions de mes ancêtres et qu'en souvenir de ce service, je lui serai dévoué comme un fils à son père ». Les difficultés qu'il avait encore à surmonter en Asie le rendaient, du reste, circonspect et prudent.

En effet, les provinces asiatiques de l'empire étaient toujours agitées, et, au moment même où le sultan tenait aux envoyés de Venise le langage que nous avons rappelé, le prince de Karamanie assiégeait, avec une nombreuse armée, la ville de Brousse. Mahomet accourut au secours de sa capitale et dispersa l'armée assiégeante. Mais une seconde révolte éclata à Smyrne, ayant à sa tête le célèbre Djouneïd, un de ces aventuriers qui donnaient au Moyen Age une physionomie toute particulière et dont la race semble éteinte. Le Sultan s'empara de la ville et rasa les forts que les Croisés y avaient élevés. Il pardonna à Djouneïd son crime et au prince de Karamanie sa double trahison ; il pensait, non sans raison d'ailleurs, que l'empire avait besoin de tous ses guerriers, et qu'un prince devait se montrer d'autant plus économe du sang de ses sujets, que le pays venait d'être le théâtre d'une guerre qui l'avait complètement épuisé. Mahomet ne se départit jamais de cette ligne de conduite ; toujours trahi et toujours miséricordieux, il ne

se lassait pas de pardonner. Djouneïd ayant arboré pour
la deuxième fois l'étendard de la rébellion en Asie, le
Sultan voulut le ramener par la douceur dans la voie du
repentir et lui donna un commandement important en
Europe. Un autre rebelle, Mezid Bey, devint général des
troupes ottomanes en Occident, et se distingua contre les
Hongrois par des exploits glorieux.

Cependant comme l'empire turc tirait ses principales
ressources de l'Asie, il importait que cette contrée fût
pacifiée et qu'elle jouît d'une tranquillité parfaite. Le
Sultan croyait avoir atteint ce but, quand le prince de
Karamanie s'arma de nouveau contre lui. Karaman fut
vaincu et Mahomet se montrant de plus en plus clément
et généreux, lui accorda la paix, malgré son ingratitude
et sa perfidie. Jusque là la vie du plus grand des souverains ottomans avait été celle d'un véritable lutteur.
Toutefois une ère de paix allait succéder aux troubles
intérieurs qui depuis plus de vingt années désolaient
l'empire.

Mahomet la mit à profit pour prendre en Europe
la position que ses prédécesseurs y avaient occupée
naguère. En dépit de sa modération, à laquelle ses adversaires eux-mêmes se plaisaient à rendre un sincère hommage, il n'était parvenu à dompter ni l'arrogance des
princes de Valachie, ni l'orgueil des rois de Hongrie.
Les résultats obtenus en Asie lui permirent de porter ses
armes sur le Danube. Ce jour-là les chrétiens durent
faire d'amères réflexions sur le changement qui s'était
produit en quelques années. En moins d'un quart de siècle les Turcs avaient reconstitué leurs forces, et revenaient
avec des troupes considérables.

L'intervention inattendue des armées ottomanes, dans
les affaires de la chrétienté, rendit aux Musulmans la
confiance et le courage qu'ils avaient complètement perdus, et leur fit espérer de nouvelles conquêtes.

Il n'entrait pas toutefois dans les desseins du monarque ottoman de prolonger la lutte. Aussi s'empressa-t-il de signer avec ses ennemis une trêve pendant laquelle il occupa son armée à élever des fortifications devant Roustchouk et sur d'autres points de la Turquie d'Europe. En même temps, il faisait tomber systématiquement toutes celles, qui, en Asie, servaient de refuge aux rebelles, marquant par là la différence qui existe entre un pays conquis qui n'a plus rien à redouter des attaques de ses voisins et un autre qui, placé à proximité de l'ennemi, a besoin d'être constamment défendu contre ses entreprises.

Mais un événement imprévu le rappela en Asie, où une formidable insurrection venait d'éclater. Après l'invasion et la guerre civile, le désordre et l'anarchie mettaient en péril l'œuvre du salut national. De tels faits sont rares dans l'histoire.

Fomenté par un célèbre érudit musulman, Bedreddin, le mouvement insurrectionnel, auquel nous faisons allusion, avait à la fois un caractère politique et social. Ses promoteurs ne prétendaient à rien moins qu'à changer les lois sur lesquelles reposent les sociétés humaines. Ils se basaient sur l'égalité pour proclamer entre tous les hommes la communauté des biens. « Je me sers de ta maison, disaient-ils comme de la mienne, et tu peux te servir de mes habits, de mes armes et de mes chevaux comme je me sers des tiens ».

Les femmes seules étaient exceptées du partage. C'est le socialisme sortant des ténèbres du Moyen Age et des entrailles mêmes de la société musulmane, sans qu'elle eût ressenti les douleurs de l'enfantement et sans qu'elle se fût doutée qu'elle portait ce monstre dans son sein.

Rigide observateur de la loi du prophète, le Sultan ne pouvait tolérer cette secte impie. Il s'arma contre les

rebelles, après les avoir vainement rappelés à l'obéissance. La doctrine professée par Bedreddin s'était répandue dans toutes les provinces asiatiques. Il fallut faire
marcher une armée pour combattre les partisans de la
nouvelle religion. La répression fut sanglante et terrible;
mais il y allait du salut de l'Etat et de celui de la
société.

Telle était, en effet, la puissance exercée par ces hardis réformateurs sur l'esprit des naïves populations de
l'Asie que longtemps après que cette insurrection eût
été étouffée dans le sang, il restait, au sein de l'Empire, de nombreuses traces de l'enseignement donné à
ses disciples par Bedreddin.

Ce furent les dernières convulsions dont l'Etat eut à
souffrir. Le volcan asiatique était maintenant éteint, et,
sur ce sol bouleversé, allait surgir tout à coup la plus
belle floraison de littérature et d'art qu'il nous ait été
donné d'admirer dans l'étude de l'histoire ottomane.

Ce fut pour la Turquie le commencement d'une période
de rénovation. On eût dit que le flambeau de la Renaissance, qui allait éclairer le Moyen Age, venait d'apparaître en Orient avant d'inonder l'Europe de son éblouissante clarté.

Quelle brillante époque que celle où s'élevèrent, tant
à Brousse qu'à Andrinople, ces splendides mosquées,
véritables merveilles d'architecture. Le génie des peuples se traduisait alors par des ouvrages et des monuments religieux. Les plus belles créations du christianisme, ces vieilles cathédrales qui font notre admiration,
attestent cette vérité. Elle est encore plus évidente dans le
monde islamique, fondé exclusivement sur la religion, recevant d'elle ses inspirations, ses croyances, ses sensations
les plus intimes et jusqu'à ce sentiment inné de l'art
que les Arabes et les Persans ont cultivé tour à tour, on
sait avec quel succès, et auquel les Ottomans ont ajouté
un nouveau relief.

Le culte particulier, que les peuples d'Orient professent pour l'eau, principe de vie, a rejailli sur l'art, et de superbes fontaines, des bains splendides ont surgi de toutes parts. L'architecture arabe dans ses manifestations les plus éclatantes n'a jamais été égalée. Elle a grandi dans les limites qui lui ont été tracées par la religion musulmane qui exclut, comme on le sait, la peinture et la statuaire.

Les Arabes ont élevé, dès lors, la calligraphie à la hauteur d'un art et par leurs arabesques, mélange harmonieux, entrelacement de lettres et de fleurs, ils ont créé un nouvel ornement dont ils ont su tirer un parti merveilleux.

La Perse a apporté à cette ingénieuse invention, les fruits, les feuillages et la couleur, et, par ses admirables faïences, en a rehaussé l'éclat. Enfin par les applications variées qu'ils ont faites et par les imitations de l'architecture grecque et byzantine qu'ils ont mariées avec l'art arabe, les Turcs ont augmenté les richesses artistiques de l'Orient. Ils sont ainsi arrivés à nous donner des monuments d'une incomparable beauté.

La plus gracieuse création de ce genre est sans contredit, « la mosquée verte », *Yéchil imaret*, construite à Brousse par le sultan Mahomet, et qui témoigne du goût de ce souverain pour les grandes et belles choses. La profusion des marbres, leur rareté en font un monument unique. Les murs extérieurs sont revêtus d'une sorte de large mosaïque, assemblage bizarre de pièces de marbre rouge, vert, bleu, gris, jaune, noir et blanc d'un effet étrange : « Les fenêtres et la porte qui s'élève avec ses ornements, jusqu'au faîte de l'édifice, sont enchâssées dans des encadrements de marbre rouge couverts d'inscriptions sculptées avec tant d'art et si bien polies qu'il semble que les lettres soient coulées et non taillées ». La porte, surchargée d'ornements, est à elle seule un véritable chef-d'œuvre qui surpasse en magnificence tout ce qui a été fait jusqu'à ce jour. A l'intérieur, on éprouve une sorte de fascination en contemplant les faïences persanes, d'un bleu éclatant, qui recouvrent les murailles de la mosquée jusqu'à une certaine hauteur, et sur lesquelles se projette le jour tombant des fenêtres en une pluie d'émeraudes. Les yeux éblouis, par cette profusion de lumière, vont se reposer sur un grand mur, placé en face, sur lequel sont appliqués deux rideaux de porcelaines vertes. L'artiste a eu soin de placer une corbeille de fleurs au milieu de telle sorte que l'illusion est complète.

Le Mihrab est taillé dans le marbre rouge et fait pendant à la porte d'entrée à laquelle il ne le cède en magnificence, ni pour les ornements, ni pour la sculpture. Que dire enfin de ces inscriptions en relief tracées en lettres d'argent sur la porcelaine bleue de Perse ? Tout cet ensemble est d'un effet magique.

Commencée sous le règne de Mahomet 1ᵉʳ, cette belle mosquée fut achevée avant sa mort. Il termina la grande mosquée de Brousse, dont Amurat avait jeté les fondements. Bajazet avait négligé d'en poursuivre les travaux, mais Mahomet n'épargna rien pour mener à bonne fin cette œuvre colossale.

La mosquée ne mesurait pas, en effet, moins de cent pas carrés, divisés en cinq parts égales, partagées par vingt-cinq compartiments de vingt pas carrés soutenus par quatre piliers. Vingt-quatre de ces compartiments sont recouverts d'une seule coupole ; le vingt-cinquième, qui se trouve au centre de l'édifice, présente à une hauteur considérable, au lieu d'une voûte, une immense ouverture ronde, de vingt pas de diamètre, à laquelle correspond, dans l'intérieur de la mosquée, un vaste bassin carré rempli d'une eau claire et limpide qui reflète l'azur du ciel. Les sculptures de la chaire sont d'une délicatesse admirable; elles représentent des fleurs, des fruits et des feuillages. Les piliers, couverts d'inscriptions, sont dorés depuis leur base jusqu'à hauteur d'homme. Moins grande par ses proportions, mais plus élégante, la mosquée verte présente toutes les perfections de l'art, une sorte de chapelle islamique, pleine de mystère et de séduction. S'il est vrai que le style soit l'homme, un monument reflète toujours le caractère de celui qui en a tracé les plans. Or, c'est dans la mosquée verte qu'il faut chercher la pensée suprême du souverain qui a mis sa gloire à la construire. Pour le libérateur et le pacificateur du pays, pour le lutteur qui avait combattu avec tant d'énergie et de persévérance, c'était un noble délassement et en même temps un acte de piété et de reconnaissance envers le Créateur qui lui avait accordé, avec la fortune, le meilleur des dons, qui est la sagesse.

Son amour pour les lettres et les sciences, la passion qu'il voua aux arts rehaussèrent l'éclat de son règne. L'influence qu'il exerça sur la littérature fut aussi des plus heureuse. Il donna un nouvel essor à la poésie. En se rapprochant des hommes d'étude, il prit goût à leurs travaux et leur prodigua ses bienfaits et ses encouragements. De là une éclosion de légistes, de grammairiens, de poètes, de littérateurs, de mathématiciens, de médecins, d'astronomes, de musiciens, de calligraphes, etc. Tous n'étaient pas célèbres; mais dans cette phalange, on comptait plus d'un homme remarquable. La semence sera féconde, et, sous le règne d'Amurat II, elle éclatera en gerbes éblouissantes.

Tout n'est pas vain dans l'œuvre de l'homme. Elle lui survit, elle est un stimulant pour les générations futures et un grand exemple pour les princes. Aussi les Ottomans conserveront-ils éternellement la mémoire de cet incomparable souverain qui porta si haut leur gloire.

S'il combattit ses frères révoltés, avec un certain acharnement, ce fut par une légitime ambition et dans le but de reconstituer l'unité de l'État. Il fut secondé dans cette noble tâche par le peuple lui-même, qui avait conservé son énergie et sa foi inébranlable en ses chefs. La défaite d'Angora n'avait été, du reste, qu'un incident qui n'avait point altéré sa forte constitution. Nous le verrons reprendre bientôt le cours de ses glorieuses destinées, sous la conduite du plus sage et du plus vaillant des princes. De son côté, le clergé musulman avait aidé puissamment Mahomet dans l'œuvre patriotique qu'il entreprit au lendemain de l'effroyable désastre où Bajazet tomba entre les mains de son ennemi, et telle était la considération dont Mahomet jouissait, auprès du corps des ulémas qu'ils s'étaient ligués tous pour convaincre Tamerlan que l'intérêt de la religion lui commandait de laisser aux États musulmans leur indépendance et leur autonomie. Des négociations furent engagées, dans ce sens avec le conquérant Mogol, par les chefs les plus vénérés de l'Église mahométane et eurent un heureux résultat. De tels services méritaient une récompense : elle ne se fit point attendre. Par sa grande piété, par sa munificence, par ses libéralités envers le clergé, par la gloire qu'il acquit, Mahomet justifia pleinement les espérances des Musulmans. Les ulémas occupèrent durant son règne une place prépondérante dans l'État. Pour cimenter l'union du pouvoir temporel avec le pouvoir spirituel, ils conseillèrent au souverain d'envoyer chaque année à la Mecque et à Médine des présents et une somme en or, appelée la *Sourré*, pour être distribuée aux indigents. Cet usage s'est perpétué jusqu'à ce jour. Ce fut le premier pas vers le Califat. Sélim 1er donna, plus tard, à cette coutume une consécration officielle ; mais Mahomet 1er en fut le promoteur. Par cette sage mesure, il consolida sa puissance. Du moment, en effet, que la souveraineté temporelle s'alliait à la souveraineté spirituelle, elle devenait, pour ainsi dire, indestructible.

On s'explique aisément l'admiration des Ottomans pour Mahomet Ier. A l'éclat de la naissance et des actions guerrières venait s'ajouter chez ce prince la beauté physique qui exerce toujours un grand ascendant sur les masses.

« Il avait, écrit Hammer, la peau d'une blancheur remarquable, le teint frais, les yeux bruns, les sourcils épais et noirs, n'offrant aucune séparation, la moustache et la barbe touffues, le front large et proéminent, les mains longues, la poitrine saillante. Sa mise était pleine de goût et d'élégance. Il portait un martagan, ou *dûblend*, différent de celui de ses prédécesseurs en ce qu'il offrait partout des bouffants et qu'il ne laissait apercevoir que l'extrémité de *kaouk* ou bonnet doré. Son caftan, de la même forme que celui de ses aïeux, était doublé et garni d'hermine. »

Ses qualités morales, ses hautes vertus, en faisaient un prince accompli. Il savait reconnaître les services rendus.

Il créa des fiefs en Roumélie pour récompenser le zèle et le dévouement de l'armée. Il était aimé du soldat, à qui il donna assez de gloire pour qu'il n'en fût point affamé, sans l'exposer toutefois à de longues fatigues qui engendrent souvent le découragement et la rébellion.

On lui a reproché sa condescendance envers les chrétiens et l'amitié qui l'unissait aux empereurs de Bysance. Quoi cependant de plus naturel ? Le Sultan était alors beaucoup moins préoccupé de la conquête de Constantinople que de la reconstitution de ses Etats disloqués par la guerre.

Redoutant le retour des Croisés, pour lesquels ils avaient gardé une haine féroce, les Grecs n'hésitèrent pas, de leur côté, à soutenir les projets du Sultan qui leur en témoigna sa gratitude en entretenant avec eux, jusqu'à sa mort, les relations les plus cordiales.

Les intérêts politiques de l'empire n'eurent point à souffrir de cette intimité, bien au contraire ; car, en apaisant les rancunes des Grecs, Mahomet n'avait plus rien à redouter de la cour de Bysance, dont les agissements auraient pu lui créer de sérieux embarras. C'était là une politique avisée, sage, prévoyante, que les hommes à courte vue pourraient seuls condamner. D'autres considérations militaient en faveur d'une entente sincère avec les Grecs. Les Vénitiens, ces hardis navigateurs, avaient à cette époque la souveraineté des mers, et briguaient une alliance offensive et défensive avec la cour de Bysance. Mahomet déjoua cette tactique en attirant les Vénitiens à lui et en leur accordant certaines prérogatives qui forment, pour ainsi dire, le premier chapitre de la charte passée entre l'Europe et l'empire ottoman.

C'est dans le plein épanouissement de toutes les forces de l'empire que la mort vint le surprendre. Frappé d'un coup d'apoplexie, il eut le courage ce jour-là de se montrer aux troupes qui l'acclamèrent pour la dernière fois ; mais, dans la nuit, le mal redoublant, il rendit le dernier soupir, laissant à la postérité la réputation d'un prince juste et sage. La nation reconnaissante lui éleva un superbe mausolée, près de la mosquée verte, sous l'ombre des grands arbres. C'est là qu'il repose, en sa tranquille gloire, entouré de la vénération des croyants.

Le règne de Mahomet Ier inaugura une ère nouvelle pour l'empire, en ce que les relations extérieures, fort négligées, prirent tout à coup une grande importance. Après l'effroyable désordre que nous venons de décrire à grands traits, la Turquie eut successivement trois empereurs d'une extraordinaire énergie : Mahomet Ier, dont nous avons retracé la vie, Amurat II et Mahomet II, dont nous allons raconter les actions glorieuses. Le règne de Bajazet fut un accident douloureux, une halte forcée dans la marche en avant du peuple turc.

Comment les Chrétiens ne songèrent-ils point à en profiter ? Il y a là un mystère inexplicable, car ce ne fut que quinze années après cette catastrophe qu'ils reprenaient les armes contre les Turcs.

Lorsque la nouvelle du désastre d'Angora arriva à Bysance, il y eut un moment de stupeur, bientôt suivi d'une explosion de joie indescriptible. On se félicitait, on s'embrassait, on chantait, on pleurait, c'était du délire. Les rues étaient remplies d'une foule enthousiaste, les cloches sonnaient à toute volée et les voûtes des églises retentissaient de cantiques d'allégresse. La cour célébra cet événement comme si elle eût participé au triomphe des armées tartares et des messagers furent envoyés en Europe pour annoncer la bonne nouvelle ; mais personne ne songea à en tirer parti.

L'occasion, on l'avouera, était on ne peut plus favorable pour diriger contre les nouveaux occupants une action décisive. La défaite de Bajazet avait porté un coup mortel à la puissance des Ottomans. Dix années de guerre civile, pendant lesquelles ses fils se disputèrent l'héritage paternel, achevèrent d'épuiser les forces de l'Etat.

Il avait perdu toutes ses possessions en Europe à l'exception de la province d'Andrinople. La Bosnie, la Serbie, la Bulgarie et la Valachie s'étaient affranchies du joug ottoman. En Asie les révoltes se succédaient sans interruption, sanglantes et terribles. Si, à ce moment, une coalition des puissances chrétiennes s'était formée contre l'empire turc, cet empire eût infailliblement péri sous les coups de ses adversaires. Par quelle suite de circonstances les puissances de l'Europe, dont l'intervention était impatiemment attendue par les Chrétiens d'Orient, furent-elles empêchées d'agir ?

Les hommes sages et réfléchis, les savants, les politiques se demandaient par quel moyen ils pourraient conjurer le péril qui menaçait la chrétienté, et, quand ce
moyen se présente, l'Europe est incapable d'agir et les
Turcs, après avoir essuyé le plus effroyable désastre
dont l'histoire fasse mention, après avoir vu leur empire
disloqué et démembré, leur souverain traîné en captivité, et tout le pays livré à l'anarchie, pourront travailler en toute sécurité au relèvement de leur puissance
militaire. Une telle insouciance déroute l'esprit humain.
Peut-être y avait-il alors chez tous les peuples d'Occident une grande lassitude, peut-être avait-on espéré que
c'en était fait de l'empire turc et que jamais il ne
panserait ses blessures, ni ne se relèverait de sa défaite :
peut-être enfin, et c'est l'hypothèse la plus vraisemblable, ne pouvait-on rien à ce moment. Aussi bien, la direction de la politique de l'Europe avait déjà échappé
aux mains de la papauté, qui s'était montrée jusque-là si
vigilante et si attentive aux intérêts de la chrétienté.
L'influence des pontifes de Rome avait perdu beaucoup
de terrain en Occident depuis l'insuccès des Croisades.
Le cerveau qui agissait était sans doute encore puissant,
mais le bras était devenu faible, le siège de l'idée était
toujours à Rome, et c'est de là que partait le mot d'ordre, mais Rome n'était plus obéie. D'autre part, le mouvement religieux qui, sous l'impulsion de Rome, avait
entraîné les nations chrétiennes vers l'unité se ralentis-
sait et prenait une nouvelle direction. De l'Orient le
schisme s'était transporté en Occident. Ainsi s'explique
l'inaction de l'Europe pendant toute cette période. Elle
s'accoutumait déjà, sinon à négocier ouvertement avec les
Turcs, du moins à ne plus les combattre à outrance, jugeant inutile pour ses intérêts une lutte dont les résultats étaient douteux. On s'observait de loin et l'on échan-
geait de temps à autre quelques mots aimables, quel-

ques actes de courtoisie. Mahomet Ier inaugura, sous son règne, ce mouvement oscillatoire entre l'Orient et l'Occident, mouvement qui produira des résultats inattendus. Des coalitions partielles pourront se former contre les Turcs ; plus d'une fois la guerre éclatera entre eux et les puissances chrétiennes ; mais ils n'auront plus à redouter une croisade générale ; le faisceau des saintes alliances est rompu. On ne se battra plus ni pour le Christ, ni pour l'idée chrétienne, ni pour la civilisation. Désormais chaque puissance consultera ses intérêts et agira suivant leurs inspirations.

Mahomet Ier n'entretenait pas encore d'ambassadeurs en Europe, mais il savait, par les rapports des agents vénitiens et gênois, ce qui s'y passait. Habile en l'art de tirer profit de toutes les circonstances avantageuses qui pouvaient se présenter à lui, il n'eut garde de négliger les excellents rapports qui existaient alors entre la Turquie et les deux puissantes républiques. Quant aux Hongrois, il eut soin, pendant de longues années, de ne susciter aucun conflit avec ce peuple, jusqu'à ce qu'il eût réorganisé son armée, et il venait de leur montrer qu'il n'était point disposé à tolérer leurs empiétements. Ce fut un inappréciable bonheur pour la Turquie que l'invasion mogole se soit produite juste au moment où la chrétienté se trouvait dans l'impossibilité absolue de prendre l'offensive contre elle, et ce ne fut pas un moins grand bonheur pour elle d'avoir eu à sa tête, dans une période aussi critique, l'homme providentiel qui devait la sauver de l'état d'anarchie où venaient de la jeter les folies de l'infortuné Bajazet.

Le règne de Mahomet Ier fut un règne réparateur par excellence, tel qu'il en faudrait à toutes les nations éprouvées par de cruels revers. Ici la sagesse a plus fait que la témérité et le courage.

———

CHAPITRE VII

AMURAT II

Le règne d'Amurat II ne fit que rehausser l'éclat du précédent règne. Ce grand monarque, que les uns considèrent comme un dévot fanatique et les autres comme un philosophe mystique, ne fut en réalité rien de tout cela. Prince incomparable, supérieur, à son père comme homme de guerre, il fut, comme lui, bon et magnanime.

Monté sur le trône à l'âge de dix-huit ans, il se trouva tout à coup aux prises avec des difficultés qu'il surmonta avec une rare énergie. Sur les instigations de Manuel, empereur de Bysance, le prince Moustafa, son oncle, s'était révolté contre son autorité. Maître de la Roumélie, Moustafa vint menacer son neveu jusque dans Brousse, où le jeune Amurat avait ceint le sabre d'Osman, en présence du grand cheik, Bokhari. Retranché derrière la rivière d'Ouloubad, ayant l'aile gauche de son armée appuyée contre la mer, et l'aile droite protégée par le lac et les marais qui forment une large ceinture autour du mont Olympe, il attendit son ennemi dans cette position. Il était puissamment secondé par le corps des ulémas et par les ministres et les généraux qui avaient servi fidèlement son père. Ceux-ci ne se contentaient pas de lui donner de bons conseils, ils agissaient ouvertement en faveur de l'héritier légitime du trône. De la défaite de Moustafa dépendait, en effet, le salut de l'Etat.

Si le prince rebelle avait triomphé, c'en était fait, cette fois, de l'empire ottoman, qui livré à de nouveaux désordres, aurait péri infailliblement. Trahi par ses lieutenants, abandonné par les azabs, sorte de milice irrégulière qu'il avait réunie autour de lui, pour usurper la couronne, attaqué vigoureusement par les janissaires restés fidèles à Amurat, Moustafa donna le signal de la retraite. Il fallait maintenant le poursuivre, s'attacher à ses pas et ne pas perdre sa trace, jusqu'à ce qu'il fût complétement vaincu. Moustafa s'était malheureusement rendu maître de la flotte et les Grecs qui, en maintes circonstances, avaient prêté leurs galères pour transporter les troupes ottomanes en Europe, devenus maintenant les alliés de Moustafa, ne pouvaient être d'aucun secours pour Amurat. Dans cette extrémité le jeune souverain eut une heureuse inspiration. Depuis quelque temps, les Génois réclamaient certains privilèges ; il sut, par d'habiles concessions, les gagner à sa cause. Ceux-ci mirent leur flotte à son service. Conduit par le podestat Adorno, il débarqua, avec un corps d'armée près de Gallipoli, s'empara de la ville, et fit passer la garnison par les armes. Cet exemple était nécessaire pour rétablir la discipline.

Depuis son avènement, les défections parmi les soldats étaient devenues plus fréquentes et mettaient en péril la sécurité de l'Etat. Au surplus, quelques généraux s'étant rendus coupables du crime de trahison, Amurat résolut de les châtier. Le premier qui paya de

sa tête les rébellions successives qu'il avait follement
suscitées fut Djouneïd, tant de fois amnistié par Mahomet 1er et qui venait de prendre les armes contre son fils.
Amurat se montra plus clément envers les autres rebelles,
notamment envers les princes de Karamanie.

Après avoir vaincu Moustafa, qui périt misérablement,
il résolut de tirer une vengeance éclatante des Grecs; le
siège de Constantinople fut donc décidé. Amurat mena
les opérations avec une extrême vigueur et ses soldats
allaient escalader les remparts de la ville quand il fut
rappelé en Asie par la révolte de son plus jeune frère.
Pour sauver sa capitale, menacée par les Ottomans,
Manuel avait envoyé des émissaires auprès du prince
qui, trompé par ses promesses, venait de se déclarer
contre Amurat. Instruit du fait, celui-ci s'empressa de
lever le siège de Constantinople, résultat que les Chrétiens attribuèrent à un miracle du ciel en leur faveur.

Amurat eut facilement raison de la rébellion de son
frère qui fut, contre son gré, massacré par un soldat. Il
rétablit l'ordre en Asie, en dictant des traités de paix aux
princes musulmans, parmi lesquels se trouvait le célèbre
Isfendiar. Ce dernier offrit au Sultan sa fille en mariage.
Pendant ce temps, les généraux d'Amurat remportaient
des succès éclatants en Europe. Ce fut le prélude d'une
lutte brillante entre l'islamisme et la chrétienté, lutte
dans laquelle nous verrons surgir deux héros, Hunyade
et Skanderbeg.

Manuel était mort, et son fils, Joannès, lui avait succédé sur le trône de Bysance. Amurat, n'ayant pas les
mêmes griefs contre ce dernier, traita avec lui les conditions d'une entente qui lui livrait les principales places
de la mer Noire et l'obligeait, en outre, à lui payer un
tribut annuel. C'était le vasselage pur et simple, après
lequel le vieil empire devait s'effondrer.

Les provinces asiatiques jouissaient maintenant d'un
repos auquel elles n'étaient plus accoutumées.

Las de feindre, Karaman semblait avoir renoncé aux exploits qui l'ont rendu si célèbre. Djouneïd disparu, Isfendiar s'était soumis à l'autorité d'Amurat ; seul, Yourekdji Pacha continuait de commettre des actes sanguinaires et des exactions qui le rendirent odieux aux populations de l'empire.

En Europe, les généraux d'Amurat, Férouzy Bey et Evorenos, poussaient leurs incursions dévastatrices au delà du Danube. Kolumbaz et Krussovaz tombèrent bientôt en leur pouvoir. Mais Thessalonique restait aux mains des Vénitiens, et, l'occupation par l'étranger de cette ville, autrefois conquise par Bajazet, remplissait Amurat de tristesse. Il résolut d'en chasser les Vénitiens. Il dit aux ambassadeurs du doge venus pour régler cette importante question avec lui : « Je regarde cette ville comme mon patrimoine et je ne veux pas reconnaître aux Latins le droit de l'occuper ».

Il était, en effet, impossible aux Ottomans, sans courir les plus grands dangers, de laisser les Vénitiens s'établir à côté de leurs possessions en Roumélie. Aussi Hamzabeg reçut-il l'ordre de se porter immédiatement devant la ville grecque et de s'en emparer par la force. Thessalonique, après une résistance opiniâtre, fut prise d'assaut, mais la garnison et les habitants furent épargnés. Ceci se passait en **1430**, sept années après la mort de Mahomet Ier.

Dans cette même année Amurat s'emparait de Croïa et d'une partie de l'Albanie septentrionale, pendant que son armée envahissait la Carniole. En même temps, il prenait fait et cause pour Dan, prince de Valachie, contre Drakul qui avait usurpé le pouvoir. Drakul se débarrassa de son rival et conclut avec le Sultan, dont il devint le vassal, un traité par lequel il s'obligeait à fournir des contingents à l'armée turque qui devait opérer en Transylvanie. Il fit plus. Pour donner à Amurat une

preuve de son zèle et de son dévouement, il attaqua les
Prussiens qui s'étaient retranchés dans Szœrni, massacra
la garnison allemande et livra le pays au pillage. Cette
expédition sanglante eut un résultat immédiat; elle
amena une entente entre les Hongrois, les Siciliens et les
Allemands. Amurat comprit le danger d'une telle coalition, et, avec la promptitude qui caractérisait tous ses
actes, il se hâta de nouer des relations amicales avec
Sigismond qui venait d'être couronné empereur. Une
trêve fut conclue entre les deux souverains. Amurat
accorda généreusement la paix à Georges Brankovich et
reçut dans son lit sa fille Mara. On ne saurait trop admirer l'habileté avec laquelle il avait transformé ses rivaux
en auxiliaires. Ainsi, dans l'espace de dix années, il
domptait la rébellion de deux prétendants, pacifiait
l'Asie, châtiait l'empereur de Bysance, en lui enlevant
quelques-unes de ses possessions, reprenait aux Vénitiens Thessalonique, s'emparait de Croïa et rendait à
l'empire régénéré la splendeur et la puissance dont il
avait joui sous le règne d'Amurat 1er. Ce n'était là
qu'une partie de la tâche que ce grand monarque s'était
imposée.

Sigismond n'avait accepté la paix à Bâle, des mains
des ambassadeurs ottomans, que dans le but de la violer,
à la première occasion. Menacé par les armées turques,
qui faisaient irruption de toutes parts, abandonné par les
princes de Valachie et de Serbie, il voulut gagner du
temps pour les ramener à lui et faire des préparatifs qui
lui eussent permis de vaincre. Si Amurat nouait des
intrigues contre Sigismond, celui-ci ne se faisait pas
faute d'ameuter contre lui les princes turcs qui régnaient
en Asie. Il était merveilleusement servi dans l'accomplissement de ses desseins par les émissaires grecs. La
Karamanie qui fut de tout temps un foyer inextinguible
de révoltes, mettait sans cesse en danger les institutions

de l'Etat. On ne s'explique la mansuétude des sultans pour ces princes astucieux et perfides que par les liens de parenté qui existaient entre eux, et surtout, par cette considération que les princes de Karaman appartenaient à la religion musulmane. En réalité, ils étaient peu redoutables. Les combattre, c'était les vaincre, et dès lors fallait-il s'en inquiéter?

Amurat commit donc la même faute que ses prédécesseurs, après avoir dispersé les troupes d'Ibrahim Bey, il se laissa toucher par les supplications de sa sœur, mariée à ce prince, et rendit à son beau-frère le gouvernement de ses Etats.

Revenu en Europe, Amurat II réunit une puissante armée; avec l'aide des princes de Servie et de Valachie, il franchit les Portes de fer et mit la Transylvanie à feu et à sang. Il ramena, dit-on, de cette expédition, qui fut un véritable désastre pour les Chrétiens, plus de soixante-dix mille prisonniers. Chaque soldat en avait quatre ou cinq pour sa part. Quand le roi de Hongrie accourut, pour défendre son peuple, il ne trouva plus qu'une contrée déserte et un amas de décombres. Les Ottomans avaient tout détruit; mais l'année suivante la lutte recommença plus acharnée et plus implacable que jamais. Cette fois encore, les Hongrois furent vaincus. La Transylvanie était devenue le champ clos où Turcs et Chrétiens se livraient des combats incessants.

En temps de paix, Amurat ne perdait pas de vue ses ennemis. Il se tenait au courant de ce qui se passait chez eux, les princes de Servie et de Valachie ne pouvaient nouer des négociations secrètes avec ses advesaires sans qu'il en fût aussitôt instruit. Sigismond étant mort, le prince Albert lui avait succédé sur le trône de Hongrie et d'Allemagne; mais une partie de la population avait proclamé comme roi Casimir, frère de Vladislas, roi de Pologne, âgé seulement de treize ans. Amurat ne pou-

vait laisser échapper une si belle occasion d'intervenir
dans les affaires de la chrétienté. Il noua aussitôt
des relations avec Vladislas et lui délégua des ambassadeurs chargés de lui offrir, avec de riches présents,
son amitié. Amurat s'était proposé de tirer de cette
alliance un parti considérable; tous ses calculs furent
déjoués, le roi Albert, étant mort sur ces entrefaites, la
couronne revint à son rival. Il profita néanmoins de ces
événements pour mettre le siège devant Belgrade, qui
se défendit pendant six longs mois et força les assiégeants
de se retirer.

Pour relever le moral de ses troupes, Mézid Bey,
grand écuyer d'Amurat, reprit la route de la Transylvanie, où jamais, jusque là, la victoire n'avait trahi les
drapeaux ottomans, et s'établit, avec son armée, devant
Hermanstadt. A ce moment, apparut Hunyade qui, à la
tête de trois mille Hongrois, opéra un mouvement tournant contre les troupes turques et les mit en déroute,
puis, d'un bond, il franchit les montagnes qui séparent
la Valachie de la Transylvanie et se répandit, avec ses
soldats victorieux, sur les deux rives du Danube où il
se livra à de justes représailles envers les Ottomans.

Le nouveau héros, qui venait de sauver sa patrie,
était né dans le comté d'Hunyade, des amours clandes-
tines de Sigismond avec la belle Elisabeth Morsinay. Fils
de roi et n'ayant point de nom, il porta celui de son pays
natal qu'il illustra par de brillants exploits. Les Ottomans n'eurent point de plus terrible adversaire. Il soutint contre eux plusieurs campagnes et, s'il ne fut pas
toujours victorieux, il sut du moins opposer à l'invasion
turque une digue infranchissable. Il eut, enfin, l'insigne
honneur de signer la paix de Szeggeddin ; ce fut le point
culminant de sa carrière.

Par ce traité, la Bosnie et la Servie étaient rendues à
leurs anciens maîtres, la Valachie incorporée à la Hon-

gric et le Sultan s'engageait à payer une rançon considérable pour la délivrance de son beau-frère. De tels
avantages dépassaient les espérances de la chrétienté.
La prudence la plus élémentaire commandait aux monarques européens de s'en contenter. Rome en jugea
autrement, et le cardinal Césarini, légat du pape, obligea le roi de Hongrie à rompre le traité. Ce fut une faute
irréparable, dont les conséquences devaient être fatales
aux Chrétiens. Il faut dire, à l'honneur d'Amurat, qui,
frappé d'un grand deuil et dégoûté des gloires humaines, venait d'abdiquer en faveur de son fils âgé de
quatorze ans, qu'il désirait sincèrement la paix et qu'il
l'aurait maintenue, si le roi de Hongrie, qui vivait sous
la dépendance de Rome, ne l'avait dénoncée. Le cardinal Césarini crut, en effet, le moment propice pour
pousser les hostilités jusqu'au bout ; il voyait Hunyade
maître de la Roumélie, affranchissant la Bulgarie du
joug ottoman, sauvant Bysance des griffes du vautour et
entrant en vainqueur à Sainte Sophie. C'était le triomphe de la chrétienté et l'apothéose de la religion catholique, prenant sous sa tutelle l'église d'Orient. Il y avait
là tout un rêve, à peine ébauché, qui avait séduit le légat apostolique ; avec un peu plus de réflexion, il se fût
aperçu de l'énormité de la faute qu'il allait commettre
Entre les mains débiles d'un enfant, l'empire turc se fût
peut-être affaibli. D'autre part, l'indépendance de la Servie ayant été formellement reconnue, la Bulgarie elle-
même n'aurait pas tardé à reconquérir son autonomie.
Tous ces avantages furent perdus par la rupture du traité
qui eut pour premier effet de rappeler Amurat sur le
trône. Il en était descendu de son plein gré, avec la conscience du devoir accompli, il y remontait avec la même
sérénité et la ferme résolution de châtier ceux qui avait
foulé aux pieds la sainteté du serment. La flotte papale
s'était flattée de lui barrer le passage. Retiré en Magnésie,

Amurat devait en effet traverser la mer pour revenir en Europe. Les vaisseaux génois le transportèrent avec son armée sur la plage européenne. Il vint alors camper non loin de Varna, à quatre mille pas du camp des Hongrois. La mêlée fut effroyable, finalement la victoire resta aux Ottomans. Le cardinal Césarini, qui avait forcé le roi de Hongrie à reprendre les hostilités, au mépris de la foi jurée, paya de sa vie le funeste conseil qu'il avait donné. La tête de Vladislas, roi de Pologne, piquée au bout d'une lance à laquelle Amurat avait accroché lui-même le traité de paix, déchiré par les Chrétiens, apprit à ces derniers l'étendue de leur désastre.

Dans le temps où Hunyade montrait contre les Turcs tant de courage et d'opiniâtreté, était apparu sur le théâtre de la guerre, un autre héros non moins célèbre, Scanderbeg, resté populaire en Albanie.

Il s'appelait, de son vrai nom, Georges Castriota, fils de Jean Castriota, prince d'Emathia et gouverneur de Croïa, qui, comme tous les despotes de la Grèce, était tributaire des Ottomans. En 1443, Amurat II, ayant envahi l'Epire, le prince Jean se soumit à son autorité et lui donna comme otage son fils Georges, qui fut élevé dans la religion musulmane.

Nommé à dix-huit ans gouverneur d'un district de l'empire, le jeune prince accompagna le Sultan dans plusieurs campagnes et se fit remarquer par sa force et sa hardiesse. Ayant appris que son père venait de mourir et que Croïa, sa patrie, gémissait toujours sous le joug ottoman, il résolut de revenir au pays natal. Il accomplit ce dessein avec autant d'habileté que de bonheur. Il se fit donner par le premier secrétaire du Sultan, un ordre enjoignant au gouverneur de Croïa de lui livrer la place, puis, aussi prompt que l'éclair, il se transporta sur les lieux et s'empara de la ville.

Maître de Croïa, on le vit organiser la défense en

Epire et soutenir le choc des armées ottomanes. Il fut, sans contredit, l'un des guerriers les plus illustres de la chrétienté au Moyen Age. Mais, s'il se battit en vaillant soldat, il ne montra pas toujours les qualités d'un général d'armée. Il passa vingt années de sa vie à défendre Croïa contre les Turcs. Placée sur un rocher à pic, entouré de gorges profondes et de montagnes escarpées, dont chaque cime était destinée à devenir un champ de bataille, Croïa était, en quelque sorte, un nid d'aigle d'où le jeune héros Albanais observait les mouvements de l'ennemi pour fondre sur lui, dès qu'il s'engageait dans ces rochers inaccessibles. Une seule fois, il se hasarda à descendre dans la plaine et vint mettre le siège devant Belgrade, en Albanie. Il échoua dans cette entreprise et fut repoussé par Sewali Bey, accouru au secours de la place. L'année suivante, il prit une éclatante revanche sur les Turcs ; mais il ne fut invincible que dans ses montagnes, dont les échos répètent jusqu'à ce jour son nom. Ce fut là qu'il poursuivit le cours de ses exploits, sans jamais sortir du cercle étroit qu'il s'était tracé.

Nous avons indiqué sommairement les principaux faits militaires du règne d'Amurat II qui fut une épopée glorieuse. On se battait, depuis vingt ans, en Asie, en Europe, en Albanie, aux confins de la Grèce. Le sang coulait, coulait toujours, pendant que la torche à la main les incendiaires brûlaient villes et villages, palais et chaumières : Thessalonique, Corinthe, Varna, Kossova, Belgrade subirent tour à tour les maux effroyables de la guerre. La lutte était devenue si acharnée, les batailles si meurtrières, que vainqueurs et vaincus étaient las d'égorger, encore que, dans ce va-et-vient sanglant, les habitants fussent épargnés.

Tant de chocs répétés avaient épuisé l'énergie du soldat. Amurat, dont le cœur était sensible, compatissait aux souffrances de ces malheureux. Il détestait, au surplus, un pouvoir qui ne lui laissait ni trève, ni repos. Le dégoût des grandeurs s'empara de son âme et ce dégoût acquit, dans la vingtième année de son règne, une telle force qu'il résolut d'abdiquer. Le traité de Szeggeddin fut la manifestation éclatante de ce sentiment. Il préféra la paix à la lutte à outrance; cette paix, il la voulait sincèrement, et il y fut resté fidèle, si on ne l'avait forcé à reprendre les armes pour venger la foi violée. Il vit ainsi s'évanouir ses généreuses illusions et l'humanité lui apparut, ce qu'elle est, malhonnête et déloyale.

Après une vie qui s'était passée jusque-là dans les combats, il se voyait forcé de se jeter de nouveau dans les tourbillons de la guerre. Il n'achevait une bataille que pour en recommencer une autre, et, plus il exterminait ses ennemis, plus nombreux ils surgissaient autour de lui. Un tel surmenage, si glorieux d'ailleurs qu'en fussent les résultats, ne pouvait satisfaire un grand cœur comme le sien. Mener les hommes au combat et les y ramener, renouveler sans cesse ces grandes batailles où coulaient des flots de sang, voir périr des milliers d'hommes, soutiens de leurs familles, répandre autour de soi la désolation, la ruine, le désespoir, est-il un sort plus douloureux pour un souverain, qui avait une tout autre conception de la vie? Gloire, fumée qui s'évanouit, poussière d'or qui se disperse à tous les vents et dont il ne reste, à travers les âges, qu'un souvenir éphémère, tu es impuissante à détruire chez l'homme supérieur la pénible impression qu'il éprouve au spectacle de tes égorgements! Aussi, après la bataille de Varna, malgré les prières et les supplications de ses ministres, Amurat abandonna de nouveau le trône et se retira en Magnésie.

Dans cette magnifique résidence du souverain des nations, *the lord of nations*, comme l'appelle l'historien anglais Gibbon, les fêtes succédaient aux fêtes, en une belle ordonnance qui en augmentait les douceurs : festins somptueux, danses lascives, propos joyeux, libations abondantes, ombrages épais, eaux jaillissantes, bains délectables, parfums énervants, il avait réuni dans ce séjour de délices tout ce qui pouvait séduire les regards et charmer les sens.

Si Amurat avait persisté dans son dessein de rester éloigné du pouvoir, en dépit des dangers qui menaçaient l'empire, il eût certainement terni sa gloire ; mais il n'hésita pas à sacrifier à l'intérêt de l'État son penchant pour le repos et les plaisirs. On oublie trop, du reste, qu'il appartenait à une religion où les voluptés ne sont point fruit défendu et où un ascétisme exagéré ne figure pas dans le cortège des vertus que doit pratiquer un grand monarque. On lui rendra, du moins, cette justice, qu'il usa sobrement des plaisirs et qu'il fut jusqu'à son dernier jour l'homme du devoir.

Son caractère présentait un heureux mélange qui séduisit Voltaire. Il tenait à la fois de l'homme oriental et de l'homme occidental. Gibbon commet une erreur insigne en le comparant à un dévot fanatique. Ceux qui, d'autre part, le considèrent comme un philosophe épicurien ne se trompent pas moins. La vérité est qu'il n'était ni ascétique, ni voluptueux. Sa retraite en Magnésie a été un incident dans cette vie si bien remplie. Sous le beau ciel de l'Asie, dans les éblouissements des jours ensoleillés, dans les silences des nuits lumineuses, il vécut quelques mois pleins de tranquillité et de calme. Lui, dont toute la vie fut une lutte triomphante, il dut, à deux reprises différentes et pour les mêmes causes, renoncer à ce repos après lequel son âme soupirait avec tant d'ardeur. Amurat, qu'on ne s'y trompe point, eut, en effet, une destinée glorieuse, mais non heureuse. Il désira la paix et subit constamment la guerre à outrance ; il aima la retraite et vécut dans la tourmente. Deux fois

il abandonna le trône, deux fois il y remonta pour défendre son peuple. Rien de banal dans ce règne d'un excep-
tionnel éclat; car Amurat n'a jamais été égalé et sa per-
sonnalité reste, ainsi que celle de son père, la plus haute,
la plus éclatante, la plus glorieuse. Elle est pure de toute
tache, pas un assassinat ne l'a ternie, pas un crime ne
l'a souillée et ce détachement des grandeurs humaines,
chez un prince mahométan, lui fait comme une auréole
d'une incomparable splendeur.

La qualité maîtresse d'Amurat fut la sincérité. On ne
remarque chez lui ni astuce, ni perfidie. Dans ses paroles, comme dans ses actes, tout est clair et lumineux. Le
mensonge le révolte, il déteste le parjure. L'historien
grec Chalcondyle nous le représente comme un prince
juste et équitable. Ducas parle en termes élogieux de ses
mœurs et de sa bonté d'âme. Après la victoire de Varna,
Amurat alla visiter le champ de bataille et son cœur s'em-
plit de tristesse en voyant tant de morts confondus pêle-
mêle dans cet immense charnier, d'où jaillissaient encore
des ruisseaux de sang. Du côté des Chrétiens, ce n'étaient
que des jeunes gens sur les visages desquels se reflétait
le regret d'avoir si peu vécu. « N'est-ce pas une chose
navrante, dit Amurat à son fidèle lieutenant Azabeg, que
de voir dans l'armée chrétienne tant de jeunes hommes
et pas un vieillard? S'il y en avait eu, répondit Azabeg,
ils n'auraient pas tenté une aussi folle entreprise. » Au
siège de Thessalonique, après le formidable assaut qui
fut livré à la ville, il défendit, sous peine de mort, que
l'on égorgeât les habitants, donnant à ses successeurs un
bel exemple de générosité qui ne fut pas toujours suivi.
En ce temps, les haines religieuses étaient inexorables et
l'égorgement des vaincus constituait une pratique en
honneur chez toutes les nations.

Amurat jeta les premiers fondements de la diplomatie
ottomane. Jusque-là les relations entre la Porte et les

puissances européennes avaient été fort restreintes. Mahomet Ier reçut quelques ambassadeurs à sa cour et Bajazet conclut quelques traités avec les princes chrétiens, Amurat étendit et développa ces relations qui revêtirent dès lors un caractère historique. Il envoya deux ambassades, l'une à l'empereur d'Allemagne, l'autre au roi de Pologne. Elles furent reçues avec les égards dus aux représentants d'un grand pays. L'Europe sentait d'instinct que les Turcs remplaceraient un jour les Grecs à Constantinopld et que tous les efforts qu'elle tenterait pour conjurer ce péril seraient vains.

Entouré de sa cour, l'empereur d'Allemagne revêtu de tous ses insignes, reçut en sa cathédrale de Bâle, les envoyés du grand Seigneur. Le roi de Pologne ne fut pas moins courtois envers les ambassadeurs de la Porte, mais la mission dont ils étaient chargés échoua complètement, par suite des circonstances que nous avons rappelées. Amurat ne se laissa pas rebuter par ces difficultés; il continua de donner aux relations extérieures une large place dans le gouvernement. Là où son habileté à traiter les affaires les plus délicates se manifesta avec le plus d'éclat, ce fut, sans contredit, dans ses négociations avec les Génois. Il réussit à les détacher de la coalition formée contre lui par le pape et les princes chrétiens et l'on a vu de quel poids ce succès a pesé dans la balance des destinées de l'empire.

Amurat échappa, grâce au concours que lui prêtèrent les Génois, à deux grands dangers : la première fois quand, menacé par la rébellion de Moustafa, ils l'aidèrent à se débarrasser de ce prétendant dangereux ; la seconde fois lorsque, en dépit des sommations de la papauté, ils lui prêtèrent leurs vaisseaux pour franchir les détroits. Que fût-il advenu d'Amurat si, au moment où il était appelé en Europe pour venger la défaite de ses lieutenants, il avait été abandonné par les Génois ?

Hunyade n'eût pas manqué de pousser ses conquêtes jusqu'à Constantinople et le triomphe définitif des armées coalisées eût peut-être amené ce résultat inespéré de sauver l'empire de Bysance.

Du formidable assaut, dont la Turquie venait de sortir victorieusement, était née une nouvelle société. Brisé à Angora par la rude main de Tamerlan, le vieux moule turc avait été reconstitué, à peu près avec les mêmes éléments, mais la structure en était plus élégante, ses aspérités s'étaient émoussées dans le roulement continu des batailles et au contact des Grecs et des Persans, les peuples les plus policés du Moyen Age. Deux partis avaient surgi des révolutions successives que la guerre et l'invasion entraînent à leur suite : le parti militaire et le parti religieux : l'un composé de généraux et de capitaines qui s'étaient couverts de gloire ; l'autre comprenant des ulémas, des derviches, des savants, des poètes. Ces deux partis marchaient parallèlement.

Né avec la monarchie, dont il fut le plus ferme soutien, le parti militaire grandissait à mesure que l'empire étendait ses conquêtes en Europe. Les généraux formaient une dynastie où les fils succédaient aux pères sur les champs de bataille ; tels les Evrenos, les Bayazid, les Timour-Tasch. Chaque guerre faisait naître de nouveaux héros, et, pour donner aux soldats des chefs dignes de les commander, les sultans n'avaient que l'embarras du choix. L'art militaire n'exigeait pas alors de vastes connaissances. Les sciences du calcul et de la topographie étaient fort limitées. Les favoris de la victoire arrivaient à la première place par leur courage et l'éclat fulgurant des actions guerrières.

Toutefois, sous le règne d'Amurat, on constate déjà un commencement d'éducation militaire. Sans modifier l'organisation des anciennes armées, Amurat s'appliqua à la rendre plus parfaite. L'historien Chalcondyle nous apprend qu'il avait formé un corps d'élite de dix mille fantassins spécialement attachés à sa garde. Les jeunes enfants faits prisonniers étaient envoyés en Asie, où ils apprenaient la langue turque. On les dirigeait ensuite, au nombre de deux ou trois mille, sur la flotte stationnée à Gallipoli pour s'y former au service de la marine. Tous les ans, ils recevaient des vêtements et un sabre. Ce fut la première école militaire turque. De là ces jeunes gens étaient appelés au palais du Sultan avec une solde suffisante à leur entretien. On les partageait par corps de dix ou de cinquante, sous les ordres d'officiers expérimentés.

Amurat, qui aimait en toutes choses l'ordre et la symétrie, régla lui-même tous les détails du service auquel cette milice était astreinte.

Ceux qui ont représenté les troupes turques comme des hordes désordonnées, marchant à l'aventure, ont péché sans doute par ignorance. Il était impossible de voir des soldats mieux disciplinés. Déjà, sous les premiers Sultans, les Tchenderli avaient mis tous leurs soins à donner à l'armée une organisation qui lui permettait de tenir avantageusement campagne. Sous le règne d'Amurat, cette organisation était arrivée à son point culminant Qu'on en juge plutôt par cette peinture d'un camp turc que nous empruntons à Chalcondyle : « Le Sultan, écrit cet historien, a une tente rouge et deux autres couvertes de feutre brodé d'or. Dans l'enceinte gardée par les janissaires, se trouvent encore quinze autres tentes destinées à des usages différents. Au dehors de ce cercle, dans l'intérieur duquel personne n'est admis, si ce n'est les princes du sang, les vizirs, les hauts fonctionnaires de la trésorerie et les pages du souverain, campent les autres officiers supérieurs de la Porte, les écuyers, *mirakhors*, les échansons, *scherebdars*, les enseignes, *miroulâlems*, les chefs de la Porte, *vizirs*, et les messagers du Sultan, *tchaouchs*. Comme tous ces officiers sont suivis de nombreux domestiques, le chiffre total de l'armée est très considérable. Outre les janissaires qui forment l'escorte d'élite du Sultan, la tente impériale est gardée par trois cents cavaliers, appelés *silihdars*, choisis également parmi les janissaires. Viennent ensuite les *garibs*, étrangers, ainsi nommés parce qu'ils sont originaires de tous pays. Après eux suivent immédiatement les troupes soldées, *ouloufgis* et les *sipahis*, qui se recrutent parmi les pages du Sultan.

« Tel est l'ordre adopté par la Porte en temps de guerre et qui est scrupuleusement observé. Les pachas de Roumélie et d'Anatolie se partagent le commandement suprême de l'armée et relèvent eux-mêmes immédiatement du Sultan. Sous leurs ordres servent les *Sanjakbegs* qui, admis par le souverain à son service, recevaient avec le drapeau, le gouvernement de plusieurs villes. Dans le camp, la cavalerie est divisée en escadrons, les *azabs* combattent sous un seul chef, les *akiams* sont les pionniers de l'armée, chargés de l'entretien des routes et d'autres travaux analogues. Le camp est admirablement organisé, tant pour la symétrie des tentes que pour l'abondance des provisions. Un corps spécial est destiné au transport des approvisionnements. Dans le cas de disette, les vivres sont partagés entre les meilleures troupes. Le nombre des tentes du camp est de dix mille » (1).

Cette puissante organisation, contre laquelle s'étaient brisées jusque là les forces de la chrétienté, était imposante ; car sur ces dix mille tentes planait un idéal qui rendait l'armée turque invincible. Elle était mue, en effet, par le sentiment religieux, le plus puissant de tous, le plus tenace.

(1) Chalcondyle, page 112, édition de Paris.

A travers le sang et les larmes, à travers les luttes sauvages auxquelles se livraient les peuples en délire, le soldat musulman entrevoyait le paradis, cette pensée le soutenait dans les combats et ranimait, sans cesse son courage.

La guerre ne laissait pas toujours aux sultans les loisirs nécessaires pour s'occuper avec succès du développement de la littérature, des sciences et des arts. Néanmoins, quelques progrès furent accomplis dans cet ordre d'idées sous le règne d'Amurat.

C'était l'époque où les savants, accourus de tous les pays musulmans, se livraient à des travaux utiles et où les abeilles du Parnasse turc commençaient à composer leur miel de toutes les fleurs de la Perse et de l'Arabie. A peine sortie des langes de l'enfance, la poésie prenait timidement son vol vers le mont Olympe, dans les vallons mystérieux de l'Hémus, dans les plaines riantes de la Maritza. Un des poètes les plus célèbres du règne d'Amurat fut Amadeddin, un panthéiste doublé d'un mystique. Il ne semble pas qu'il ait cherché les faveurs de la cour. Originaire de la Tartarie, homme d'un profond savoir et d'un courage inébranlable, il eut la funeste idée d'inventer une religion philosophique. « Dieu, disait-il, se confond tellement avec notre être, comme l'eau de la mer avec le sel, que nous sommes pour ainsi dire tout imprégnés de la divinité. » Les ulémas prétendirent qu'il blasphémait Dieu, Amurat dut l'éloigner de la capitale et ses ennemis l'écorchèrent tout vif. Ses écrits furent la proie des flammes et il ne resta de ses œuvres qu'un divan, ou recueil de poésies, le premier qui ait été publié en langue turque. Mohammed Bidjan composait, dans le même temps, son grand poème didactique où il développait avec talent la partie dogmatique de l'islamisme.

Pour perpétuer les nobles traditions de sa maison,

Amurat fit construire de superbes mosquées, notamment celle d'Oudj-Scherfeli dont les minarets, en forme de colonnes, s'élancent fièrement aux quatre coins de l'édifice. Il éleva à Andrinople un second minaret monumental, qui porte jusqu'aux nues le magnifique témoignage du goût de ce prince pour les arts. Il semblait, d'ailleurs, que son âme ait toujours aspiré aux sublimes hauteurs.

Il avait hérité de toutes les vertus de ses ancêtres. Elevé par le meilleur des pères, il eut, sans cesse, devant les yeux, les nobles exemples qu'il lui avait légués.

Sa charité était immense. Les cuisines qu'il fit construire pour les pauvres, dans toutes les villes de l'empire, attestent son amour pour les déshérités de ce monde. On trouvait près de chaque mosquée une école. Il dota ensuite l'Etat d'institutions pratiques et fit exécuter des travaux utiles. On lui doit les plus grands ponts qui aient été construits en Turquie : celui d'Erkéné, qui ne mesurait pas moins de cent soixante-dix palées, celui de Salonique, qui avait plus d'un quart de lieue de longueur et celui d'Angora, dont le revenu était affecté à l'entretien des pauvres (1).

Il mourut à l'âge de quarante-neuf ans. Le peuple le pleura comme un père et le nouveau Sultan, venu en toute hâte pour prendre possession du pouvoir, monta sur le trône au milieu des sanglots et des lamentations des habitants.

(1) Hammer.

CHAPITRE VIII

MAHOMET II

La figure de Mahomet II est l'une des plus complexes de l'histoire ottomane. Nous sommes donc obligés de l'étudier sous ses multiples aspects. Nous parlerons d'abord du conquérant, puis du législateur et en dernière analyse de l'homme lui-même. On saisira ainsi tous les traits de cette physionomie exceptionnelle qui eut un caractère de grandeur sauvage. C'est le lion féroce qui, après avoir déchiré sa proie, la rejette avec dédain, puis la ressaisit avec une nouvelle fureur, la torture avant de mettre fin à ses souffrances par la mort.

Mahomet II versa abondamment le sang. Il en versa pour s'assurer la tranquille possession du trône ; il en

versa pour affermir ses conquêtes ; il en versa même
pour son plaisir. Verser le sang était devenu pour ce
grand monarque un besoin impérieux, une fonction
qu'il exerçait avec une incroyable maëstria. Monté sur
le trône du vivant de son père, il avait déjà goûté les
douceurs du commandement suprême, aussi soupirait-il
après le moment où il lui serait permis de conduire le
char de l'Etat, avec la fougue qui le caractérisait. Dès
qu'il apprit la mort d'Amurat, il s'empressa d'accourir
du fond de la province, brûlant les étapes, traversant à
brides abattues les villes et les campagnes, en poussant
ce cri de ralliement : « Qui m'aime me suive ! »

L'amour du commandement fut sa passion dominante.
A cette passion il sacrifia son repos et ses plaisirs. Il
s'identifia avec le pouvoir ; le trône et lui ne formaient
qu'un seul bloc.

En s'isolant complètement dans son palais, et en tenant ses sujets à distance, il rompit avec la tradition de
ses ancêtres dont on a pu admirer les mœurs simples et
patriarcales. Il créa à son usage toute une étiquette
de cour. Dès lors, il cessa d'être le père de ses sujets
pour devenir un despote, un sultan, un *imperator*, presque un dieu ! Qu'a-t-il fallu pour cela ? Des conquêtes
et de la gloire. Il en eut par brassées. On peut lui appliquer ce jugement d'un historien célèbre (1) parlant
d'un autre monarque. « C'est le souverain oriental classique, fier et majestueux, revêtu d'un riche costume et
d'armes étincelantes de pierreries, sur lesquelles se des-
sine le pourpre du corail, comme pour signifier — explication inutile — que ces armes versent à flots le sang.
Ce n'est pas le monarque auguste des Romains qui a
une idée et une conscience et qui plaide devant ce tri-
bunal intellectuel le pour et le contre, c'est le souverain

(1) Victor Duruy.

pompeux et solennel, effrayant, tragique, redoutable, carnassier, féroce, sans qu'en apparence il cessât d'être humain ». Tel nous apparaît le conquérant de Constantinople.

Quand il monta sur le trône, l'empire de Bysance en était arrivé à sa dernière période de décomposition. Tombé aux mains des Paléologues, il se traînait péniblement à travers les événements qui précédèrent sa chute. On le vit subir, dans les ultimes années de son existence, tous les outrages, toutes les déchéances, au point que sa disparition était considérée par les Chrétiens eux-mêmes, comme une véritable délivrance. Dans cette situation critique, les Grecs ne pouvaient attendre aucun secours de l'Europe qu'ils avaient tant de fois trompée et trahie. C'est en vain que l'empereur Jean Paléologue était allé solliciter la protection des princes chrétiens ; c'est en vain qu'il avait fait des concessions à la cour de Rome et que, prosterné aux pieds du souverain pontife, il avait abjuré ses erreurs. Le pape, malgré des efforts sincères et répétés, ne put organiser une nouvelle croisade. Ni les princes, ni les peuples ne répondirent à son appel. La chute de l'empire d'Orient suivit de près cet abandon, et cette terrible catastrophe fut aussi funeste aux Grecs qu'au reste de la chrétienté.

Prisonniers dans leur capitale, les pauvres Grecs vivaient dans les frayeurs et les angoisses. Chaque jour, on se demandait si l'armée musulmane n'avait pas investi la ville. Des nouvelles sinistres, colportées matin et soir par des hommes qui avaient parcouru les campagnes environnantes, augmentaient la terreur des habitants ; des éclaireurs turcs avaient été aperçus au loin ; l'ennemi s'approchait peu à peu des remparts de la ville et, tandis que le dernier descendant des Constantins réunissait à la hâte quelques troupes mercenaires, pour la bataille suprême, le peuple, déjà résigné au joug,

emplissait les églises de ses prières, implorant le secours
du ciel.

Dans le camp des Musulmans, on priait aussi, mais
en même temps on agissait ; il y régnait une activité extraordinaire. On construisait des vaisseaux, des tours
mobiles, des forts, on faisait fondre par un renégat
hongrois des canons d'une exceptionnelle grosseur ; des
derviches parcouraient les tentes des soldats et excitaient leur zèle en leur montrant à l'horizon, dans un
léger brouillard de pourpre et d'azur, la silhouette indécise et tremblante de la grande cité. Là, des trésors étaient
enfouis, accumulés depuis des siècles, là, s'élevaient des
palais féériques, des kiosques étincelants, des monuments de toute beauté. On avait ainsi excité les appétits
et les désirs des soldats qui, entrevoyant un riche butin,
ne demandaient qu'à monter à l'assaut. Bientôt le signal
en fut donné au milieu d'une clameur immense, aux
cris mille fois répétés : « Allah ! Allah ! »

Dans la ville chrétienne, la consternation était grande ;
mais, le premier moment de stupeur passé, chacun parut reprendre confiance. Les soldats occupèrent leurs
postes de combat. Disséminés sur les remparts, en faibles groupes, — ils n'étaient que six mille — ils se multipliaient pour défendre les points menacés ; mais que
pouvait cette petite troupe contre les masses profondes
de l'armée assiégeante qui s'agitaient en un remous indescriptible ?

Un heureux événement vint ranimer le courage des
Grecs. La république de Gênes, ne voulant pas se désintéresser de cette lutte, avait envoyé une escadre au secours de la ville assiégée. L'amiral génois favorisé par
le vent et ne rencontrant qu'une faible résistance de la
part des Turcs, avait réussi à entrer dans le port, voiles
déployées. On comprend aisément quelle dut être la
joie des Grecs en voyant les Génois victorieux longer

les remparts et pousser des hourras frénétiques. Ce fut
le dernier sourire de la fortune. Le lendemain, les opérations du siège, reprises avec une nouvelle vigueur,
montrèrent aux Grecs qu'ils n'avaient plus rien à attendre, plus rien à espérer. Un premier assaut fut repoussé,
mais l'ennemi revint à la charge, ramené au combat par
ses chefs. On se battait vaillamment de part et d'autre,
les fossés s'emplissaient de morts et de blessés. Les cadavres ainsi entassés devenaient un secours pour les assiégeants, qui les foulaient pour monter à l'assaut. Au haut
des remparts, Chrétiens et Musulmans se prenaient corps
à corps, dans une lutte désespérée. Une brèche venait
d'être pratiquée, trou béant d'où s'échappaient des flots
de sang ; tout à coup la nouvelle se répandit qu'une
partie des assaillants avaient pénétré dans la ville, par
une porte laissée ouverte, on ne sait comment. Alors un
formidable cri se fit entendre, poussé par le vainqueur,
tandis que de profonds gémissements s'élevaient de toutes parts dans l'enceinte de la malheureuse cité. Les
murailles tombèrent, les barrières furent abaissées, et,
pendant que le dernier représentant du nom romain ex-
pirait en héros, jetant un reflet de gloire sur sa race
déchue, un nouvel empire surgissait de l'aube sanglante,
avec le croissant pour emblème. Quand la marée humaine, qui avait jusque là battu de ses vagues les remparts de la cité byzantine, eût débordé et que, franchis-
sant les murs, elle se fût répandue dans les rues, dans
les maisons, dans les palais, aux crêtes des collines, il
y eut des scènes indescriptibles de désolation et d'épouvante.

Pendant trois jours et trois nuits, Constantinople fut
livrée aux horreurs du pillage et aux appétits d'une
soldatesque sans frein et sans pudeur, qui, après s'être
gorgée d'or, de sang et de débauches, s'arrêta épuisée
et repue. Alors seulement, une parole de clémence et

de paix descendit sur ce peuple affolé pour le rassurer
sur son sort. Mahomet II comprit que l'orgie était terminée et qu'il fallait songer à organiser la conquête ; il
se mit aussitôt à l'œuvre, et, son premier acte, basé sur
la tolérance religieuse, révéla en lui un organisateur de
premier ordre. On pouvait craindre qu'enivré par la
victoire, entouré de la tourbe de tous les fanatiques que
l'armée musulmane traînait à sa suite, le vainqueur n'im-
posât sa religion par la force au peuple vaincu. Il n'en
fit rien. Cette résolution l'honore plus que toutes ses
victoires. De cette grande tolérance découlera pour les
Ottomans une foule d'avantages dont le plus précieux
fut de rendre leur domination durable. Ce que les Arabes ne surent pas réaliser, les Ottomans l'accomplirent
grâce à l'heureuse inspiration qu'eut Mahomet II de
laisser aux vaincus toute liberté de pratiquer leur culte.
Ses successeurs marcheront sur ses traces, et nous
verrons dans la suite que toutes les fois qu'ils ont voulu
se départir de cette ligne de conduite, éminemment politique et sage, ils ont attiré sur leur pays d'irréparables
malheurs.

On a cherché à imputer aux Grecs seuls la responsabilité de la catastrophe qui frappait en plein cœur la chrétienté tout entière. Qui oserait cependant affirmer que
les puissances de l'Europe n'en eurent point leur part ?
Rien, en effet, ne les empêchait d'accourir au secours
des Grecs. Certes, il ne nous appartient pas de défendre
ces derniers contre les attaques que, de tous temps, on a
dirigées contre eux ; disons toutefois, à leur décharge,
qu'ils étaient à bout de forces ; ils traînaient, depuis plus
de neuf cents ans, une pénible existence. Vieillis par les
siècles, épuisés par le vice, énervés par les discussions
théologiques, sans énergie et sans vie, ils étaient incapables de se défendre. C'était aux habiles politiques qui
gouvernaient l'Europe à leur enlever la magnifique si-

tuation qu'ils occupaient, à les soustraire à leur propre faiblesse, à les sauver malgré eux de l'état d'anarchie morale et de décrépitude où ils étaient tombés. Longtemps encore cette faute pèsera sur l'Occident.

On a dit que si les Grecs avaient voulu se soumettre aux ordres de Rome ils auraient été sauvés. C'est méconnaître le caractère et les tendances des deux grandes Eglises que de supposer que les Grecs du Bas-Empire auraient pu subordonner leur volonté à celle du chef suprême de la religion catholique. Une de ces haines féroces que les religions seules peuvent engendrer divise les deux grandes Eglises chrétiennes. Les motifs de cette haine, dont les Turcs devaient si bien tirer parti, sont multiples; ils proviennent moins de la diversité des deux dogmes que de l'antagonisme qui, de tous temps, n'a cessé d'exister entre l'Orient et l'Occident. La nature qui a tant fait pour les rapprocher, semble avoir creusé entre ces deux continents un abîme infranchissable.

Deux villes rivales, Constantinople et Rome, aspiraient alors au gouvernement de l'Eglise de Jésus-Christ. Mais il est dans la destinée de la ville éternelle d'être éternellement triomphante. Si les successeurs de St-Pierre étaient restés à Jérusalem, à Antioche, à Alexandrie ou dans une des bourgades marquées par le passage du divin Maître, ils n'eussent point été ces superbes pontifes héritiers de la pourpre et de la gloire de Rome. Le choix qu'ils firent de cette ville dominatrice du monde, pour y établir leur séjour suffirait seul à justifier leur suprématie, si leur mission n'avait eu un caractère providentiel. La tendance, tant de fois manifestée par les papes d'étendre leur domination morale à toute la terre, semble découler de la même source. On ne peut pas en dire autant des patriarches de Constantinople. L'Eglise grecque se distingue, en effet, de l'Eglise latine en ce qu'elle est exclusivement nationale, ne convoitant aucun patri-

moine en dehors de celui qu'elle possède et ne visant
à aucune domination. Ni sa charité, ni son ambition n'est
universelle, et alors que l'Eglise de Rome, fidèle à ses
traditions et à son génie, songe à établir sa suprématie
sur toutes les Eglises chrétiennes, l'Eglise d'Orient, plus
modeste dans ses aspirations, borne ses désirs à défendre
avec une opiniâtreté et une énergie remarquables, son
autonomie religieuse. De là cette haine si vive et si ardente contre les papes et ce cri si souvent répété par les
Grecs de Bysance, en leur aveuglement : « Plutôt le
turban des successeurs du Prophète que le chapeau du
cardinal », faisant allusion au légat apostolique que les
pontifes romains avaient coutume d'envoyer en Orient.

Cependant les papes firent leur devoir jusqu'au bout.
Huit fois ils armèrent la chrétienté contre l'islamisme
et s'ils ne purent arracher Constantinople aux griffes des
Ottomans, du moins ne négligèrent-ils rien pour sauver
l'Europe de la domination turque. Avant comme après
la chute de la capitale bysantine, on les vit persévérer
dans le ferme dessein de repousser l'invasion mahométane, tâche grandiose, labeur surhumain, devant lequel
eussent succombé toutes les puissances de l'Europe, et
que les papes surent mener à bonne fin. Oui, si les nations chrétiennes jouissent aujourd'hui de leur indépendance, et si elles sont à la tête de la civilisation, c'est à
la papauté qu'elles en sont surtout redevables ; car elle
a lutté, sans aucune défaillance, pour leur affranchissement.

Les Ottomans n'eurent pas d'ennemis plus redoutables. Les papes luttèrent, du reste, à ciel ouvert, combat-
tirent souvent à l'arme blanche pour le triomphe de la
cause commune, et c'est grâce à leur ténacité que les
nations chrétiennes furent victorieuses. Elles récompen-
sèrent les pontifes de Rome de la manière que l'on sait,
en leur arrachant de dessus les épaules la pourpre royale

que, malgré des éclipses passagères, ils portèrent si dignement à travers les siècles. Du moins l'histoire doit leur en être reconnaissante.

Au milieu de l'ignorance générale, en dépit de l'indifférence des peuples et des divisions intestines qui affligeaient les monarchies européennes au Moyen Age, les successeurs de saint Pierre semblent avoir eu seuls, à un degré supérieur, la perception claire et nette des nécessités de leur temps. Aussi la chute de l'empire d'Orient fut-elle vivement ressentie à Rome. Partout ailleurs, cet événement passa inaperçu. Constantinople n'était pas alors le point culminant où devaient se concentrer plus tard tous les intérêts, toutes les revendications, toutes les rivalités des nations européennes. On en méconnaissait l'importance, et les Byzantins avaient beaucoup contribué à la discréditer. La papauté, qui ne put conjurer la grande catastrophe de la chute de Byzance, essaya de tirer profit de la défaite des Grecs pour les ramener à l'unité du dogme catholique. Le schisme, abandonné à lui-même, ne pouvait que défaillir, et la soumission de tous les chrétiens d'Orient aux ordres de la papauté devait suivre de près la conquête de Constantinople. Mais, ainsi que nous l'avons dit plus haut, le vainqueur s'était chargé de déjouer ces calculs en se montrant plus tolérant envers les vaincus que ne l'eût été, peut-être, un empereur chrétien. Sur les ruines fumantes de sa nouvelle capitale, dans l'ivresse du triomphe, il n'hésita pas à octroyer aux Grecs une charte leur accordant le libre exercice de leur culte, le droit de gérer leurs biens, celui de régler les mariages, les successions et tous les litiges, si nombreux dans une société que ses subtilités et ses chicanes ont rendue célèbre. Les vaincus jouirent ainsi d'une autonomie spéciale, d'une sorte de *self-government* spirituel et temporel, et, au lendemain de la conquête, ils pouvaient déjà se dire que s'ils avaient perdu leur indépendance par leur faute, ils restaient du moins les maîtres incontestés de leurs églises et de leurs célèbres écoles. De si larges concessions, faites aux vaincus par le plus puissant des conquérants, sont la preuve évidente de la tolérance de la race turque. En agissant ainsi Mahomet II laissait cependant aux peuples chrétiens soumis à son sceptre une arme redoutable dont ils se serviront plus tard pour reconquérir leur liberté. En effet, c'est dans les églises d'Orient que se sont conservées, intactes et vivaces, les traditions nationales ; c'est autour de ces églises reconstituées qu'au cours de ce siècle, les nationalités chrétiennes ont recouvré successivement leur indépendance. Elles se sont reformées peu à peu à l'ombre des autels, sous les sombres voûtes des cloîtres qui, au jour de la rébellion, se transformeront en autant de citadelles invincibles.

Cette grande tolérance, dont on chercherait vainement un exemple dans l'histoire, valut aux Turcs certains avantages particuliers. Elle fit voir tout d'abord qu'ils étaient aptes à gouverner des races différentes, n'ayant pas la même origine et ne professant pas la même foi. On conseillait au vainqueur d'exterminer les Grecs, s'ils ne consentaient pas à embrasser l'islamisme, il préféra leur laisser la liberté de pratiquer leur religion se conformant en cela aux vrais préceptes du Coran, et rompant ouvertement avec les préjugés des Arabes dont la devise était : « Fais-toi musulman, tu auras la vie sauve. »

Une fois entré dans cette voie, Mahomet II ne fut point avare de ses bienfaits ; il en combla les vaincus, leur accordant toutes les prérogatives qu'ils pouvaient désirer et dépassant sur certains points, les espérances qu'ils avaient fondées sur la magnanimité du vainqueur. Le sultan en personne remit au patriarche de Constantinople le sceptre enrichi de pierres précieuses que les empereurs de Bysance avaient coutume de donner au chef de l'Église orthodoxe : « Sois patriarche, lui dit-il, et que le ciel te protège ! En toute circonstance, en toute occasion, compte sur mon amitié et jouis en paix de tous les privilèges que possédaient tes prédécesseurs ».

En maintenant l'Église d'Orient dans le rang élevé qu'elle occupait sous les anciens empereurs, et en lui assurant une existence paisible et respectée, le conquérant accomplissait une œuvre politique de la plus haute importance ; car, par ce moyen, il perpétuait la mésintelligence qui existait entre les deux grandes communautés chrétiennes et empêchait l'union de l'Orient avec l'Occident, union si vivement désirée par les pontifes de Rome. Abolir le schisme grec, faire de l'Église chrétienne une seule et même Église, quel triomphe c'eût été pour la papauté, quelle victoire pour la cause de la civilisation, mais aussi quelle défaite pour l'islamisme, qui ne s'en serait jamais relevé ! Mahomet II s'est-il rendu bien compte de toute la portée de l'acte qu'il venait d'accomplir si généreusement ? On ne saurait en douter, d'autant qu'il n'ignorait pas les sentiments des Grecs pour les Latins. Le roi de Serbie ayant fait demander un jour à Hunyade ce qu'il ferait des églises orthodoxes, s'il était maître du pays, le bouillant général hongrois répondit aussitôt : « J'établirai partout des églises catholiques. » A l'envoyé du roi, qui posa la même question à Mahomet II, celui-ci répondit sans hésiter : « A côté de chaque mosquée s'élèvera une église où les tiens pourront prier ». Paroles remarquables que tous les potentats devraient méditer.

Admirateurs enthousiastes de leurs souverains, les Ottomans considèrent Mahomet II comme leur plus grand conquérant. La prise de Constantinople suffit à justifier cette opinion. Il convient néanmoins de remarquer que cet événement était prévu et escompté depuis

longtemps. Mahomet II passa trente ans de sa vie à faire
des campagnes plus ou moins heureuses et à organiser des
expéditions lointaines dont il ne revint pas toujours
victorieux, mais la prise de Constantinople jeta un grand
éclat sur son règne et lui valut le surnom de ghazi. Il eut
un mérite que bien des conquérants pourraient lui envier :
il sut organiser ses conquêtes. Il eut une méthode bien
simple dont il ne se départit jamais. Quand il entrait
dans une ville, ou qu'il s'emparait d'une forteresse, il les
gardait, et, tandis que ses prédécesseurs avaient contracté
la fâcheuse habitude de recommencer dix fois la même
expédition, abandonnant après la paix des positions
de premier ordre, qu'ils auraient pu conserver, lui du
moins, ne lâchait pas facilement sa proie. Il arriva par
ce moyen à doter son empire de vastes et riches contrées que ses aïeux avaient maintes fois conquises, puis
abandonnées.

Chaque année sa couronne s'enrichissait d'un nouveau joyau et ceci le confirma de plus en plus dans
l'idée que sa méthode était la bonne. Un autre trait de
ce caractère fortement trempé, c'est qu'il ne se laissait
pas abattre par les revers. Ferme et inébranlable dans
la bonne comme dans la mauvaise fortune, il se montra
à la hauteur de toutes les situations, et jamais son courage ne l'abandonna un seul instant. Aussi malgré les
nombreux échecs qu'il essuya dans les guerres qu'il
entreprit en Europe, il obtint des résultats considérables. Jamais les Chrétiens n'avaient remporté plus de
succès et jamais ils ne perdirent plus de provinces.

Si Mahomet II déploya dans ses campagnes une activité
extraordinaire, il rencontra, dans le camp des Chrétiens
des adversaires dignes de lui, un Hunyade, un Skanderbeg, un Mathias Corvin, un Étienne. Il leur disputa
pied à pied le terrain conquis. Taillé pour les grandes
luttes, il ne laissa à ses ennemis ni trêve ni repos. Il

dévasta vingt fois les provinces d'Europe, sans parler de ses campagnes en Asie, et partout il marqua son passage par des actes décisifs. Pas plus que les rois chrétiens, les princes musulmans ne trouvèrent grâce à ses yeux, leurs têtes, longtemps épargnées, tombèrent les unes après les autres, et leurs fiefs furent définitivement incorporés à l'empire.

Après avoir soumis à son joug la péninsule illyrique et le Péloponèse, il tourna ses armes contre la Serbie. Ce fut là qu'il rencontra pour la première fois Hunyade, accouru au secours des Serbes. Le général hongrois fut victorieux ; mais une blessure reçue au plus fort de la mêlée lui coûta la vie. La mort de ce héros compensa pour les Ottomans les pertes qu'ils venaient de subir.

Délivré de ce terrible adversaire, Mahomet reprit Simendra qui lui assura la possession de la Bosnie. La valachie eut le même sort. Seule la Moldavie résista victorieusement à l'envahisseur, grâce à l'habileté et à l'héroïsme de son prince, Etienne IV. Celui-ci, ayant attiré l'armée turque dans les profondeurs des forêts, la tailla en pièces. Le Sultan ne se laissa pas décourager par ce revers. Une formidable coalition se préparait contre lui entre Autrichiens, Allemands, Hongrois et Vénitiens. Vainement sollicitée depuis des années par les papes de se joindre aux Chrétiens, Venise avait enfin consenti à jeter de nouveau dans la balance le poids de son épée. Prévoyant les difficultés qu'il pourrait rencontrer à vaincre tant d'ennemis puissants, le Sultan offrit de nombreux avantages au doge vénitien et parvint à le détacher momentanément de l'Autriche. En même temps, Croïa tombait aux mains de ses lieutenants et la mort de Skanderbeg, qui suivit de près dans le tombeau son illustre campagnon d'armes, Hunyade, permit à Mahomet de grouper toutes ses forces contre ses ennemis.

Las, cependant de la résistance des Hongrois, et désespérant de les vaincre sur le terrain qu'ils avaient choisi pour le combattre, il résolut de porter la guerre au cœur même de l'Europe et forma le dessein de débarquer en Italie et de marcher sur Rome. C'était une inspiration de génie, digne d'un grand capitaine ; mais elle venait trop tard. L'état de ses armées, épuisées par les fatigues de longues campagnes qui duraient depuis près de vingt-sept ans, décimées par les défaites qu'elles avaient essuyées, voire par les victoires qu'elles avaient remportées, s'opposait à l'exécution de ce dessein hardi qui resta, pour ainsi dire, à l'état de projet. La défaite des Turcs devant Rhodes acheva de refroidir l'ardeur guerrière du conquérant.

Par ces luttes dont nous n'avons donné qu'un aperçu succinct, et par les résultats obtenus, grâce à d'habiles négociations, Mahomet II achemina l'empire vers son unité morale et politique.

Il imprima à la conquête une impulsion telle que l'Europe tout entière s'effraya de ses projets audacieux. Du Taurus au Danube et de la mer Noire à l'Adriatique, tout le pays reconnaissait maintenant son autorité et obéissait à ses lois ; il était, en un mot, le maître incontesté de ce vaste pays arrosé de tant de sang, mais l'organisation de l'Etat laissait encore beaucoup à désirer. Mahomet employa ses rares loisirs à remplir cette lacune. Il jouit comme législateur d'une renommée universelle, encore que, en dehors de certaines dispositions particulières, par lesquelles il régla le cérémonial de cour et les droits de succession au trône, il n'ait rien créé de nouveau. En effet, la législation mahométane avait déjà tout prévu et il était impossible de rien innover en cette matière. Il introduisit toutefois quelque tempérament dans l'application des lois musulmanes et en adoucit, en quelque sorte, les angles. D'une législation intolérante qui aux mains des Arabes fut un sanglant instrument de persécution, il fit un instrument de règne. C'est là qu'apparaît véritablement le génie de Mahomet II, génie bienfaisant dans le domaine législatif, sauf en ce qui avait trait à sa propre famille, mais génie infernal dans toutes les autres manifestations de sa volonté souveraine et despotique.

S'il ne fut pas le véritable créateur de la législation à laquelle il attacha son nom, il lui laissa du moins, sa marque personnelle. Cruel, ses lois furent impitoyables ; autoritaire et absolu, son code le fut également en toutes ses dispositions ; pompeux et solennel, il édicta un règlement relatif au cérémonial de cour que n'eussent point désavoué les rois de Babylone. L'œuvre tout entière révèle enfin le maître qui l'a conçue.

La législation ottomane découle, comme on le sait, de trois sources principales : elle dérive d'abord de l'islamisme qui s'impose aux nations qui l'ont adopté, avec ses dogmes, ses principes et ses lois ; elle procède ensuite de la constitution du royaume de Perse et généralement de celle de tous les États asiatiques ; elle porte enfin la marque indélébile des origines du peuple turc lui-même, peuple nomade qui se distingue surtout par son humeur guerrière et par son orgueil, fondé sur la supériorité militaire de sa race.

Ainsi l'établissement d'une monarchie despotique combinée avec une aristocratie sacerdotale, l'influence de cette dernière caste sur le gouvernement, le rachat du sang et la dîme sont les lois fondamentales de tous les États mahométans.

D'autre part, la division de l'empire en *sandjacks* ou satrapies ayant pour base l'antique division par provinces, l'inspection de ces provinces par des commissaires spéciaux, le gouvernement du sérail, l'influence des *validés* ou mères de sultans, celle des eunuques et des favoris ainsi que les mœurs du *harem*, sont empruntés à l'ancienne domination assyrienne et à celle de la Perse. C'est ainsi que les ruines des palais assyriens, d'après les fouilles récentes faites en Mésopotamie, offrent une grande analogie avec la constitution du harem. On y remarque, en effet, une cour intérieure et une cour extérieure. Esther entourée d'un essaim de jeunes filles, n'est-ce pas la sultane assise au milieu de ses odalisques. L'Écriture nous apprend en outre, que la femme d'Assuérus et Mardochée s'envoyaient des messages dont ils chargeaient l'eunuque Athach (1), ce qui démontre que l'institution remonte à la plus haute antiquité. Quant au caractère nomade de la race turque, il nous est révélé dans le *Canoun Namé*, véritable code de lois promulgué par Mahomet.

Il assimile l'État à une tente soutenue par quatre colonnes *Erkani Devlet* ; le *Sadri-Azam* ou grand vizir, le *Kasi-Asker* ou juge suprême de l'armée, le *Defterdar* ou ministre des finances, et le *Nichanji* ou premier secrétaire du sultan.

La dignité de *sadri-azam* est la première de l'empire. C'est une institution tout orientale dont l'origine se perd dans la nuit des temps. Les Pharaons, les Salmanazar, les Sennachérib, les Cyrus, les Cambyse, les Darius, les Xerxès, les Califes eurent leurs grands vizirs : les Assafs, les Pirmans, les Jumasbs, les Nouchirvans, les Nizam-ul-Mulk, les Giaffars.

Inaccessibles à leurs peuples, les souverains orientaux relégués dans le harem, où ils s'abandonnent aux voluptés et à la mollesse, délèguent leurs pouvoirs à l'un de leurs subordonnés qui les représente aux regards de la foule.

   « Au fond de leurs palais, leur majesté terrible,
   Affecte à leurs sujets de se rendre invisible. »

Tant de prérogatives sont attachées à cette charge que le pouvoir du sultan lui-même deviendrait illusoire si,

(1) Racine, Esther, notes et éclaircissements.

à un moment donné, et par un acte spontané de sa volonté, il ne brisait tout à coup l'idole qu'il avait placée si haut. En effet, sur un signe du maître le grand vizir tombe et sa gloire s'évanouit avec lui ; trop heureux si, après avoir été élevé à ce rang suprême, il ne paye pas de sa vie la puissance éphémère dont il fut investi. Mais tandis que, jusqu'au seuil du palais où il se rend chaque jour, toutes les têtes se courbent devant lui, et que, rangée sur les deux côtés de la route, la foule silencieuse et recueillie salue son passage par des génuflexions renouvelées, la scène change dès qu'il est introduit dans l'intérieur du sérail. Se dépouillant aussitôt de leur morgue habituelle, les grands vizirs prennent alors une attitude humble et résignée. Arrivés à la porte de la salle du conseil (1), ils s'y arrêtent pendant quelques instants. Après avoir croisé les deux bras sur leur poitrine et les avoir dissimulés soigneusement sous les larges manches de leur habit (2), ils pénètrent dans la salle, la tête baissée en signe de soumission, et, s'étant prosternés plusieurs fois devant celui qui tient dans ses mains leur arrêt de vie ou de mort, ils reviennent à reculons jusqu'au sofa qui leur est destiné et, sur l'ordre du sultan, s'y assoient à la manière orientale. Là, accroupis sur leurs genoux, ils se tiennent pendant de longues minutes, dans une posture suppliante qui est comme une perpétuelle adoration (3).

Cette attitude humble n'était du reste qu'une des formes si nombreuses et si variées de la politesse orientale. Elle n'excluait chez ceux qui s'y assujettissaient ni les

(1) Le conseil se tenait autrefois au palais.

(1) Cacher ses mains dans les manches de son habit, c'était déclarer que l'on ne voulait rien entreprendre contre le sultan. Cet usage existait également chez les Persans et chez les Grecs.

(3) Ces coutumes se sont modifiées quelque peu de nos jours. Grâce aux progrès accomplis en Turquie, le sultan accueille son grand vizir avec un cérémonial moins rigoureux.

capacités, ni les mérites. Il y a eu de tous temps des hommes remarquables parmi les grands vizirs. Au surplus, ces humiliations qui leur étaient imposées dans l'enceinte du palais servaient de contrepoids à leur orgueil et les prédisposaient quelquefois à être meilleurs envers les sujets du Padischah. En quittant ces lieux où ils venaient de se montrer si soumis et si obséquieux, non seulement envers les grands dignitaires de la Cour, mais aussi envers les Oghlans et les eunuques, ils étaient plus enclins à l'indulgence.

La fonction de *cazi-asker* ou juge d'armée venait après celle de *sadri-azam*. Jusqu'au règne de Mahomet II, elle avait été, pour ainsi dire, honorifique, les *muftis* occupant la première place. Ces derniers brillaient alors par leur science autant que par l'indépendance de leur caractère. Ils étaient populaires. Le législateur, voulant diminuer leur influence qui lui portait ombrage, favorisa les *casi-asker*, hommes de cour, dont le prestige s'accrut rapidement au point de reléguer les *muftis* en dépit de leur supériorité morale, au second rang. Sous le titre de *cheik-ul-islam* qui leur fut décerné dans la suite, ils continuent à jouer le même rôle dans l'Etat.

Durant toute cette première période, et jusqu'à la réforme tentée par Mahomet II, c'est la législation mahométane qui domine et s'affirme d'une manière si énergique, qu'elle devient en quelque sorte la seule législation en vigueur. Avec la prédominance de la religion dans l'Etat, commença pour l'empire une ère de difficultés et de périls, car elle inaugura le principe d'exclusivisme en matière politique, principe qui jettera l'Etat dans le pire des fanatismes et le condamnera à une déperdition constante de ses forces.

Ce fut toutefois une organisation digne d'admiration que celle de cette magistrature turque qui, en dépit de ses défaillances et de son fanatisme invétéré, reste une des plus solides institutions de l'empire ottoman.

Un des caractères remarquables de cette organisation que nous venons d'esquisser, c'est qu'elle réservait au seul corps enseignant la plus grande partie de l'influence qui, dans un Etat basé sur la religion, revient de plein droit au haut clergé.

Pour le clergé en général, le recrutement était des plus ingénieux. Dans les lois édictées par Mahomet, il y avait une gradation, une sorte d'initiation qui faisait passer le *taleb* ou aspirant par les divers degrés d'instruction primaire qui feront bientôt de lui un *danischmend* ou homme ayant des aptitudes pour la science, puis un *moulazim* ou préparé, et enfin un *modarris* ou professeur. Chaque passage d'un degré à l'autre exigeait un nouveau diplôme jusqu'au grade suprême qui donnait accès à la dignité de *mollah*. C'était une véritable armée qui avait son état-major, ses généraux et ses cadres. Elle ne remplissait au début que les fonctions religieuses ; mais elle s'était emparée, peu à peu, de toutes les branches de l'administration, et, si elle n'y faisait pas preuve d'une grande moralité, elle y montrait du moins d'incontestables capacités et une indépendance relative envers le pouvoir. C'était, sans contredit, une des plus grandes forces de l'Etat, la seule institution qui soit restée debout au milieu de l'effondrement du régime impérial et qui ait gardé, avec les traditions du passé, les dernières effluves de la vie nationale.

Nous ne parlerons pas ici de l'organisation militaire ; elle existait déjà avant Mahomet II qui ne fit qu'y ajouter quelques dispositions secondaires, notamment en ce qui concerne le contrôle à exercer sur les officiers supérieurs. L'aga des janissaires, pour ne citer que cet exemple, avait tous les droits sur sa milice. Il pouvait conférer des grades, infliger des punitions, prononcer la dégradation, exercer, en un mot, une dictature absolue sur ses subordonnés, mais il lui était interdit de nommer son propre secrétaire. Le législateur, toujours méfiant, avait jugé qu'un pouvoir aussi étendu devait être tempéré par quelque loi, et il soumit l'aga des janissaires à une surveillance et à un contrôle qui devaient singulièrement le gêner. Cette méfiance n'était, du reste, que trop justifiée ; car il n'y a pas de corps qui ait fourni autant de criminels d'Etat que celui des janissaires. Il avait fini par disposer de tout, même du trône. Pendant de longues années, le favori des janissaires fut, parmi les princes du sang, celui qui avait le plus de chances de régner.

La dignité de *defterdar* ou ministre des finances long-temps dédaignée (1), ne devint importante qu'avec l'accroissement des charges de l'Etat. Tant que les ressources du gouvernement parurent suffisantes et qu'elles ne furent pas absorbées par les frais de la guerre ou par de folles dépenses, les fonctions de defterdar se bornèrent simplement à la gestion des impôts. Mais on ne tarda pas à s'apercevoir que le trésor n'était point inépuisable, et il fallut nécessairement créer de nouveaux revenus. Le defterdar fut alors mandé au palais, et la place, que l'on croyait seulement digne des juifs qui s'en étaient emparés, gagna en considération. Quant à la dignité de *nichandji* ou premier secrétaire, elle était purement honorifique, mais celui qui en était investi, étant par cela même le dispensateur des faveurs du maître, jouissait à ce titre d'une grande influence à la cour aussi bien que dans le gouvernement.

Dans le principe, il fut le chef de la chancellerie, mais cette charge échut plus tard au *reïseffendi* ou ministre des affaires étrangères. Cette dernière fonction devint dans la suite, à mesure que les relations extérieures

(1) Le premier defterdar dont parle l'histoire ottomane fut un juif Hakim Yakoub. Il était médecin et astrologue (Hammer, Tome II).

prenaient de l'extension, une des plus importantes de l'Etat.

On voudra bien remarquer du reste que le législateur ne s'est occupé que de l'organisation intérieure de l'empire. Les relations extérieures étaient, à l'époque dont nous parlons, en dépit du développement qu'elles avaient reçu sous le règne d'Amurat II, presque nulles. Les conflits, qui surgissaient avec les puissances, se dénouaient ordinairement par les armes, sans nécessiter de longs préliminaires, et les traités eux-mêmes n'étaient conclus qu'après entier épuisement des forces des deux parties. C'était une manière de trève que l'on se donnait pour reprendre haleine et recommencer la lutte.

Les Ottomans ont décerné à Mahomet II le surnom de *canouni* ou législateur. Et de fait, il organisa le gouvernement, coordonna les lois existantes, en créa de nouvelles et n'omit rien de ce qu'il fallait à ses successeurs pour diriger leurs peuples, d'après une méthode sûre, mais draconienne. Il poussa même le souci de leur repos jusqu'à leur indiquer de quelle façon ils devaient vivre dans leurs somptueuses demeures, souci naturel chez un prince.

Jusqu'ici la figure du sultan avait subi une double transformation. Avec Osman et Orkhan nous avons connu les sultans moitié pasteurs, moitié conquérants, d'un caractère paternel qui adoucissait ce que leurs actes avaient de trop rigoureux. Avec Amurat Ier et surtout Bajazet, nous avons eu les sultans spadassins, un type à part, dont l'orgueil va jusqu'au paroxisme de la démence, la témérité jusqu'aux dernières limites de la folie. Mahomet Ier et Amurat II nous sont apparus, l'un, comme l'homme prudent par excellence, au jugement sûr et pondéré, à l'allure majestueuse, dont toutes les actions étaient inspirées par une sage politique ; l'autre comme un souverain tout à fait remarquable, malgré son originalité. On s'est plu à nous le représenter comme un philosophe détaché des grandeurs humaines, alors qu'en réalité, il n'était qu'un aimable épicurien qui demandait à la terre ses doux ombrages et ses plaisirs champêtres, non ses tumultueuses gloires et à la vie un repos mérité.

Mahomet II, dont nous venons de retracer la vie, inaugura une nouvelle série. Il avait sur la situation de son empire une vue d'ensemble ; une initiative hardie le poussait à tout entreprendre, et un esprit judicieux le portait en même temps à tout organiser. Dans les lois qui réglaient le cérémonial de la cour, il se montra trop infatué de lui-même, et, reléguant ses sujets loin de lui, il s'isola dans son palais. Tandis que ses prédécesseurs se mêlaient fréquemment au peuple et recevaient les hauts dignitaires de l'État à leur table, il abolit cette touchante coutume. « C'est ma ferme volonté, est-il dit dans la constitution promulguée sous son règne, qu'aucun de mes sujets ne mange avec ma majesté impériale ». Il est évident que la tendance naturelle de ceux qui s'élèvent au-dessus de leurs semblables est de s'éloigner d'eux et de leur marquer leur mépris. Si cela est vrai des particuliers, ne doit-on pas excuser les grands conquérants qui, enivrés par leurs succès, grisés par leurs victoires, croient sincèrement qu'ils sont pétris d'un tout autre limon que le reste des hommes. A mesure que la fortune les favorise et que leur puissance se développe, le nombre de leurs adulateurs s'accroît et leur dédain pour leurs sujets augmente d'intensité.

Mahomet II prescrivit toutefois que la cérémonie du couronnement aurait lieu sur la place publique, en présence du peuple, lui reconnaissant par là le droit strict de se donner le maître qu'il veut.

De toutes les lois promulguées par ce conquérant la plus barbare fut celle qui réglait l'ordre de succession au trône. Elle fut écrite en lettres de sang dans le Canoun-Namé. On y lit notamment ce passage où Mahomet, pour atténuer sa responsabilité, évite de parler en son nom, tant il semble redouter, à cet égard, le jugement de la postérité. « La plupart des légistes ont déclaré, dit-il, que ceux de mes illustres fils et petits-fils qui monteront au trône pourront faire exécuter leurs frères afin d'assurer le repos du monde ». Remarquez cette formule hypocrite, « la plupart des légistes ». Il les avait donc consultés afin de faire retomber sur eux la responsabilité de cette loi sanguinaire qui fera commettre à ses successeurs tant de crimes. Il éleva ainsi le fratricide à la hauteur d'une institution et, pendant plusieurs générations, on procéda au massacre des jeunes princes dont quelques-uns à la mamelle, sous le prétexte qu'ils auraient pu devenir une menace pour la sécurité du trône.

Il était, du reste, de ceux qui se délectaient dans le sang. Le jour de son entrée à Constantinople, avant même qu'il eût secoué la poussière de ses bottes, il fit trancher la tête d'un jeune grec qui, dans cette nuit triomphale, avait refusé de se prêter aux caprices du conquérant. A Egripos, il livra au bourreau une princesse chrétienne qui s'était également révoltée à l'idée de partager la couche du meurtrier de son père. Ailleurs, il fit périr toute une garnison ennemie pour venger la mort d'un de ses favoris. A Trébizonde, après la chute de ce royaume, il fit massacrer tous les membres de la famille royale, en dépit du serment qu'il avait donné de leur laisser la vie sauve. Il traita avec la même cruauté les princes de Bosnie, de Lesbos et d'Athènes. Hammer, qui cite ces faits et bien d'autres encore que nous passons sous silence, s'indigne cependant contre les historiens qui ont accusé Mahomet II d'avoir fait éventrer quatorze de ses pages, pour découvrir celui d'entre eux

qui avait mangé les concombres d'une pauvre femme, et
d'avoir tranché de sa propre main la tête de sa favorite
Irène. Qu'y a-t-il de surprenant à cela? Il aimait les
raffinements dans les supplices infligés à ses victimes. Il
faisait écarteler les prisonniers en sa présence; leurs
membres découpés par morceaux étaient ensuite rôtis
au feu et jetés en pâture aux porcs affamés.

Il provoqua de la sorte d'atroces représailles de la
part des chrétiens et, ce qui est surprenant, il ne s'en
montrait guère indigné. Lorsqu'après avoir fait la conquête de la Valachie, il parut devant Bucharest, il vit
des milliers de musulmans empalés par ordre de Drakul,
et ce spectacle lui arracha un cri d'admiration. « Il est
impossible, dit-il, de chasser de son pays un prince qui
fait de si grandes choses ». Ce même Drakul, recevant
chez lui les envoyés du sultan, qui refusaient de se
découvrir en sa présence, leur fit clouer leurs turbans
sur la tête. Cette idée plut à Mahomet qui ne manqua
pas de la mettre en pratique à la première occasion. On
faisait, il est vrai, en ce temps-là, bon marché de la vie
et tel acte qui nous paraît aujourd'hui entaché de barbarie était tout au plus jugé comme sévère par les contemporains de Mahomet. Celui-ci ne fut donc pas, en
réalité, plus cruel que ses émules; il rendait œil pour
œil, dent pour dent, voilà tout! Jamais un rayon de
bonté n'éclaira son âme et il eût été sans doute humilié
de ressentir quelque pitié pour les misérables.

Il y a dans la vie de ce monarque tout un côté anec-
dotique qu'il est utile de faire connaître. Là, on saisit au
vif le caractère de l'homme et le souverain, dépouillé
de l'appareil des grandeurs, nous apparaît tel qu'il est.

Il soupçonnait depuis longtemps son grand vizir Halil
d'être de connivence avec les Grecs et de s'être laissé
corrompre par eux. Il le fit d'abord jeter dans un étroit
cachot; Halil y était enfermé depuis quarante jours,

lorsque le sultan lui rendit sa liberté et toutes ses dignités ; mais le malheureux grand vizir connaissait son maître et n'était pas du tout rassuré sur sa vie ; chaque matin il s'attendait à voir paraître le bourreau. Toutefois le terrible sultan se plaisait à prolonger son matyre. S'étant un jour fait accompagner par lui dans une promenade à travers sa capitale, il vit un renard attaché à une porte et laissa échapper ces paroles que l'infortuné Halil entendit distinctement. Parlant à l'animal, le sultan disait : « Pauvre fou, pourquoi ne t'es-tu par adressé à Halil pour obtenir ta liberté, il te l'eût donnée moyennant argent ». A ces mots Halil pâlit et comme il se retournait pour éviter le regard courroucé de son maître, sa tête roula à terre sur un signe de Mahomet.

Un autre grand vizir, célèbre dans les annales ottomanes par ses vertus, Mahmoud Pacha, subit le même sort. Le sultan, l'ayant emmené avec lui dans une de ses campagnes, le combla tout à coup de tant de faveurs que Mahmoud en conçut de vives inquiétudes. Un jour ayant été de la part de son souverain, plus que de coutume encore, l'objet des prévenances les plus flatteuses, il rentra dans sa tente préoccupé de savoir ce qui pouvait bien lui avoir attiré ces témoignages si enviés à la cour. Il y était depuis quelques instants quand un craquement sinistre se fit entendre ; la tente tomba sur sa tête ; c'était d'après une coutume tartare, un signe certain de disgrâce. Mahomet II s'amusa beaucoup de cet incident. Par ses ordres on ramassa la tente et l'on dégagea le malheureux qui ne fut relevé de là que pour marcher à l'échafaud. Ce genre de distraction convenait au tempérament du sanguinaire conquérant. Il aimait à faire trembler tous ceux qui l'approchaient et s'égayait de leurs terreurs et de leurs angoisses. Aussi ses serviteurs les plus intimes, ceux qui se flattaient de posséder sa confiance, portaient-ils instinctivement la main à leur front comme pour s'assurer que leur tête tenait encore sur leurs épaules, tant ils redoutaient les caprices de leur maître.

En dépit de ces cruautés, peut-être même à cause de ces cruautés, Mahomet II était très populaire. Le peuple se réjouit toujours des malheurs des grands, soit qu'il envie leur sort, soit qu'il ait à souffrir de leurs exactions. A l'époque dont nous parlons, il était d'usage de souhaiter à son ennemi de parvenir aux plus grands honneurs. C'était une façon de lui souhaiter une mort prompte et certaine.

Mahomet II n'en reste pas moins une grande figure dans l'histoire et l'un des souverains les plus craints et les plus respectés qui aient régné sur la Turquie. Nous en avons donné les raisons au commencement de cette étude. Ce n'est pas, comme on pourrait le croire, parce qu'il a conquis soixante-dix royaumes, ainsi que le déclarent ses chroniqueurs, lesquels auraient été bien embarrassés de les désigner, que Mahomet II jouit de cette grande considération, mais parce qu'il réalisait le type classique que les peuples de l'Orient aiment à rencontrer dans tout conquérant. Il eut en outre le mérite de grouper ses États en un faisceau, de les organiser et de les doter d'une capitale incomparable, et cela suffit amplement à justifier le culte dont il est entouré et la profonde vénération que tous les Ottomans professent pour sa mémoire.

Au milieu de ses travaux législatifs entrepris dans les dernières années de son règne, il n'oubliait pas les préparatifs de la guerre. Sa défaite sous les murs de Rhodes avait empli son âme de tristesse, il se disposait à reprendre l'offensive contre cette place réputée imprenable, quand la mort vint mettre fin à ses jours et interrompre le cours de ses exploits.

Il pouvait mourir content, il avait bien rempli sa

tâche. La Bulgarie, la Serbie, la Valachie, la Moldavie, la Bosnie, la péninsule illyrique, le Péloponnèse, l'Albanie, toute l'Asie Mineure étaient définitivement incorporés à l'empire. Constantinople était en son pouvoir et rien ne subsistait plus de la couronne de Bysance.

En cela du moins Mahomet II a été l'exécuteur d'une volonté supérieure qui, dans ses secrets desseins, a voulu que les derniers vestiges de la domination romaine fussent anéantis, emportés par le torrent dévastateur de l'invasion turque et qu'il ne restât de ce grand corps réduit, après tant de siècles, à une apparence de vie que le souvenir de ses grandeurs passées. *Sic transit gloria mundi*.

Le jugement de l'histoire a été ce qu'il devait être, la postérité ayant toujours montré un faible pour les conquérants. De par ses exploits militaires, Mahomet II occupe d'ailleurs la première place dans les annales ottomanes. N'a-t-il pas réalisé le rêve de l'islamisme, celui de posséder Constantinople, la citadelle placée en face de la chrétienté qui détenait Rome ? Les Arabes avaient déjà tenté de faire cette conquête, mais ils avaient échoué faute d'un lieu de concentration pour leurs forces trop disséminées et d'un point de contact avec l'Occident. Aussi ne tardèrent-ils pas à disparaître. La principale préoccupation des Turcs fut, au contraire, de tendre sans cesse vers l'unification de leurs forces et de s'enfoncer plus avant en Europe, non pour adopter sa civilisation, mais pour l'assujettir à leur sceptre. Mahomet II fut l'un des plus puissants représentants de cette idée qu'il réalisa dans le domaine politique.

Il légua, en effet, à ses successeurs un empire unifié, compact et consolidé par une série d'annexions qui étendirent ses limites jusqu'au delà du Danube, formant, autour de sa capitale, une triple enceinte, œuvre considérable et digne d'un grand conquérant.

CHAPITRE IX

BAJAZET II

Effet produit sur l'Europe par la mort de Mahomet II. — Révolte de Djem. — Négociations de Bajazet II avec les puissances. — Il fait périr son frère. — Guerre vénitienne. — Défaite de Venise. — Coalition de l'Europe. — Caractères de cette coalition. — Traité de paix. — Troubles et rébellions en Asie. — Bajazet trahi par ses fils. — Impopularité de ce monarque. — Les janissaires demandent sa déposition. — Complicité de Sélim. — Mort de Bajazet. — Caractère de ce monarque. — Immixtion des janissaires dans les affaires de l'Etat.

Quand la nouvelle de la mort de Mahomet II se fut répandue en Europe, un immense soupir de soulagement s'échappa de toutes les poitrines. Ce monarque pesait sur la chrétienté de tout le poids d'un cauchemar. Depuis trente ans, il s'était tenu sans cesse sur la brèche, harcelant ses ennemis et leur infligeant des pertes cruelles. Aussi l'avènement de Bajazet II, prince fourbe et astucieux, mais pacifique, fut-il accueilli par des transports de joie, notamment en Hongrie et en Italie. On apprit bientôt que la guerre civile venait d'éclater dans l'empire turc où Djem contestait à son frère la légitime possession du trône. Battu par les troupes du sultan, Djem fut contraint de chercher un refuge chez les Chevaliers de Rhodes. On devine tout le parti que l'Europe pouvait tirer de cet événement. Le malheureux prince devint entre les mains des gouvernements chrétiens et de leurs auxiliaires, un objet de trafic. Vendu aux Italiens, revendiqué par Charles VIII, roi de France, impérieusement réclamé par les Hongrois qui voulaient en faire un prétendant, son existence était devenue un véritable péril pour la Turquie. Bajazet redoutait qu'il n'apparût un jour à la tête des armées chrétiennes pour lui disputer le pouvoir suprême. Cette crainte dut influer sur le caractère de ce souverain, et rendit sa politique cauteleuse et méfiante. Il fut le premier prince ottoman qui engagea avec les puissances de l'Europe des négociations diplomatiques suivies. Il eut recours à tous les moyens préconisés par le machiavélisme italien et s'instruisit à l'école des Borgia qui lui apprirent l'art de se servir des poisons les plus subtiles et de les employer pour les besoins de sa politique. Jusque-là, fiers de leur force, les empereurs ottomans n'avaient pas eu recours encore à cette arme perfide ; ils fauchaient les têtes, comme des moissonneurs fauchent les épis, mais ils dédaignaient de recourir aux moyens criminels dont s'accommodent la lâcheté et l'hypocrisie.

Bajazet ne se montra pas dans ces tristes circonstances au-dessous de ses initiateurs. Il chercha d'abord des complices en France, crut les avoir trouvés, paya cher le poison qu'il destinait à son malheureux frère et fut déçu dans ses espérances. Il reprit les négociations avec les Italiens, doubla le prix du crime et ne fut pas plus heureux. Finalement, il eut recours à un renégat grec qui se servit, dit-on, d'un rasoir empoisonné pour le débarrasser de son dangereux compétiteur.

Ici la raison d'Etat apparaît avec son hideux cortège d'arguments et de sophismes. Que l'on se figure un prince dans tout l'éclat de la jeunesse, dans la pleine maturité de son talent — il était poète, — qui par sa distinction et ses hautes qualités morales avait conquis les sympathies de ses geôliers. Un roi de France s'intéressa à son sort, un pape le recueillit chez lui, des princes briguèrent son amitié. Dans ces conditions, Bajazet pouvait-il ne pas s'inquiéter des menées de son frère et des intrigues qui se nouaient autour de sa personne? Pouvait-il renoncer à se défendre, et n'était-il pas autorisé à recourir à tous les moyens pour conjurer le péril dont il était menacé? Il y allait de son repos et de la sécurité de l'Etat. Des complications pouvaient surgir en Europe et mettre en danger l'existence même de l'empire. Dans ce cas particulier, comme il est aisé de le constater, les considérations personnelles, toujours puissantes, et la raison d'Etat s'accordaient merveilleusement pour dicter à Bajazet sa conduite. Mais un tel acte entraîne toujours à sa suite le châtiment et Bajazet ne jouit pas de plus de repos lorsqu'il eut couché son frère dans un cercueil, sur la terre étrangère, qu'avant le crime.

D'autre part, la faute que la chrétienté commit en ne veillant pas à la sécurité du noble prisonnier, otage de la paix, que le hasard plus que le sort des armes avait mis entre ses mains, eut des conséquences déplorables, car elle permit à Bajazet de se lancer à son tour, dans les aventures militaires et de porter à la république vénitienne un coup mortel.

La puissance de Venise était parvenue à son apogée. Tandis que les Hongrois s'épuisaient dans une lutte glorieuse, mais stérile, la ville des doges s'enrichissait de plus en plus par son commerce. Ses vaisseaux couvraient les mers; ses forteresses s'étageaient le long des côtes, sentinelles vigilantes suspendues aux crêtes des montagnes et aux flancs des collines baignées par les flots. Rien n'était comparable à la situation qu'occupait la superbe et orgueilleuse cité, blottie au fond d'un golfe, baleine géante jetée sur le rivage, et qui pour respirer plus librement se replongeait dans les eaux. Fille des vagues, née libre, romaine par ses origines,

elle fut rebelle à tout joug étranger, encore qu'elle eût
gémi sous l'implacable tyrannie de ses chefs. Honteuse
de sa parenté avec Byzance, ayant, tout à la fois, l'orgueil du sang romain et le génie de la Grèce, elle s'était
retirée au fond de ces rochers inaccessibles dont les
routes mystérieuses n'étaient connues que de ses marins.
Seule, en Europe, elle pouvait encore jeter un défi aux
Ottomans. Longtemps sollicitée par les papes d'entrer
dans la ligue contre les infidèles, elle finit par s'y laisser entraîner. Le lion de Saint-Marc, enchaîné jusque-là
au rivage, brisa ses fers et fondit sur le lion ottoman
qui, reposé de ses fatigues par une longue paix, opposa
une résistance victorieuse à son adversaire, et, l'enser-
rant dans ses griffes puissantes, faillit l'étrangler. Venise,
menacée dans sa sécurité, adressa un appel désespéré
à la chrétienté. Les papes qui l'avaient jetée dans la lutte
accoururent les premiers à son secours, mais leur intervention n'eût pas suffi à l'arracher aux étreintes de son
redoutable ennemi, si, par leurs instances, ils n'avaient
provoqué au centre de l'Europe une puissante coalition.
La Hongrie, la France, l'Espagne, le Portugal unirent
leurs efforts pour repousser l'invasion turque. Les
flottes alliées traquèrent les galères du Grand Seigneur.
Celles-ci s'étaient réfugiées dans le port le plus proche,
il fallait un coup d'audace pour les atteindre. Les Vénitiens tentèrent l'aventure et par ce brillant exploit sau-
vèrent leur patrie. Un premier traité, conclu entre la
république de Venise et la Turquie, fut bientôt suivi de
la signature d'un second traité avec l'Autriche, agissant
au nom de ses alliées — 27 septembre 1502. — Il faut
retenir cette date mémorable : elle marque, d'une part,
l'époque où l'invasion ottomane subit un temps d'arrêt,
presque un recul, et inaugure, d'autre part, l'ère des
traités synallagmatiques qui engageaient également les
deux parties. Pour la première fois la grande famille

européenne, représentée par la France, l'Autriche, l'Espagne, le Portugal, traitait avec les ministres du Sultan
les conditions d'un accord, qui fut ensuite ratifié par les
plénipotentiaires. Le représentant de la Turquie jura
sur le Coran que son maître en observerait toutes les
clauses. Ces concessions faites si rapidement ne pouvaient s'expliquer que par la nécessité où se trouvait
Bajazet de réprimer une formidable rébellion qui venait
d'éclater en Asie.

Embusquées dans les gorges profondes des montagnes de l'Arménie, les tribus turcomanes ou kurdes,
appartenant aux sectes dissidentes de la Perse, menaçaient l'ordre. Les fils de Bajazet, qui commandaient
deux corps d'armée, favorisèrent par leur défection le
plan des rebelles. Forcé de ressaisir d'une main ferme
les rênes du gouvernement, le sultan se montra d'autant
plus coulant dans ses négociations avec l'Europe, qu'il
espérait arriver à rétablir promptement la paix au sein
de sa famille. Tardive clairvoyance d'un père aveuglé
par sa tendresse pour ses fils ! Efforts inutiles d'un
monarque que sa cruauté envers son frère condamnait à
une fin misérable !

On a pu dire avec raison que les leçons de l'histoire
ne servaient à rien. Les Seljoucides s'étaient perdus par
leur excessive tendresse pour leurs enfants ; il semblait
dès lors que Bajazet dût éviter soigneusement de tomber
dans les mêmes errements. N'écoutant toutefois que les
sentiments que lui suggérait son amour paternel, il avait
confié à ses fils le gouvernement des provinces asiatiques. Ils se battirent d'abord les uns contre les autres
et se liguèrent ensuite contre leur père. Le moins turbulent, mais le plus astucieux des enfants de Bajazet
fut le prince Sélim, qui, après avoir trahi successivement tous ses frères, convoita seul la couronne.

Il ne se mit point ouvertement à la tête de la sédition;

caché derrière les portes du palais, il encourageait par ses gestes les fauteurs de troubles qui venaient menacer son père jusque dans ses appartements privés. Sélim ne tarda pas à gagner à sa cause le grand vizir. Celui-ci ayant accompagné un jour les janissaires au sérail où ils pénétrèrent en foule, Bajazet leur demanda ce qu'ils lui voulaient. A ce moment la maladie le tenait cloué sur son lit : « Notre padischah est vieux et malade, répondirent-ils, nous voulons que le sultan Sélim le remplace sur le trône. » « Qu'il soit fait comme vous le désirez, » reprit Bajazet, avec une parfaite résignation, et sur l'heure, Sélim fut proclamé sultan. Quelques jours après, Bajazet mourait empoisonné sur la route d'Andrinople. Pour la première fois, le trône d'Osman fut ébranlé jusque dans ses fondements, et la déposition du sultan fut d'un sinistre augure. Elle ajoutait, en effet, une nouvelle cause de faiblesse à toutes celles qui existaient déjà. Sélim était, il est vrai, de taille à maintenir l'ordre dans la rue et la discipline dans l'armée, mais, compromis lui-même dans cette lamentable aventure, il ne se sentit pas d'abord le courage de sévir contre les auteurs du complot.

De son côté, l'Europe voyait avec un sensible plaisir tous ces désordres éclater au sein de l'empire. Après avoir beaucoup souffert elle-même de l'anarchie, elle commençait à remettre ses affaires en état. Elle s'organisait, non pour reprendre contre les infidèles les luttes héroïques d'autrefois, mais pour briser la résistance de ses ennemis. Elle était guidée par ce merveilleux instinct de la conservation qui commençait à se substituer aux ressorts trop tendus de la foi. L'Europe cherchait en un mot son équilibre dans des combinaisons diplomatiques et n'avait recours à la guerre que dans les occasions extrêmes.

Dégagés des entraves féodales, les rois respiraient

plus librement, agissaient avec plus d'indépendance, se
livraient à des calculs politiques dont l'exécution allait
développer démesurément les ressources du génie national. Nous en avons une preuve incontestable dans la
coalition formée contre Bajazet, où les papes jouèrent
pour la dernière fois un rôle prépondérant et qui aboutit à une série de traités où commence à se manifester
un sentiment tout nouveau, celui de l'union et de la soli-
darité des nations européennes, en dehors de toute
préoccupation d'ordre religieux.

Quoique éprouvée par les calamités de la guerre,
l'Espagne avait accru son prestige par le mariage de
Ferdinand III avec Isabelle la Catholique. Ce fut pour
ce pays une période heureuse que celle qui vit tomber
ce qui restait encore de l'empire des Maures à Grenade,
et où l'un de ses plus nobles enfants découvrit l'Améri-
que (1). Ce fut aussi l'époque de l'apparition de l'imprimerie, alors que le flambeau de la Renaissance,
émergeant des ténèbres du Moyen Age, traçait sur l'horizon les lignes éclatantes et lumineuses de l'aube de
la civilisation moderne. Ces faits étaient l'indice certain
du triomphe prochain des nations occidentales sur l'invasion ottomane, triomphe qui sera simplement retardé
par les rivalités qui éclatèrent entre Charles-Quint et
François Ier.

En fortifiant le despotisme monarchique en Europe,
Charles-Quint et François Ier établirent la royauté sur
des bases solides et préparèrent ainsi l'avènement de la
liberté née de l'oppression. C'est une ère nouvelle qui va
donc commencer, ère de raison où le rôle des Turcs
cessera nécessairement d'être prépondérant, malgré le
vif éclat du règne de Soliman. En effet, la prééminence
de l'élément turc ne pouvait provenir que de ses succès

____

(1) 1492.

militaires. Réfractaire aux combinaisons de l'esprit philosophique peu enclin à la liberté, le peuple ottoman était resté essentiellement guerrier. Or, avec le progrès de la civilisation, née elle-même des hautes spéculations du génie humain, la guerre allait cesser d'être la préoccupation constante des nations, et, dès lors, l'influence des Ottomans, attachés obstinément à leurs anciens préjugés, ne pouvait que décroître.

D'autres causes précipiteront leur décadence ; parmi lesquelles il faut compter principalement l'apparition, sur la scène du monde, d'une nation encore barbare, mais jeune et puissante : la nation moscovite.

Longtemps asservis par les Mongols, les Russes s'étaient peu à peu affranchis de leur joug, et, réunis désormais, sous le sceptre de leurs princes, en une nation compacte, ils commencèrent à étonner l'univers par leurs prodigieux succès. Actifs et entreprenants, comme toutes les races slaves, ils nouèrent des négociations avec les Khans de Crimée. C'est par l'intermédiaire de ces princes et grâce à leur intervention que, sous le règne de Bajazet II, nous les voyons prendre rang parmi les puissances qui cherchaient à établir leur influence en Orient. En recevant pour la première fois les ambassadeurs de Yanowitch, Bajazet était certes bien loin de se douter que ses successeurs trouveraient bientôt dans les Russes des adversaires implacables et tenaces qui les forceraient à leur abandonner la Crimée.

En dépit de sa fin lamentable et des procédés qu'il employa pour perdre son frère Djem, coupable à ses yeux d'avoir brigué le trône, Bajazet II mérite d'être rangé parmi les souverains de second ordre qui ont régné sur la Turquie. Il eut deux défauts qui furent grandement exploités contre lui : il manqua d'énergie, puis, crime impardonnable, pour un peuple habitué à vivre de la guerre, il préféra, pendant quelque temps,

la paix au tumulte des armes. La gloire ne lui souriait
pas. En dehors de quelques conquêtes, d'ailleurs insi-
gnifiantes, et de sa brillante campagne vénitienne, qui,
malgré ses premiers succès, tourna à son désavantage,
on ne peut citer à son actif aucun de ces vastes projets
où se complaisait l'imagination d'un Amurat ou d'un
Mahomet II. On a reproché à Bajazet son avarice. C'est
le reproche que les janissaires, toujours insatiables,
adressaient à tous les sultans. Rien cependant, dans sa
vie, ne démontre qu'il ait eu pour l'or et l'argent un
amour exagéré. En revanche, ses goûts simples lui
avaient valu le surnom de *sofi*. Il témoigna toute sa vie
un grand dédain pour le luxe. Cette faute légère, en
apparence, eut néanmoins les conséquences les plus
graves ; car les peuples orientaux aiment que leurs
princes déploient dans toutes les circonstances un faste
inusité et qu'ils leur apparaissent chamarrés d'or et
étincelants de pierreries. Cela flatte leur amour-propre,
encore qu'ils soient appelés à payer de leurs deniers le
luxe de leurs souverains. Bajazet II ne semble pas avoir
compris ce côté de son rôle public ; il affectait de se mon
trer vêtu de noir et mangeait dans des écuelles en bois
comme les derviches. Aussi était-il impopulaire. Il rendit toutefois de grands services à l'Etat en mettant fin,
au début de son règne, à la guerre civile, qui déso-
lait le pays. Les difficultés contre lesquelles il eut à
lutter furent nombreuses ; il les surmonta presque toutes
par la douceur et la ruse plutôt que par la violence. Vous
ne trouverez rien en lui du brillant chef d'armée, aimant
à parader à la tête de ses troupes. C'était l'homme d'Etat
(type assez nouveau chez les Turcs qui ne surent point
l'apprécier), très habile en l'art de conduire une négociation, cherchant par des moyens pacifiques la réalisation de ses vœux.

Vu à travers le prisme éblouissant du règne de Mahomet II, le règne de Bajazet apparaît, sans doute, sous un aspect triste et terne. Il ne peut en être autrement. La vie de ce monarque présente néanmoins un vif intérêt pour l'observateur. Bajazet, comme nous avons eu l'occasion de le constater, sut élargir les horizons politiques et imprimer à la diplomatie ottomane un caractère qu'elle n'avait pas avant lui. Il envoya plusieurs ambassades en Europe, et en reçut quelques-unes dans sa capitale, entretenant ainsi avec toutes les cours des relations empreintes d'une grande courtoisie. On ne constate chez ce prince aucune passion tumultueuse, aucun désir déréglé. Fourbe et astucieux sous des apparences vertueuses, sobre jusqu'à l'excès, peu enclin aux plaisirs, il fut l'homme des combinaisons ténébreuses, de la solitude et de la prière. Tout ce qu'on peut légitimement lui reprocher, c'est le crime dont Djem fut la malheureuse victime, et sa tendresse déraisonnable pour ses enfants.

La douceur de son caractère, la simplicité de sa vie, l'austérité de ses mœurs, son goût pour les sciences théologiques et les arts, son amour pour la paix faisaient de lui un prince aimable et bienfaisant. Il était spiritualiste à la façon des mystiques de son temps. Faite pour les âmes fortes dont elle tempère les ardeurs, la doctrine mystique produit sur les esprits faibles de terribles ravages. Bajazet II en éprouva les redoutables effets, car, par un étrange contraste, sa faiblesse s'accrût à mesure que sa piété augmentait. Son renoncement aux grandeurs de ce monde s'affirma par des actes empreints d'une telle exagération qu'on le crut un moment atteint de folie.

Il y eut, sous ce rapport, quelque analogie entre le règne de Louis XI et celui de Bajazet. Sans chercher à établir un parallèle entre ces deux monarques, on peut dire qu'ils se ressemblaient par plus d'un côté. Comme le roi de France, Bajazet était plutôt porté à tourner les difficultés qu'à les aborder de front, opposant négociation à négociation. Comme Louis XI, il préférait traiter avec ses ennemis que les combattre. Enclin, comme lui, aux pratiques religieuses, il devint superstitieux à l'excès, et enfin, pour que la ressemblance entre eux fût plus saisissante, Bajazet eut à souffrir, comme Louis XI, de la conduite d'un fils rebelle et dénaturé qui avait méconnu son autorité.

Si Bajazet avait déployé contre ce fils ingrat la même sévérité qu'il avait montrée à l'égard de son infortuné frère, nul doute qu'il n'eût triomphé de la terrible secousse qui mit fin à son règne. Il faut voir en cela un châtiment de la Providence. Djem n'avait pas mérité le traitement cruel qui lui fut infligé par son frère. Il avait conservé, jusque dans son exil, une admirable résignation. Peu de jours avant sa mort, il répétait à ceux qui l'entouraient qu'il préférait sacrifier sa vie plutôt que de servir les desseins des ennemis de son pays. Et c'est ce prince que la haine fratricide de Bajazet ne sut point épargner ? À quelques années de là, il payait ce crime de la perte de son trône. L'histoire est remplie de ces exemples terrifiants par lesquels se révèle la justice immanente qui agit, tantôt ouvertement et tantôt par des voies mystérieuses, ramenant tout dans l'univers à une loi de compensation dont nous constatons chaque jour l'existence.

La grande plaie de ce règne, plaie mortelle, fut l'immixtion constante des janissaires dans les affaires de l'Etat. Elle eut trois causes : le surmenage auquel ces milices prétoriennes furent assujetties sous Mahomet II ; la corruption qui s'étalait au grand jour et dont le spectacle démoralisait l'armée ; enfin la paix à laquelle Bajazet dut s'astreindre pendant les premières années de son règne, jusqu'à ce que son frère Djem eût disparu de

la scène. Les janissaires, énervés par ce repos, contrac-
tèrent de mauvaises habitudes. Le séjour de la capitale
leur fournit l'occasion d'entretenir quelques rapports avec
les hommes politiques, s'il est permis de donner ce nom
à des intrigants sans valeur, et de fraterniser avec la
populace composée de gens sans aveu qui se joindront
souvent aux janissaires pour leur faire escorte et commettre de nombreux crimes. Mais il serait souverainement injuste de rendre Bajazet responsable de cette
situation qu'il dut subir, la mort dans l'âme.

Désormais les janissaires sauront où frapper pour faire
jaillir l'or ; leur solde ne leur suffira plus ; il faudra
coûte que coûte, que les sultans leur achètent le droit de
porter la couronne. Plus d'un tombera sous leur *yata-
ghan* et ils mèneront l'empire de chute en chute, d'humiliation en humiliation, jusqu'à sa décadence complète.
Maîtres absolus de l'Etat, ils feront la paix et la guerre,
nommeront les grands vizirs ou les destitueront à leur
gré. C'est ainsi que les meilleures institutions dégénè-
rent lorsqu'on les laisse dévier du but pour lequel elles
ont été créées. Les soldats imprudents qui veulent faire
de la politique, les civils prétentieux qui parlent de régler
les affaires de la guerre sont également funestes à l'Etat.
La Turquie en a fait la cruelle expérience, et son histoire
est remplie du récit des calamités causées par l'esprit
d'insubordination des troupes et les intrigues que les
hauts dignitaires de l'Etat, ou de vulgaires ambitieux,
nouèrent avec les chefs de l'armée.

La séparation des pouvoirs doit être la règle absolue
dans un gouvernement régulier ; car toute confusion en
cette matière aboutit fatalement à l'anarchie. C'est l'enseignement qui ressort des multiples événements de ce
règne où commencent à se dessiner nettement les causes
de la décadence de l'empire ottoman. Ces causes pren-
dront dans la suite un grand développement sans que

la nation tente un effort énergique pour les enrayer.
D'autres causes viendront s'ajouter aux premières
aggravées par la corruption administrative et, de chute
en chute, l'Etat marchera aveuglément vers l'abîme où
sombrera la fortune des Ottomans après une série de
cataclysmes dont nous allons suivre les phases émou-
vantes.

CHAPITRE X

Politique de Sélim Iᵉʳ. — Extension des possessions de l'empire en Asie. — Guerre avec la Perse. — Marche triomphale en Syrie. — Conquête de l'Egypte. — Retour de Sélim à Constantinople. — Ses cruautés. — Remontrances du mufti. — Desseins de Sélim. — Sa mort. — Résultats obtenus en Asie. — L'Europe jouit d'une paix profonde. — Premier calife ottoman.

Sélim Iᵉʳ fut un prince selon le cœur de ses sujets. La conception que les Orientaux se font du rôle et des devoirs d'un souverain diffère essentiellement de celle des peuples de l'Occident. Ils veulent qu'il gouverne d'une manière effective, absolue, qu'il agisse en maître, en dieu, qu'il ait sur ses sujets droit de vie et de mort, qu'il soit, en un mot, au-dessus des lois humaines. Sélim réalisait, à un degré supérieur, ce type du despote asiatique ; il n'y avait, au surplus, rien de banal, ni dans son attitude, ni dans ses allures. Il remplissait son rôle de tyran avec une clairvoyance et une lucidité qui donnaient à tous ses actes un sens net, précis, tranchant comme la lame d'un cimeterre. On ne le vit jamais s'abandonner aux inspirations du hasard, il faisait servir à ses desseins jusqu'aux cruautés qu'il commettait.

Les Ottomans lui doivent principalement l'extension de leur puissance en Asie. Il avait compris, avec cet esprit pénétrant qui le distinguait, que, depuis la conquête de Constantinople, tout avait été sacrifié à l'agrandissement de l'empire du côté de l'Ouest, tandis qu'on était resté à peu près stationnaire à l'Est, où le Taurus formait toujours l'extrême limite des possessions ottomanes, en tant que frontières, car l'influence morale exercée par les sultans s'était élargie. Elle s'étendait à tous les pays islamiques depuis surtout la conquête de Constantinople. Le moment était venu de franchir le Taurus pour s'établir en Mésopotamie, en Syrie et en Egypte ? C'était la route parcourue jusque-là par tous les conquérants. Sélim hésita d'autant moins à s'y engager qu'il était lié en Europe par les récents traités. Sa situation particulière vis-à-vis de ses troupes indisciplinées lui commandait en outre les plus grands ménagements envers l'armée. Il s'agissait de lui chercher une diversion, et, comme il ne pouvait la lancer seule en Asie, sans s'exposer à de fréquentes révoltes, il résolut de se mettre à la tête de l'expédition et de fatiguer ses troupes en leur faisant faire de longues marches. Un habile cavalier ne dompte pas autrement le coursier rebelle à ses volontés.

Il estimait, non sans raison d'ailleurs, qu'il ne pouvait laisser plus longtemps aux rois de Syrie et d'Egypte la faculté de traiter directement avec les puissances étrangères, qui, pendant les croisades, s'étaient créé des intérêts dans ces lointains parages. L'autorité de ces potentats lui portait ombrage, notamment que quelques-uns d'entre eux jouissaient du droit de présider les fêtes religieuses de l'islamisme et exerçaient en fait le califat que les sultans de Constantinople songeaient à accaparer. Il y avait là une place à prendre, et des plus considérables. Sélim n'y manqua point. En passant par les lieux témoins des exploits de ses ancêtres, tous les instincts de sa race s'étaient réveillés en lui. La Perse appela d'abord son attention et excita son appétit. Schah Ismaïl y régnait : c'était un prince sage et intrépide, et l'un des descendants du célèbre Cheik Schüte Seifeddin. Après avoir organisé son armée, Schah Ismaïl s'était frayé un passage jusqu'au Kurdestan ; il entretenait des relations secrètes avec les rois de Syrie et d'Egypte et pouvait, si la coalition prenait corps, fondre avec toutes ces forces sur l'empire ottoman. Il constituait donc sur la frontière de l'Est un péril qu'il fallait conjurer.

Instruit de ces faits, Sélim se hâta d'agir contre son rival. Prenant prétexte de quelques désordres qui venaient d'éclater dans une partie du Kurdestan, il se détourna de sa route et marcha contre le roi de Perse. A cette époque, les Turcs possédaient, avec les Hongrois et les Allemands, la plus belle artillerie du monde. Grâce à leurs guerres incessantes avec les chrétiens ils avaient appris à s'en servir. Les Persans n'avaient aucun canon. Cette supériorité des Turcs dans l'armement devait fatalement amener la défaite des troupes persanes. Sélim entra en vainqueur dans la capitale et, par cette victoire, s'assura la conquête de la Syrie et de l'Egypte.

Schah Ismaïl fut détrôné et décapité. Son successeur s'engagea à payer un tribut à la Turquie et à reconnaître la suzeraineté de la Porte, enfin le Kurdestan fut incorporé à l'empire ottoman et constitua une formidable ligne de défense contre les invasions qui, comme celles de Tamerlan et de Genghis Khan, pouvaient venir de ce côté. Il eût été plus hardi de s'annexer purement et simplement la Perse, mais Sélim, dans toute cette campagne, avait un objectif principal, celui de se faire proclamer calife ; le reste, pensait-il, viendrait après. En Mésopotamie, il rencontra une forte armée égyptienne qui fut culbutée. Rien ne pouvait résister à l'élan des armées turques. En Syrie, ce fut bien autre chose. Les califes de Damas n'étaient plus que les pâles fantômes des califes d'autrefois, aussi s'évanouirent-ils à son approche. Quant aux Mamelucks, ils firent des prodiges valeur, mais ils durent reculer de plus en plus devant

les armées ottomanes. Gaza et la plaine de Radama
furent le tombeau de ces milices dont les débris se refor-
mèrent dans le Delta, d'où ils furent chassés, dans une
ultime défaite.

Ce fut une grande et belle victoire que celle qui rendit Sélim maître de l'Egypte tout entière. Le vainqueur
y était à peine installé que l'ennui le prit tout à coup.
Il résolut de s'en retourner à Constantinople. L'armé e,
dont il connaissait les dispositions secrètes, applaudit à
cette détermination.

On vit rarement une campagne plus heureuse se terminer d'une façon plus insolite. Partout les Turcs avaient
été accueillis, par les populations mahométanes, comme
des frères. Le combat fini, on s'embrassait, on se félicitait d'avoir échappé à la mort. C'étaient des démonstrations tout à fait touchantes qui donnaient toute facilité
au vainqueur pour établir sa domination sur ce pays.
Mais aussi le soldat turc animé des mêmes sentiments de
fraternité envers les vaincus n'avait rien à y gagner ; il
ne pouvait ni piller les musulmans qui se rendaient sans
condition, ni leur enlever leurs femmes et leurs enfants
pour les emmener comme esclaves. Il se plaignait d'être
retenu en Egypte alors que l'Europe lui promettait un
si riche butin.

Maintenant que Sélim avait atteint le but assigné à
cette longue campagne et qu'il s'était fait proclamer
calife à Damas, contrairement aux dispositions légales
du Coran, qui prescrivent que le califat doit appartenir à
un membre de la tribu de Koreisch, rien ne s'opposait
plus à son retour. Son grand vizir Younis-Pacha n'était
point favorable à ce départ précipité. Il fit au sultan
quelques remontrances. Celui-ci, pour toute réponse se
tourna vers son bourreau, qui ne le quittait pas plus que
son ombre, aussitôt la tête du grand vizir roula sur le
sable et un grand silence régna dans le camp. Le despote

s'accordait de temps à autre cette distraction. Malheur à qui dans son entourage lui causait une contrariété ; il ne se contentait pas de le chasser de la cour, il le faisait rapidement passer de vie à trépas. Le procédé employé par Sélim était radical et il ne permettait à la victime aucune justification ; elle disparaissait, en un clin d'œil, presque sans souffrance, tant le tyran avait soin de s'entourer d'hommes habiles en l'art de trancher une tête d'un seul coup de sabre.

Rendons à Sélim cette justice qu'il n'aimait jamais les raffinements dans la cruauté, ces raffinements qui faisaient les délices de son aïeul Mahomet II. Aussi défendait-il rigoureusement de couper les personnes par morceaux ou de les rôtir à petit feu. Il préférait pour eux une mort prompte. En cela, du moins, il était humain.

Un tel monarque n'avait rien à redouter des janissaires qu'il mena vigoureusement à la bataille et auxquels il imposa une sévère discipline. Dès le lendemain de son avènement au trône, recevant les principaux chefs de cette milice turbulente, il les intimida par un acte d'une exceptionnelle audace. L'un d'eux insistait pour qu'il fût fait aux troupes une plus large distribution d'argent que celle ordonnée par le sultan. Sélim tira aussitôt son sabre du fourreau et lui en asséna un coup si violent qu'il l'étendit raide mort à ses pieds. Depuis ce jour, toutes les fois qu'un janissaire se plaignait ou qu'il demandait une augmentation de solde, non seulement il payait de sa vie son inqualifiable prétention, mais ses chefs étaient également punis avec la dernière rigueur.

Les magistrats prévaricateurs n'étaient pas mieux traités. Sélim avait une façon à lui de les punir : il voulait que, le code à la main, ils rendissent contre eux-mêmes la sentence de mort. On ne pouvait pas pousser plus loin l'originalité, ni montrer plus de déférence envers un corps qui passait, à bon droit, pour le plus savant et le plus éclairé.

Les grands vizirs surtout, se trouvant au premier plan, étaient exposés à ses coups. Il en fit périr sept. Il éprouvait une joie féroce à voir tomber leurs têtes autour de son trône. Quand, enfin, sous son règne, on voulait souhaiter à son ennemi une mort certaine, il était d'usage de formuler ainsi son vœu : « Puisses-tu être le vizir de Sélim ! » L'historien Ali, qui fut un des apologistes du despote, raconte que les grands vizirs, les généraux, et tous ceux que leurs fonctions appelaient auprès du souverain avaient la louable habitude de faire leur testament avant de se rendre au palais. Il ajoute malicieusement qu'ils croyaient ressusciter du tombeau, chaque fois qu'ils sortaient vivants du conseil. Le sultan n'ignorait pas ce détail et s'en égayait beaucoup. L'un de ses vizirs, Piri-Pacha lui dit : « Mon padischah, je sais que tôt ou tard, vous me ferez mettre à mort, avant que ce jour arrive, promettez-moi, de grâce, de m'accorder quelques heures pour que je mette ordre à mes affaires » « J'y pense, en effet, depuis longtemps, lui répondit Sélim, mais je n'ai en ce moment personne qui soit capable de remplir, comme toi, les fonctions de grand vizir ».

Les exécutions étaient devenues si fréquentes, à l'intérieur du palais, qu'elles avaient perdu, pour ainsi dire leur caractère tragique. Le peuple les appréciait à sa manière, non sans mêler à ses jugements une pointe d'ironie légère. Ainsi, il donnait au Sultan Sélim le surnom de bon, *yaouz* ! Au palais, on s'en amusait et les exécutions n'empêchaient pas les candidats aux fonctions suprêmes d'affluer à la cour.

Le sultan prenait goût à ces hécatombes ; il eut la fantaisie de se déguiser la nuit, à l'exemple du calife Haroun-al-Rachid, et de se promener dans les rues de sa capitale, suivi de son fidèle bourreau. Il évoluait au milieu de la foule, comme un astre malfaisant, écoutant les conversations et s'efforçant de surprendre, sur les lèvres des passants, une parole imprudente ou un sourire moqueur.

Cette étrange manie finit par inquiéter les grands du royaume. Le mufti qui occupe, comme on le sait, dans la hiérarchie, un rang élevé, lui fit quelques remontrances. Par leur savoir, par leur situation privilégiée, les muftis ont toujours gardé, vis-à-vis du pouvoir, une certaine indépendance. Si l'étude des lois et les fonctions dont ils étaient investis leur inspiraient une légitime fierté, le respect superstitieux dont le peuple les entourait, leur assurait également une impunité relative. Toutefois dans un gouvernement despotique, il est bon, il est salutaire qu'une grande voix puisse s'élever en faveur des innocents. Cette noble mission incomba à Djemali, célèbre à Stamboul par la sainteté de sa vie, l'éclat et la solidité de sa science juridique. Ayant appris que Sélim projetait de faire périr tous les chrétiens, considérés par lui comme des hérétiques, Djemali eut le courage de se présenter en personne devant le sultan et fit rapporter la sentence, mais celui-ci lui avait laissé ignorer l'ordre qu'il avait donné de faire massacrer tous les schiites, sous le prétexte spécieux qu'ils portaient atteinte, par leurs croyances, à l'orthodoxie musulmane, mesure barbare digne de ce tyran.

Adulateurs attitrés du pouvoir, les poètes composèrent à cette occasion des odes dans lesquelles ils firent le récit de ces affreux massacres et décernèrent les plus grands éloges au sultan. Djemali se vit obligé d'intervenir, une seconde fois, pour sauver la vie de nombreux négociants mahométans que le despote venait de condamner à mort, pour avoir enfreint un iradé leur interdisant de négocier avec la Perse. « Que me voulez-vous, mufti ? » lui dit Sélim, dès qu'il le vit entrer dans la salle des audiences. « Sire, répondit Djemali, je viens implorer votre clémence, en faveur des malheureux négociants contre lesquels votre majesté a rendu un arrêt de mort ». « Les ulémas, répliqua le sultan, n'ont pas à s'immiscer dans les affaires du gouvernement ». « Mon devoir, repartit le courageux mufti, me commande de prendre soin du salut des musulmans ». Vaincu par cette noble attitude, le sultan rapporta l'inique sentence. Mais Djemali ne pouvait répondre à toutes les sollicitations qui lui étaient adressées, aussi les victimes tombaient-elles nombreuses sous le sabre du bourreau.

La peinture, que nous venons de tracer des mœurs sanguinaires du sultan Sélim, concorde avec tous les témoignages des historiens, témoignages corroborés, d'ailleurs, par la tradition, qui perpétue le souvenir des actes de cruauté attribués à ce monarque. Qu'on n'aille pas croire, cependant, qu'on menait en ce temps-là une vie triste et morose, ou qu'on vivait constamment dans l'attente de la mort. Certes, le régime terrifiant, inauguré par le sultan, était intolérable, mais on avait tellement le mépris du danger qu'on ne songeait guère à s'y soustraire. Pareils à des papillons inconscients qui vont se brûler à la lumière de la lampe, les Ottomans se pressaient en foule autour du tyran, heureux d'être remarqués par lui, dussent-ils payer de leur vie cette insigne faveur. Sélim exerçait, du reste, un grand ascendant sur tous ceux qui l'approchaient, et, tel était le prestige dont son nom était entouré au dehors, qu'il suffisait de le rappeler pour qu'un concert d'éloges s'élevât du sein de la foule fascinée par ce sinistre charmeur. Le croirait-on? On était très gai à la cour du Grand Seigneur; les grosses saillies, les propos grivois y provoquaient le rire. Le sultan lui-même était d'un commerce facile et agréable, il avait de nombreux confidents parmi les savants et les poètes, et passait, en leur société, la plus grande partie de son temps. Chose plus extraordinaire encore, ce monarque qui aimait à répandre le sang n'était point, comme on pourrait le croire, un débauché ; il fuyait les plaisirs et on ne lui connaissait pas de favoris.

Fin lettré, très érudit en matières religieuses, il aimait à faire naître des discussions théologiques. Dans ses fréquents entretiens avec les savants, il aimait à leur poser des questions embarrassantes ; il étonnait les poètes par sa verve endiablée et subjuguait la docte compagnie par son savoir varié. Il avait des clartés de tout et il tenait à ce qu'on rectifiât ses erreurs lorsqu'il lui arrivait d'en commettre, seulement, la chronique ajoute qu'il eut peu de contradicteurs. On le devine aisément.

L'affection des peuples pour leur souverain n'est-elle pas souvent faite de la terreur qu'il leur inspire ? Il traita les membres de sa famille avec la dernière cruauté, en faisant passer au fil de l'épée tous ses frères et ses neveux, donnant ainsi à ses successeurs le plus funeste exemple. N'ayant épargné ni son père, ni ses frères, ni ses proches, devait-il quelque pitié à ses ministres, à ses généraux, à ses magistrats, à ses fonctionnaires, à toute cette tourbe qui se nourrit des sueurs du peuple ? Et ce peuple lui-même, prosterné à ses pieds, n'était-il pas après tout sa propriété personnelle, son bien, sa chose, et ne lui était-il pas loisible d'en faire l'usage qui lui plairait ? Sélim était protectionniste à la manière des despotes, punissant de mort tous ceux qui osaient contrevenir aux mesures qu'il édictait. Il voulait appauvrir la Perse, et, pour atteindre ce but, il commença par ruiner ses sujets.

Il poussa le despotisme jusqu'à des hauteurs inaccessibles. Incapable de tout sentiment de commisération, il était fait pour servir supérieurement la cause du fanatisme. Massacrer pour le plaisir de verser le sang, c'est jeu de despote, mais massacrer pour acquérir des mérites dans le paradis, pour amasser des trésors dans le ciel, c'est faire œuvre méritoire. On le pensait, du moins, au Moyen Age, à la cour du Grand Seigneur. En ordonnant le massacre de cinquante mille schiites, Sélim ne se mettait point en contradiction ni avec les idées de son temps, ni avec les mœurs de cette époque, fertile en événements de ce genre. Loin de nous la pensée de justifier des actes aussi monstrueux, mais c'est le devoir de l'historien de placer le drame, quel qu'il soit, dans le milieu où il est né, avec les circonstances qui ont favorisé son développement, et les conditions particulières qui l'ont rendu, pour ainsi dire, sinon inévitable, du moins possible.

Deux sentiments, deux tendances diamétralement opposés se sont manifestés de tout temps dans la dynastie ottomane : un sentiment de bonté native, une tendance naturelle à la pitié que nous trouvons en Osman, Orkhan, Mahomet Ier, Amurat II et un sentiment de férocité instinctive, une tendance irrésistible à la cruauté, un mépris profond pour la vie humaine que nous rencontrons chez Amurat Ier, Bajazet, Mahomet II, et, d'une manière tout à fait exceptionnelle, chez Sélim Ier.

Il est heureusement dans la nature de ce qui est violent de n'être point durable. Sélim ne régna que neuf ans et mourut dans la force de l'âge, regrettant d'autant plus la vie qu'elle n'avait eu pour lui que des enchantements et des sourires. Il expira sur la route d'Andrinople, non loin de l'endroit où son père était mort empoisonné par son ordre.

Il fut un des rares souverains ottomans qui, pendant son règne, n'inquiéta pas l'Europe dont la situation générale s'était, du reste, sensiblement améliorée, à la faveur de cette longue trêve. Il laissait à son fils Soliman un empire pacifié, des finances prospères, une armée parfaitement organisée, bien entraînée, fortement disciplinée et n'ayant qu'un désir, celui de reprendre le chemin de la Roumélie pour se mesurer avec les armées chrétiennes.

Pour être restée inachevée, l'œuvre politique de Sélim n'en est pas moins glorieuse. Elle est surtout remarquable par son unité. Il étendit sa domination du Taurus jusqu'au Soudan en passant par la Syrie. S'il négligea de faire la conquête de la Perse, ce fut plutôt par aversion pour la secte schiite que par un sentiment de modération. Durant les neuf années de son règne, il ne se préoccupa que d'une seule chose : couper toutes les communications avec la Perse et l'isoler de la Turquie, pour éviter que l'hérésie ne se propageât dans les pays ottomans. Dans son expédition en Asie, il laissera la Perse se gouverner elle-même et, après avoir démantelé ses forteresses et rétréci ses frontières, il se dirigera vers la Mésopotamie et l'Egypte. De ces contrées il ne fera qu'une flambée, mais l'Egypte, qui lui coûta tant de sang, conservera, par une étrange contradiction, une quasi indépendance, qui lui assurera à l'avenir une autonomie presque complète. Pourquoi ce privilège accordé à l'Egypte ? Pour quelles raisons le conquérant de la vallée du Nil a-t-il voulu laisser aux Mameluks le gouvernement de ce pays, après avoir tant fait pour les vaincre ? Le grand vizir ne pouvait le comprendre et sa franchise lui coûta la vie. On s'explique toutefois la conduite de Sélim : son premier ministre nourrissait le secret désir de gouverner cette riche province et de devenir ainsi l'heureux bénéficiaire de l'entreprise menée à bonne fin par son maître. De là la méfiance du sultan qui voulut se débarrasser de cet ambitieux. Il pensait qu'il valait mieux peut-être laisser le gouvernement de l'Egypte à ses légitimes possesseurs, chez lesquels il avait rencontré un si grand courage, que de le confier à un de ses pachas, qui tôt ou tard, se serait rendu indépendant. Il prévoyait également les difficultés que ses successeurs auraient eues à maintenir leur autorité dans un pays bien éloigné de la capitale et d'un si facile accès pour les flottes européennes. Ces raisons le déterminèrent à doter l'Egypte d'un régime spécial. Ses calculs ne manquaient pas de justesse. Du reste, les Mameluks n'étaient-ils pas eux-mêmes étrangers au pays? Il pouvait les gagner à lui, tandis qu'il était extrêmement difficile de compter, soit sur la fidélité des Egyptiens, soit sur celle de ses pachas auxquels il aurait confié le gouvernement de cette contrée. Ces derniers, nous l'avons déjà dit, n'auraient pu résister à la tentation de s'affranchir du joug de la Porte.

Sélim agit différemment à l'égard de la Syrie, à cause de son peu d'éloignement de Constantinople et des facilités de communication qui existaient par la voie de terre entre Damas et sa capitale. De plus, Damas était considérée comme la seconde ville sainte de l'Islam et comme le siège du califat; il avait conséquemment un grand intérêt à l'annexer à l'empire. Il prit, dès lors, à l'égard de cette province, une série de mesures qu'il n'eût point à appliquer à l'Egypte et fit procéder à l'établissement du cadastre sur tout le territoire, dans le but d'asseoir les impôts sur une base solide.

Ces détails, et d'autres que nous omettons à dessein, prouvent, jusqu'à la dernière évidence, que Sélim n'était pas un médiocre administrateur, encore que l'organisation de ses conquêtes laissât fort à désirer. Il fut de la grande école de Mahomet II; il savait ce qu'il voulait et où il allait.

Nous avons donné les raisons pour lesquelles il renonça à occuper la Perse ainsi que celles, infiniment plus sérieuses, qui le décidèrent à se contenter d'une sorte de tutelle exercée sur l'Egypte. Il nous reste à faire connaître les signalés services qu'il rendit à l'Etat en le débarrassant, pour un certain temps, des germes de révolte dans l'armée, et en restaurant le principe d'autorité que son père avait laissé péricliter. Restaurer le principe d'autorité dans un Etat affaibli par un trop rapide développement, c'était décupler ses forces, et, ce faisant, préparer le terrain à d'autres conquêtes. Disons enfin, à sa décharge, que s'il ourdit contre son père le complot que l'on sait, il ne compromit ni la grandeur, ni la puissance du trône et, s'il répandit beaucoup de sang, soit dans l'armée pour y rétablir la discipline, soit dans le gouvernement pour punir la corruption, soit dans le palais pour contenir par la terreur les loups dévorants qui rôdent autour du trône, il agit dans ces diverses circonstances, dans un dessein politique, dont on ne saurait nier l'efficacité. Il se servit, en ces différentes occasions, du seul argument qui eût une valeur pour les hommes de son temps, la force. Peut-être, s'est-il mêlé à ce calcul un besoin impérieux de répandre le sang, de souligner toutes ses volontés, ses caprices même, par des exécutions capitales. Toutefois, il serait impossible de prétendre qu'il eût agi de la sorte uniquement pour satisfaire les instincts de fauve qui étaient en lui : il avait un but plus élevé et ne tuait pas seulement pour le plaisir de tuer.

Lorsque, par exemple, il faisait tomber successivement les têtes de sept grands vizirs, c'était pour donner une leçon salutaire à tous ceux qui détenaient une parcelle de l'autorité et qui, se trouvant en dehors de tout contrôle et de toute surveillance, pouvaient en abuser. S'il forçait les juges prévaricateurs à prononcer leur propre condamnation, c'était pour sauvegarder les droits de la justice ; enfin, s'il poussait la sévérité jusqu'à frapper de mort les commerçants qui avaient contrevenu à ses prescriptions, c'était pour donner une efficacité absoluc à des mesures dirigées contre l'étranger. Partout c'est sa volonté qui agit souverainement, une volonté ferme, clairvoyante, maîtresse de tous ses mouvements, qui sait briser l'obstacle qui se dresse devant elle.

Un seul de ses actes ne se peut justifier, le massacre des schiites. C'est l'œuvre d'un fanatique qui croit servir sa religion lorsqu'il la déshonore par le plus lâche des forfaits. Livrer des milliers d'innocents à la haine des sectaires, autoriser ces sectaires à assouvir sur eux et sur leurs familles leur implacable vengeance, c'est faire œuvre mauvaise, et l'histoire doit marquer d'un stigmate l'homme, quel qu'il soit, qui ayant la garde du troupeau sacré, le livre au bourreau.

Le califat fut sa plus belle conquête ; mais ses successeurs ne surent point en profiter. Outre que la plupart des sultans n'avaient aucune des qualités qui distinguent les grands califes des commencements de l'islamisme, la piété, la sobriété, la modération, la justice, la probité, ils ne voyaient dans ce titre glorieux qu'un moyen de domination, un instrument de règne. En confisquant cette haute magistrature, ils n'entendirent point travailler au triomphe de l'islamisme, ni se consacrer à la propagation de la foi mahométane, mais se couvrir simplement du manteau de la religion pour cacher leurs iniquités et leurs vices. A l'exception des premiers sultans qui ne durent rien au califat et de quelques-uns de leurs successeurs qui furent dignes du trône, le califat, nous le répétons, fut exploité par des souverains faméliques et débauchés qui avaient perdu les vertus de leur race. Certes, Sélim ne fut pas de ce nombre, pas plus que Soliman qui porta si haut la fortune de l'empire ; mais après eux, ce fut la nuit sombre de la décadence qui couvrit tout d'épaisses ténèbres, jusqu'à la religion elle-même, que les sultans desservirent par leur conduite criminelle. Ils lui imprimèrent un cachet qu'elle n'avait point et la poussèrent au pire fanatisme et au meurtre, oubliant les préceptes du Coran qui défendent de répandre le sang en dehors de la guerre.

Des califes transformés en bourreaux organisant eux-mêmes, avec le concours de leurs favoris, des complots sanguinaires contre les chrétiens ou contre les schiites, tel est le spectacle qu'il nous sera donné de contempler pendant une longue suite de règnes éphémères. Rien ne fut plus funeste au développement de la puissance des Ottomans en Europe que ce mariage conclu entre un gouvernement essentiellement politique et l'église mahométane. L'union qui s'établit entre eux et à laquelle Sélim donna une consécration solennelle, fut plutôt nuisible qu'avantageuse aux intérêts de l'empire. Elle eut pour conséquence d'affaiblir chez les Turcs ce sentiment de tolérance qui avait fait dans le passé leur gloire et leur force.

Par la situation qu'ils occupaient en Occident, ils étaient appelés à servir de trait d'union entre les nations européennes et les peuples asiatiques. En s'inféodant avec ces derniers, en épousant leurs passions religieuses et en se livrant périodiquement contre les chrétiens à de violentes manifestations qui leur furent inspirées par un fanatisme aveugle, ils rompirent ouvertement avec les traditions libérales de leurs ancêtres et provoquè-rent ainsi leur propre déchéance.

CHAPITRE XI

De même que les Grecs, les Romains, les Francs et les Germains, les Turcs eurent leur grand siècle. Ce fut le siècle de Soliman. Il régna de 1520 à 1565. Durant ces quarante-cinq années, le prince des princes, auquel les historiens occidentaux ont si justement décerné le surnom de magnifique, s'est maintenu dans les sphères élevées où sa naissance et la fortune des armes l'avaient placé. Ce fut au dehors un entassement de triomphes, une accumulation de gloires, une succession non interrompue d'événements heureux, une longue suite de succès militaires, tels que l'histoire en offre peu d'exemples. Il ceignit à Buda-Pesth la couronne de Saint-Etienne et faillit se faire proclamer empereur d'Allemagne ! Jamais la puissance des Ottomans ne s'était affirmée d'une manière plus éclatante. Avec Soliman, elle atteignit son point culminant. De ces sommets vertigineux, le regard plonge dans les profondeurs d'un passé encore récent et y découvre le petit coin de l'Asie Mineure qui donna naissance à cet empire parvenu, en moins de trois siècles, à un degré de force, de richesse et de culture littéraire après lesquels la décadence qui s'impose aux vieilles monarchies, comme une nécessité inéluctable, parut prématurée. Il manquait à toutes ces prospérités une base solide, une méthode scientifique qui eût préparé l'évolution nécessaire vers le progrès. Faute de cette base, la Turquie périclita.

Soliman fut le contemporain et l'émule de Léon X, de Charles-Quint, de François Ier, alors que ces trois personnalités puissantes dessinaient leurs silhouettes gigantesques sur le ciel brumeux du Moyen Age. Dans les dernières années de son règne, par une contradiction bizarre, on vit le grand Soliman aux mains d'une concubine qui ternit sa gloire. Il eut également un favori, Ibrahim dont nous parlerons plus loin, qui exercera une grande influence sur son esprit. Il ne sut pas se soustraire aux intrigues de son entourage qui lui fit commettre des fautes et l'entraîna au crime.

Deux faits importants caractérisèrent son règne : la lutte contre les Hongrois, lutte où sombre un peuple héroïque digne de l'admiration du monde; et le rôle politique que Soliman fut amené à jouer en Europe, rôle prépondérant, car toutes les puissances chrétiennes briguèrent en ce temps-là son alliance.

Après avoir fait à son père de magnifiques funérailles et réprimé la révolte qui venait d'éclater en Syrie (1), il tourna ses armes contre la Hongrie, ayant eu soin auparavant, pour prévenir une nouvelle coalition de l'Occident, de renouveler le traité de paix avec Venise. Autant son père évitait avec soin toute conflagration avec les peuples chrétiens, autant Soliman les recherchait s'appliquant à faire naître des conflits entre ces nations et son gouvernement, afin de pouvoir intervenir par les

_____

(1) Révolte de Gazali, 1522.

armes. Cette attitude provocante exaspéra les Hongrois
et, quand le sultan vint mettre le siège devant Schabatz,
il rencontra de leur part une résistance acharnée.
C'était le prélude d'une série de campagnes en Europe,
qui furent toutes couronnées de succès. L'impulsion
était donnée. Affamés de butin, assoiffés de guerre, les
Ottomans reprenaient partout l'offensive, sous le plus
séduisant et le plus heureux des capitaines. Rhodes la
forteresse invincible, l'île vierge, qui avait déjà défié les
efforts de plusieurs armées, le refuge des pèlerins, l'asile
inexpugnable des nobles chevaliers, qui y laissèrent une
réputation de courage et de vertu, allait succomber
sous les assauts, vingt fois renouvelés, de l'armée turque,
Soliman y planta le croissant ; les îles environnantes
reconnurent sa loi et se soumirent à son sceptre, ce pendant que Charles-Quint et François Ier emplissaient le
monde du bruit de leurs démêlés et que la pauvre Hongrie se débattait à Mohacz dans les convulsions de
l'agonie.

La prise de Rhodes, la reddition de Mohacz et
la défaite des Autrichiens suggérèrent à la France,
opprimée par Charles-Quint, menacée dans son unité
et sa grandeur par la prépondérance de la maison d'Autriche, l'idée de solliciter l'intervention de Soliman.
C'était après la bataille de Pavie, durant la captivité de
François Ier. On a reproché à la France d'avoir, en cela,
trahi la cause de la chrétienté. Quelle erreur ! Le plus
grand malheur qui pût alors atteindre la chrétienté,
c'eût été la déchéance de la France. Ce pays traversait à
ce moment une de ces crises épouvantables, qui font
époque dans la vie d'un peuple. Il ne s'agissait pas de
savoir par qui la France serait sauvée, mais si elle pouvait encore être sauvée, car ses ennemis avaient réussi à
l'enfermer dans un cercle d'airain, d'où il lui était
impossible de sortir, sans le secours d'une main puissante.

Ici s'ouvre un des plus brillants épisodes de l'histoire ottomane. Tandis que la victoire favorisait les armes de Soliman, il apparut comme l'homme providentiel dans lequel se révélait la grandeur des plus belles figures de l'antiquité. Sollicité par François Ier et par Charles-Quint de leur donner un gage de son amitié, il pencha vers l'infortune, et ce fut le roi de France, en sa captivité, qui l'emporta sur son rival. Ce trait dénote la générosité de Soliman ; car ce même roi envers lequel il se montra si compatissant, avait au commencement de son règne manifesté une vive hostilité à l'égard des Turcs ; mais cette considération n'influa pas sur les résolutions du souverain ottoman. Par cette attitude chevaleresque, Soliman força Charles-Quint à lâcher sa proie. François Ier, ayant ensuite reconquis sa liberté, continua à négocier avec la Porte, et en obtint un grand nombre de privilèges qui formèrent la base de nouvelles capitulations.

Cette heureuse inspiration, due au chancelier Duprat, premier ministre, restera dans l'histoire, comme un des plus beaux triomphes de la diplomatie française. L'alliance se produisit au moment opportun, alors que la Turquie était à l'apogée de sa puissance. Elle fut complétée par les missions de Riançon, habile négociateur, qui rendit les plus utiles services à son pays. Duprat eut plus tard des imitateurs, mais les circonstances avaient changé, et les forces de l'empire ottoman s'étaient épuisées. A la place du chêne vigoureux, à l'ombre duquel François Ier avait cherché un abri, il n'y avait plus qu'un faible roseau pliant à tous les vents.

Soliman, il n'est que juste de le proclamer, n'avait pas seulement agi dans cette circonstance, par pur sentiment de générosité. L'alliance que lui proposait le roi de France servait merveilleusement ses intérêts et s'adaptait aux nécessités de la politique ottomane. Les

ennemis de la Turquie n'étaient-ils pas ceux de François Ier? Voir d'autre part la France des croisades se
détacher du groupe imposant des puissances pour donner la main au commandeur des croyants, n'était-ce pas
une heureuse fortune pour l'empire turc? Est-il surprenant que Soliman n'ait pas laissé échapper une si belle
occasion et qu'il l'ait même saisie avec empressement?
Déjà Bajazet II avait essayé, à diverses reprises, d'attirer la France à lui. Il promettait tout ce que Soliman a
donné depuis si libéralement, mais ce fut en vain ;
l'influence des papes, qui s'exerçait si puissamment en
faveur du maintien de la coalition, avait fait échouer les
négociations engagées. Il n'a fallu rien moins que la
rivalité de François Ier et de Charles-Quint, pour que
Soliman pût réaliser le programme que son aïeul n'avait
fait qu'ébaucher. Ceci démontre une fois de plus que
les empereurs ottomans de la première période n'étaient
pas aussi arriérés et aussi superficiels que l'ont pré-
tendu certains écrivains : ils avaient une politique
raisonnée et ne marchaient point à l'aventure. Depuis
deux siècles, ils oscillaient entre l'Orient et l'Occident, entre l'Asie et l'Europe, avec le mouvement
régulier d'un pendule. En Asie, ils poursuivaient l'unification de leurs forces ; en Europe, ils consolidaient
leurs positions, étendant leurs conquêtes au delà du
Danube et des frontières hongroises, s'efforçant de diviser les puissances chrétiennes dont les ambitions commençaient à se heurter violemment.

Le règne de Soliman jette un jour éclatant sur cette
situation, restée jusque-là quelque peu obscure. Après
les croisades, l'Europe ballotée par les flots d'une
mer longtemps agitée, n'avait pas encore retrouvé le
calme. Elle cherchait sa voie. Bien que décidée à abandonner la sage direction que l'Eglise lui avait imprimée
jusque-là, elle paraissait néanmoins hésiter entre la

fidélité et la déférence qu'elle devait au chef suprême de cette Eglise, si soucieuse de la sécurité des nations chrétiennes, et la grande Réforme qui venait de poindre à l'horizon, à l'issue des luttes religieuses du Moyen Age.

La Turquie devait tirer un parti avantageux de cette situation, et il appartenait à Soliman, après ses brillantes victoires, d'engager résolument son pays dans une politique plus conciliante à l'égard de la chrétienté. Par ses libéralités envers les Français auxquels il reconnut des droits et des garanties dont ils ne jouissaient pas alors dans leur propre pays, il fit naître dans la suite une foule d'intérêts, opposés les uns aux autres, et de compétitions dont l'enchevêtrement forma cette cuirasse, maintenant séculaire, faite de rivalités et de jalousies, qui protège encore la Turquie contre les entreprises de ses voisins, et la maintient à la place qu'elle occupe. Il comprit le premier qu'une alliance avec une puissance chrétienne ne serait pas stérile et entraînerait à l'avenir d'autres pactes tout aussi favorables pour la Turquie. En détachant la France de la coalition européenne, il accomplit enfin un acte politique de la plus haute importance. Peu de souverains en Turquie ont montré ce degré de perspicacité et cet esprit pénétrant auquel rien ne semble avoir échappé. Faut-il rappeler ici que Soliman ne fut pas payé de retour. Tandis qu'il maintenait, avec une indiscutable loyauté, tous ses engagements, il était trompé, disons le mot, trahi par les envoyés du roi. Il eut le tort grave de croire que l'alliance avec la France pouvait lui procurer autre chose que la neutralité et quelques rares subsides. C'était déjà beaucoup que le roi très-chrétien se fût détaché de la coalition européenne pour se joindre au calife. Etant données les idées de l'époque, on ne pouvait lui demander sa coopération effective avec les infidèles, car il eût violenté les

sentiments des Français, et rompu ouvertement avec les
traditions de sa Maison. Aussi les ministres du roi et ses
ambassadeurs s'efforcèrent-ils, en échange des concessions qu'ils avaient obtenues de Soliman, de réaliser les
promesses qu'ils lui avaient prodiguées. On vit alors la
flotte française procéder avec les galères turques à des
opérations sur mer ; mais cette coopération fictive fut
faite simplement pour la forme. Les amiraux avaient
pour instruction de ne point agir et rejetaient la
responsabilité des divisions qu'ils faisaient naître sur
les *Kapoudans* turcs qui, à vrai dire, ne se montraient
pas, de leur côté, toujours dociles. Or, les alliances
entre gouvernements ne sont fécondes qu'à la condition d'avoir l'assentiment des peuples. L'union doit
exister dans les cœurs avant de faire l'objet de conventions internationales. Soliman était sincère, seulement
son entourage ne voyait pas d'un bon œil cette
intimité avec les rois de France. Ceux-ci étaient, nous
voulons bien le croire, de bonne foi, mais ils avaient à
lutter contre l'influence de la religion et les préjugés de
leurs sujets. Ainsi furent neutralisés les efforts de Soliman pour réaliser une entente cordiale avec la France,
efforts qui furent renouvelés sans succès par ses successeurs immédiats. Cette alliance n'a jamais eu qu'un
caractère théorique jusqu'aux temps modernes où elle
est entrée temporairement dans le domaine des faits (1).

Soliman avait montré, certes, beaucoup de suite dans
les idées ; sa constante fidélité à observer les traités et
sa persévérance à poursuivre le but qu'il s'était assigné,
semblaient devoir assurer le succès de sa politique,
lorsque la cour de France témoigna de la froideur à
son égard. François Ier parut oublier ce qu'il devait à
son auguste allié, Soliman s'efforça de réchauffer son

_____

(1) Guerre de Crimée, 1853.

zèle, et, plus tard, quand, par un revirement extraordinaire, François Ier voulut qu'il renonçât à la lutte contre Charles-Quint, ce fut encore le sultan qui tint, à cette occasion, à l'envoyé du roi un langage plein de bon sens et de modération, espérant, sans doute, ramener son allié à une appréciation plus juste de la situation. La vérité est que le roi de France, ayant échappé au péril qui l'avait menacé, se montrait plus sensible au reproche, qui lui était adressé de toutes parts, de s'unir aux musulmans contre les chrétiens. N'osant rompre avec Soliman, il voulait l'amener à faire à Charles-Quint des concessions incompatibles avec les intérêts de son pays.

Déçu dans les espérances qu'il avait fondées sur une alliance française effective, Soliman finit par céder aux sollicitations de François Ier et conclut une trêve avec l'Autriche. Il mit ce temps à profit pour régler quelques différends qui avaient surgi entre son gouvernement et la Perse. Il fut ainsi conduit jusqu'à Bagdad, en une marche triomphale qui rappelait celle de son père, lorsqu'il envahit la Syrie et l'Egypte.

Pendant son absence, une transformation considérable s'était opérée dans la marine turque et de notables changements y avaient été introduits par le célèbre Barberousse. Ce pirate illustre s'était emparé de Tunis et avait forcé Charles-Quint à se mesurer avec lui. La lutte prenant un caractère de plus en plus grave, Soliman dut revenir en toute hâte en Europe, pour recommencer vigoureusement les hostilités. Comme toujours, ce fut la pauvre Hongrie qui fut écrasée la première. Elle râlait sous la botte du vainqueur, mais son dernier souffle fut encore un cri de guerre ; l'Autriche combattait sans cesse, pour la délivrance de la Hongrie, et attendait vainement, les secours promis par les papes. Ceux-ci redoublaient d'efforts pour ramener l'Espagne au combat. Quoique liée par les traités, Venise manifestait à l'égard de la Porte une hostilité sourde qui ne laissait pas d'inquiéter Soliman ; tout annonçait enfin que le faisceau des coalitions, qu'il avait brisé, allait se reformer contre lui. La défaite était là, guettant le vainqueur, prête à abattre ses étendards et à briser ses trophées. A ce moment, la victoire d'Etienne Doba devant Erlau (1) apparut aux chrétiens comme un heureux présage.

Cette levée de boucliers fut fertile en événements heureux mais non décisifs pour la chrétienté. Charles-Quint ouvre l'éblouissant cortège des triomphateurs. L'occupation de Tunis par les Turcs menaçait à la fois l'Italie et l'Espagne. L'empereur se rendit compte de ce péril, il débarqua sur la côte africaine avec une nombreuse armée et eut raison de la résistance désespérée de Barberousse qu'il chassa de la ville. Les pirates avaient peuplé le désert africain de milliers de captifs qui furent rendus à la liberté et le nom de Charles-Quint fut béni dans toute la chrétienté. L'héroïque défense d'Erlau ranima les espérances des Hongrois.

L'étoile de Soliman semblait pâlir ; mais ce grand monarque ne se laissa point décourager par ces revers. Il prit sur ces ennemis une revanche sanglante. Rendu furieux par ses blessures, le lion ottoman les atteignit d'un bond et en fit un horrible carnage. Dans le flux et le reflux des batailles qui se succédèrent sans interruption jusqu'à sa mort, Soliman se couvrit de gloire, mais les Ottomans usèrent leurs forces contre la chrétienté qui, réconfortée par ses récents succès, montrait une résistance plus opiniâtre.

Ce fut à ce moment que Soliman commit la plus grande faute de son règne, celle d'entreprendre une nouvelle campagne en Asie. Certes, les raisons ne man-

(1) En 1552.

quaient pas pour justifier une expédition contre la Perse, il y en avait une surtout impérieuse, qui, par son caractère tyrannique, primait toutes les autres : il fallait, coûte que coûte, empêcher les révoltes dans l'armée. Soliman avait employé jusque-là tous ses efforts à fournir aux janissaires l'occasion de se battre, ne leur laissant ni trêve ni repos. A cette condition seule, il pouvait maintenir la discipline dans leurs rangs. Les quelques échecs qu'ils subirent en Europe les ayant mécontentés et leur irritation se traduisant par de fréquentes rébellions, il devenait nécessaire de les retremper dans la victoire, plus facile à cueillir dans les régions asiatiques, notamment en Perse, où ils trouveraient un riche butin. En réalité Soliman, dans les dernières années était plutôt entraîné par son armée turbulente qu'il ne la menait lui-même. Ce n'est pas un mince sujet d'étonnement pour le philosophe que cette révélation d'un état politique qui nous montre un grand souverain soumis aux caprices d'une soldatesque sans frein, conduit par elle, subissant sa domination, lui livrant une ville après une autre, afin qu'elle y assouvit ses appétits de pillage, impuissant à exercer ses sentiments généreux à l'égard des vaincus, forcé d'assister impassible à la destruction des monuments publics et des chefs-d'œuvre de l'art, traînant à sa suite des milliers d'esclaves, auxquels il eût voulu rendre la liberté, forcé parfois de se montrer barbare, alors qu'il était humain ainsi qu'en témoigne l'histoire de ses campagnes en Europe.

D'où provenait cette impuissance du plus grand, du plus glorieux des souverains, impuissance qui fut si funeste à l'empire et ne lui permit pas d'économiser ses forces, ni d'en faire un usage plus judicieux ? Cette impuissance dérivait directement de la faiblesse du pouvoir despotique qui, basé sur l'arbitraire, était par cela même condamné à subir à son tour la loi de la force.

Pour la Turquie, cette faiblesse était aggravée par l'indiscipline qui régnait dans l'armée, notamment dans le corps des janissaires. Le mal, que cette troupe indisciplinée causa à l'État, fut incalculable. Soliman ne sut pas s'affranchir de sa tutelle, quand il le pouvait. Peut-être avait-il quelque estime pour cette milice séditieuse qui rachetait ses défauts par un admirable courage. Que de batailles gagnées par son entrain et son indomptable énergie ! Que de combats glorieux se fussent transformés en défaites, sans le sang-froid qu'elle montrait dans la mêlée, intervenant au moment critique avec une irrésistible vigueur et enlevant la victoire de haute lutte. Soliman qui fut, toute sa vie, le témoin émerveillé de tant de vaillance était incapable de sévir contre ces héroïques soldats qui, après le combat, souillaient leur victoire par d'abominables tueries, dont la honte ne saurait rejaillir sur le souverain.

Les villes de la Hongrie, les plaines de la Styrie, et de la Transylvanie pourraient seules redire les sinistres exploits des janissaires. Là, le torrent dévastateur de l'invasion turque grondait depuis près de deux siècles, bouillonnant de haine et de sang, charriant des milliers de cadavres, renversant les remparts, emportant les villes et les citadelles, force inconsciente et aveugle qui semblait présider seulement à l'accomplissement d'une œuvre de destruction. Ce caractère d'exceptionnelle sauvagerie éclate surtout dans les guerres contre la Hongrie, dans cette lutte implacable, tant de fois renouvelée, toujours sanglante, amoncellement de toutes les barbaries et de toutes les cruautés auxquelles chrétiens et musulmans se livraient à l'envi, rivalisant d'horreurs, de raffinements dans les tortures et de scélératesse. Il eût été digne de Soliman de mettre fin à ces orgies, et, peut-être, qui le sait, eût-il pu alors subjuguer l'Europe par la grandeur et la noblesse de son caractère ; mais c'était la destinée de ce grand monarque de n'être point complètement obéi, dans son armée, et dans le palais. Sa volonté bienfaisante n'a pu s'affirmer, ni dans son camp, ni au sein de sa famille, tant il est vrai que l'homme, qui par droit de conquête ou par droit de naissance, dispose de la puissance souveraine, est exposé à devenir le jouet de son entourage et de ses flatteurs. Ainsi en fut-il de Soliman qui se laissa dominer par ses favoris. Il en fit ses ministres et ses conseillers intimes. Son père les tenait à distance, tremblants sous sa main de fer ; Soliman n'eut pour eux que des égards et des sourires.

Le premier de ses favoris, le plus aimé de tous, fut Ibrahim. Originaire des îles Ioniennes, vendu comme esclave à une riche veuve de la Magnésie, il fut acheté par Soliman. Ibrahim avait reçu une brillante éducation et possédait outre un extérieur agréable un talent musical qui avait charmé le prince en ses jeunes années. Bientôt une grande intimité s'établit entre le maître et l'esclave. Beau causeur, possédant des goûts raffinés, il passait pour avoir toutes les élégances ; il parlait plusieurs langues. Nul doute qu'il n'eût appartenu à une de ces anciennes familles grecques ou vénitiennes qui se faisaient honneur de donner à leurs enfants une vaste et solide instruction. Non seulement il possédait à fond le grec, mais la langue de Dante lui était encore familière. Il entretenait le sultan des faits d'Annibal et d'Alexandre, lui parlait d'Alcibiade et de Périclès. Il rêvait pour son maître un avenir plein de grandeur : il voulait qu'il ressemblât au conquérant macédonien par le courage, qu'il fût sage comme Solon, héroïque comme Miltiade, courageux comme Mithridate, magnanime comme Auguste, grand comme Charlemagne. Il voulait qu'il eût le goût des Athéniens et qu'il les surpassât par les magnifiques ouvrages qu'il élèverait dans sa capitale. Soliman était né, à vrai dire, avec des instincts supérieurs, des aspirations élevées et un large esprit de tolérance. Au début de son règne, Ibrahim exerça sur lui une influence des plus salutaires, soit en façonnant ses manières, soit en faisant briller les précieuses qualités dont la nature l'avait amplement doué ; mais il ne pouvait malheureusement lui donner ce qu'il ne possédait pas lui-même, à savoir, la vertu, et cette chose si belle et si rare chez un prince oriental, le caractère. Ce fut la fissure par laquelle s'échappèrent tant de mérites.

Soliman ne savait rien refuser à Ibrahim ; il l'éleva, peu après son avènement au trône, à la dignité de grand vizir. Il avait pour lui une telle affection qu'il ne pouvait s'en séparer et le faisait coucher sous sa tente. L'orgueil d'Ibrahim ne connut plus de bornes. Il disait aux ambassadeurs de Charles-Quint : « Ce que je fais, nul ne saurait le défaire, je puis changer un palfrenier en pacha et distribuer des royaumes à qui je veux ; la paix et la guerre sont entre mes mains ; mon maître n'est pas plus richement habillé que moi ; je dispose de tous ses trésors ». Vrais ou faux, ces propos étaient fidèlement rapportés au sultan, qui n'y prêta d'abord qu'une attention distraite ; mais la goutte d'eau de la délation creusait son trou dans le cœur de Soliman.

Une esclave russe, la célèbre Roxelane, entrée dans le harem impérial, y avait pris tout d'un coup la première place. Elle ne tarda pas à exercer un grand ascendant sur l'esprit du sultan. Les ennemis d'Ibrahim surent la circonvenir et la poussèrent à demander à Soliman de mettre fin aux insolences de son premier ministre. Elle y réussit pleinement. Ibrahim s'étant rendu au sérail pour y passer la nuit, suivant sa coutume, le sultan après s'être entretenu assez longuement avec lui le quitta brusquement. A ce moment apparurent à la porte de la chambre les étrangleurs qui se saisirent du malheureux grand vizir, le jetèrent sur son lit et l'étouffèrent dans les couvertures, sans qu'il pût proférer une seule plainte. Tandis que cette scène se passait, Roxelane, dans la pièce voisine, couvrait de ses baisers son impérial époux.

Souple, adroite, rusée, cette favorite, qui conserva dans l'âge mûr toutes les séductions des femmes de sa race, retint longtemps dans son lit l'homme qui avait peuplé ses palais des plus belles esclaves de l'Asie et de l'Europe. Elle fit choir sous le sabre du bourreau la tête d'un second grand vizir, puis d'un troisième, et enfin, celle de Moustapha, l'héritier présomptif, afin de mettre un jour sur le trône son fils encore en bas âge. Poursuivant son but, avec une énergie féroce, elle demanda d'autres têtes ; mais, effrayé des crimes qu'il venait de commettre à l'instigation de cette femme, Soliman la chassa du sérail, non de son cœur sur lequel elle continua de régner, malgré tous les efforts qu'il fit pour l'oublier. Il était attiré vers elle par une sorte de fascination à laquelle il ne pouvait se soustraire. En vain sa mère fit-elle venir à Constantinople les plus belles filles du royaume, dans l'espoir que son fils renoncerait à sa passion pour sa favorite ; en vain entreprit-il des voyages ou des guerres lointaines, le souvenir de Roxelane ne le quittait pas et le brûlait d'un feu vif et ardent. Les plus fermes caractères n'échappent pas à ces défaillances ; aussi, est-ce sans étonnement qu'au retour d'une de ses campagnes, on apprit que l'heureuse aventurière avait recouvré tout son empire sur lui. Elle célébra son triomphe par des saturnales suivies d'exécutions qui la rendirent odieuse au peuple. Elle tint ainsi tête à ses ennemis ameutés contre elle, et devint la vraie sultane, redoutée de tous, disposant à son gré des plus hautes dignités de l'État, renversant de leur piédestal ceux qui

s'étaient élevés au premier rang, abaissant les fronts les
plus altiers et pouvant répéter avec plus de raison que
l'infortuné Ibrahim : « Je vis avec le sultan et j'en fais
ce qui me plaît ». Ses cheveux étaient d'un blond fauve ;
sa taille svelte et élancée portait un torse des plus gracieux et des mieux modelés ; elle avait des yeux bleus
d'une profondeur insondable et d'un charme infini. Sur
sa bouche sensuelle errait constamment le sourire, et
son nez, légèrement aplati, donnait à son visage un air
de hardiesse. En même temps qu'un doux rayonnement
émanait de tout son être, des sourcils épais et des lèvres
où se dessinait l'ironie achevaient de rendre sa physionomie singulièrement étrange. Ajoutez à tous ces char-
mes pénétrants la séduction particulière aux femmes
slaves, qui l'aida à conquérir le cœur de Soliman, et
vous aurez une idée de l'ascendant souverain qu'elle
exerça à la cour du Grand Seigneur. Il est impossible
de ne point admirer l'énergie de cette femme puissante
et forte qui, jusqu'à sa mort, jeta un défi à la cabale
liguée contre elle, déjouant toutes ses menées et la for-
çant quelquefois à ramper à ses pieds pour conjurer les
terribles effets de sa colère. Elle sacrifia à son amour
pour son fils son repos et celui de son auguste époux.
Par son immixtion incessante dans les affaires de l'Etat,
elle amoindrit le prestige du califat et ouvrit la porte du
palais aux plus grands abus. Pendant plusieurs années,
le gouvernement occulte du sérail fut une réalité tangible. Elle créa au surplus un précédent qui devait attirer,
dans la suite, les plus terribles calamités sur l'empire.
Désormais, le harem sera tout-puissant ; la favorite
gouvernera l'Etat, du fond de son boudoir ; l'eunuque
occupera la première place dans la hiérarchie, et le
sultan, qui réunissait autrefois dans sa personne la puissance, la gloire et la majesté, le souverain maître du
monde, le khan des deux mers, le seigneur des deux

continents, l'ombre d'Allah sur la terre, ne sera plus, hélas ! que l'ombre de lui-même.

Nous assisterons à cette décadence et à cet effondrement lamentable d'une monarchie jadis glorieuse. Et tout cela sera l'œuvre d'une femme séduisante et belle, douée d'une grande volonté qui eût, peut-être, une faible étincelle du génie de la grande Catherine ; le même sang coulait en leurs veines et le même démon les agitait. L'histoire doit blâmer sévèrement la conduite de Soliman qui ne sut point résister à sa passion funeste pour sa favorite ; il prépara ainsi la ruine de l'Etat et ternit sa propre gloire. Né avec une nature généreuse ; sans cette femme, il n'eût probablement jamais commis de crimes.

Depuis le meurtre d'Ibrahim, Soliman était devenu fort soucieux. Il perdit le repos après toutes les sentences de mort que Roxelane arracha à sa faiblesse et son sommeil fut sans cesse troublé par d'horribles cauchemars. Dans cette situation d'esprit, il eut recours aux devins, aux mages, aux interprètes de la loi. Tous s'efforcèrent de dissiper ses craintes par des arguments spécieux qui satisfirent médiocrement Soliman. Il chercha une diversion dans les combats et ne quitta plus le camp, où le bruit des tambours et le cliquetis des armes apaisèrent ses tourments. En 1565, nous le trouvons devant Szigeth, défendue par l'héroïque Zrini. La maladie avait peu à peu miné sa santé ; il s'était fait porter au milieu de ses troupes. Il exhala son dernier soupir en exhortant ses guerriers à monter à l'assaut de la place qui fut prise ce jour-là par les janissaires. Ainsi mourut en son triomphe le noble et dernier rejeton d'une dynastie qui ne devait plus donner à l'empire que des souverains faibles, incapables, pour la plupart, de présider à ses destinées et de le conduire dans les voies glorieuses que leurs prédécesseurs leur avaient tracées.

La responsabilité de cette déchéance retombe en grande partie sur Soliman qui, en décrétant que ses successeurs ne seraient plus astreints désormais à abandonner leur capitale pour se mettre à la tête des armées, a porté un coup fatal à la puissance des Ottomans. Il eût mieux valu assurément qu'il en fît des eunuques. Cette faute pèsera éternellement sur sa mémoire. Ainsi ce soleil resplendissant qui venait de s'éteindre au centre de l'Europe, en face de l'ennemi, dans le flamboiement sinistre des sabres, ne se lèvera plus sur le monde. Il n'y aura plus, à proprement parler, de sultans conquérants ! Enfermés dans le sérail, ils ne connaîtront plus ni la vie des camps, ni les saines émotions des batailles ; ils se désintéresseront de la gloire, et le tambour, annonçant la défaite de l'ennemi, dont Soliman avait entendu le roulement quelques instants avant sa mort, sera relégué au fond du palais, dans quelque coin obscur où l'on garde les reliques du passé.

L'œuvre législative de Soliman fut moins considérable que celle de Mahomet II, ce dernier ayant laissé peu de lacunes dans les lois qu'il édicta. Aussi, l'effort de Soliman se borna-t-il à y faire quelques retouches et à compléter surtout l'organisation du corps des ulémas. Il fut ainsi amené à régler leur carrière et les attributions afférentes à chacune des hautes fonctions de la magistrature. Le *sadri roum* exerça sa juridiction en Europe, en Afrique et jusqu'en Crimée ; tous les cadis dépendaient de lui, c'était un contrepoids nécessaire à l'autorité du *sadri azam*.

Le grand vizirat constituait, on le sait, le pouvoir suprême par excellence au-dessus duquel planait seul, en des sphères inaccessibles, le pouvoir théocratique du sultan. Une telle autorité, dévolue à un homme, parut excessive à Soliman, quoique le prestige du grand vizirat se trouvât diminué par la fréquence des exécutions dont les titulaires de ce poste éminent étaient les tristes victimes. Quelle autorité, en effet, pouvait avoir celui sur la tête de qui était sans cesse suspendue une sentence de mort, exécutable à toute heure du jour et de la nuit. Ce n'était plus un ministre, mais un condamné. Soliman pensa, néanmoins, qu'il fallait séparer le judiciaire de l'exécutif. Il donna, en conséquence, une grande extension aux attributions et aux prérogatives du premier magistrat ou pontife, connu depuis sous le nom de *cheik-ul-Islam*, qui devint l'égal du grand vizir. Ce second pouvoir ainsi constitué, eût été trop redoutable, s'il n'avait été tempéré, d'une part, par la situation exceptionnelle accordée au grand *mufti* qui était, ce qu'il est encore aujourd'hui, une sorte d'arbitre suprême révisant les sentences ou se prononçant sur le litige avant tout jugement ; et si, d'autre part, la forte instruction, que recevaient les ulémas en général, n'était une garantie sérieuse contre les abus pouvant résulter de leurs privilèges. Cette division entre le temporel et le spirituel s'imposait d'autant que, dans le choix du grand vizir, le caprice favorisait souvent des hommes peu instruits ou des renégats qui n'avaient aucune connaissance de la loi islamique.

En vertu de la nouvelle réglementation, le grand vizir et le cheik-ul-Islam étaient considérés comme les premiers personnages de l'empire ; après eux venaient le *mufti*, le *nakib-ul-eschraf*, le *fetwa-emini*, etc.

Soliman affranchit en même temps les ulémas du paiement de toute taxe et décréta, en outre, qu'ils ne subiraient plus à l'avenir aucune peine infamante. Seule la peine de mort leur était applicable, sous une forme assez singulière ; ils devaient être pilés dans un mortier et réduits en purée. Ce supplice ne pouvait être aisément exécuté et équivalait dès lors pour les ulémas à sa suppression. Il n'en constitua pas moins, dans les premiers temps, une menace sérieuse.

Comme la guerre absorbait les plus grands revenus de l'Etat, encore qu'elle rapportât au Trésor des sommes importantes, Soliman taxa tous les gouverneurs proportionnellement aux revenus de leurs provinces. En d'autres termes, il afferma ces provinces, ce qui fit naître des abus. Le gouverneur, étant en même temps collecteur d'impôts, avait tout intérêt à pressurer les populations pour en tirer un plus grand profit. La loi n'autorisait, il est vrai, que la perception de la dîme, ou le dixième de la récolte, mais on devine l'usage qui en était fait, en l'absence de tout contrôle. En Turquie, toutes les terres étaient la propriété du sultan qui déléguait ses droits à trois catégories de ses sujets : aux vainqueurs, d'abord, qui comme de juste, avaient la part du lion ; aux vaincus on laissait les mauvaises terres qui avaient un rendement inférieur et finalement, quelques-unes des terres appartenant à la couronne étaient données comme récompense par le souverain, soit à ceux de ses guerriers qui avaient rendu des services signalés, soit à ses créatures.

La législation de Soliman se composait d'une série de règlements administratifs, ou *Kanoun*, qui avaient, certes, leur utilité, mais ne constituaient pas des lois proprement dites. Une grande licence régnait partout dans les rangs de l'administration, où l'anarchie battait son plein. Il fallut obvier à cet inconvénient, dans la mesure du possible et introduire un peu d'ordre et d'économie dans un gouvernement qui ne vivait, en réalité, que de désordres, d'exactions et d'injustices.

Soliman qui n'avait point créé cet état social ne saurait être rendu responsable de ces abus, d'autant qu'il chercha à en atténuer les effets par de sages dispositions où éclatent à chaque ligne son libéralisme, sa tolérance, son amour pour la justice. S'il ne fit pas tout le bien qu'il pouvait, il empêcha beaucoup de mal. Que de prisonniers de guerre lui doivent la vie ! Combien en arracha-t-il au supplice ! Ne le vit-on pas vider un jour son trésor pour empêcher le sac d'une ville prise d'assaut par les janissaires ?

Le règne de Soliman ne fut pas seulement remarquable par ses conquêtes, ses alliances, ses lois, ses règlements intérieurs, il eut un grand éclat par le nombre et surtout la qualité de ses hommes d'Etat, de ses écrivains et de ses légistes. Une pléiade de poètes entourait le trône et célébrait les louanges du généreux monarque qui les comblait de faveurs. En Orient, la poésie est une denrée qui se vend et dont les sultans et leurs ministres se montrent très friands.

Les monuments que Soliman fit construire surpassèrent, en beauté et en magnificence, les édifices élevés par ses prédécesseurs. Des mosquées, des aqueducs, des fontaines publiques, des ponts, des hospices, de riches mausolées perpétuent sa mémoire à travers les siècles.

En Soliman l'homme privé nuit un peu au souverain, mais par l'éclat des services rendus, il rachète, s'il ne les efface, les erreurs, voire les crimes commis par lui en des heures de passion, d'oubli ou d'égarement : « Heureux le mortel, dit le vieil adage arabe, dont on peut dénombrer les défauts, car ses qualités paraissent innombrables. » Ces paroles s'appliquent, de tous points, à Soliman qui, s'il ne posséda pas toutes les perfections humaines, fut du moins un monarque exceptionnellement doué. Il travailla à sa propre gloire en travaillant à la grandeur de l'Etat.

Le sage législateur qui, par ses édits, a complété l'organisation de l'empire, et le grand conquérant qui sut donner à son règne un incomparable éclat, se trouvent réunis dans la personne de Soliman. Il se distingua de ses prédécesseurs non seulement par la noblesse de son caractère et la distinction de ses manières, mais aussi par ce tact raffiné et cette sensibilité qui sont sans précédents dans les fastes des annales turques. Si Soliman versa quelquefois le sang et s'il laissa périr des garnisons entières auxquelles il avait promis la vie sauve, du moins regretta-il ces actes de barbarie. Il souffrait où d'autres eussent trouvé joie et plaisir. Il connut le remords. De là à devenir un dévot il n'y avait qu'un pas ; il fut vite franchi. Aussi les ulémas, aux lumières desquels il eut souvent recours, eurent-ils pendant son règne une situation privilégiée qui acheva de donner au gouvernement un caractère quasi sacerdotal. Ce fut une faute grave ; car la place considérable donnée dans l'Etat à l'élément religieux développa la corruption plutôt qu'elle ne la restreignit.

En dépit de ces erreurs regrettables, la figure du sultan apparaît en Soliman pleine de noblesse et de majesté, avec un vague reflet de la gloire des empereurs d'Occident. On l'a justement comparé à Louis XIV, à cause du faste qu'il déploya et du rôle que les favorites jouèrent sous son règne. Il eut néanmoins sur le grand roi cette supériorité que donne le courage personnel et l'amour de la guerre, feu sacré qui purifie toutes les souillures et dans lequel Soliman se retrempait souvent, échappant ainsi à la tentation du vice et aux crimes qu'engendrent l'oisiveté et la mollesse.

Depuis sa fondation, l'empire avait suivi à peu près la même marche semée d'écueils. Ainsi qu'une caravane mal équipée, mal organisée, marchant à l'aventure, mais dont toutes les étapes semblaient avoir été fixées à l'avance par une force mystérieuse, il s'acheminait lentement vers le but qu'il devait atteindre. Quel était donc ce but ? Il ne semble pas que les Turcs aient jamais désiré autre chose que la conquête de Constantinople. Ce fut leur pensée dominante, leur espoir suprême. Réalisé sous le règne de Mahomet II, ce rêve de grandeur et de domination ne donna naissance à aucun nouveau projet bien défini. Ils n'ont jamais conçu le dessein qu'on leur a prêté de faire la conquête de l'Europe, encore moins de détruire le christianisme. Sans doute, ils poussèrent leurs excursions dévastatrices plus loin que leur capitale, au delà du Danube, et jusque sous les murs de Vienne, mais c'était par entraînement, par besoin de pillage et de rapines, peut-être aussi pour amasser de la gloire, par amour du métier. Ces désirs spontanés et d'ailleurs mal réglés, ces élans éphémères, en un mot, ces caprices de conquérants ne cachaient pas de profonds desseins politiques. Après chaque expédition, ils avaient hâte de revenir à Stamboul, point central d'où ils rayonnaient et dont l'attraction était si puissante sur eux qu'ils ne pouvaient s'en éloigner longtemps. Soliman lui-même, en se faisant couronner roi de Hongrie, à Buda-Pesth, s'il a voulu établir définitivement sa domination sur cette contrée n'a pas entendu régner sur l'Europe. Du reste, l'islamisme auquel les sultans ottomans s'étaient, pour ainsi dire, inféodés et qu'ils ne surent point ramener à ce qu'il était à son origine, n'aurait probablement pas encouragé l'essor des Turcs vers cet Occident qui avait des mœurs différentes et un tout autre idéal. Les peuples de l'Europe aspiraient déjà au progrès, et commençaient à fouler aux pieds leurs préjugés, tandis que les conquérants ottomans, ayant emprunté aux Perses leur immobilité et leur indolence et aux Arabes dégénérés leur fanatisme, allaient s'endormir dans les délices de la paix. Partout où l'islamisme a laissé sa forte empreinte sur les peuples, séduits par la simplicité de son dogme, l'éclat fulgurant de son savoir et la bonté de ses mœurs, il a produit les mêmes résultats. Après quelques années d'une incomparable splendeur, ces peuples se sont étiolés, ou sont restés stationnaires. Nul ne pourrait dire ce que les Turcs auraient fait, ni ce qu'ils seraient devenus, si au lieu de se convertir à l'islamisme, lors de leur séjour en Perse, ils avaient — simple hypothèse — embrassé le christianisme. Il y avait, en effet, chez ce peuple, encore jeune et vigoureux, des qualités natives qui s'adaptaient merveilleusement au concept chrétien, et d'abord l'activité guerrière de la race qui se serait transformée avec le temps en une activité industrielle et scientifique, la tolérance religieuse, la courtoisie et un caractère chevaleresque. S'ils s'étaient alliés plus intimement aux Arabes et s'ils avaient adopté leur langue, ils auraient tout au moins créé cette formidable unité politique qui leur a toujours fait défaut pour asseoir solidement leur domination en Europe, comme en Asie. Leur génie semble les avoir poussés vers la domination exclusive et ce génie est fait tout entier d'ostracisme.

La religion islamique à laquelle on ne peut dénier un caractère de véritable grandeur, et de haute moralité, constitue, en fait, une ligne de démarcation bien tranchée entre l'Orient et l'Occident, une sorte de muraille de Chine que Soliman essaya de renverser, en se faisant couronner roi de Hongrie et en introduisant dans ses combinaisons le principe d'une alliance étroite avec celles des puissances européennes dont les intérêts pouvaient concorder avec les siens ; mais le parti fanatique ayant à sa tête les ulémas, jaloux de leur autorité et de leur omnipotence, a bientôt fait de relever la muraille maudite et d'attiser le feu des haines religieuses qui, en maintes circonstances, faillit tout détruire, et la prospérité de l'Etat, et la sécurité des habitants, et la dignité de la religion, et l'avenir de la race, et l'honneur de la dynastie. Finalement la gloire qui devait rejaillir sur le monde de l'établissement d'un nouvel ordre de choses qui, succédant au régime byzantin, eût servi de trait d'union entre deux continents que la nature ne semble avoir rapprochés que pour les tenir éloignés l'un de l'autre, les vouant ainsi à une inimitié éternelle, cette gloire s'évanouit, après trois siècles de domination indépendante, et nous assisterons bientôt, par suite de l'incapacité des sultans et de l'irrémédiable médiocrité des classes dirigeantes, à une reconstitution de l'empire byzantin avec l'art en moins et des retours lamentables vers la barbarie. Voilà à quoi ont abouti tant d'actes glorieux accomplis par les fondateurs de l'empire ottoman et leurs successeurs immédiats, par l'héroïsme d'un Amurat II, par la sagesse d'un Mahomet Ier, par le génie d'un Mahomet II, par l'incomparable grandeur d'un Soliman. Est-ce inaptitude de la race conquérante, est-ce dégénérescence de la dynastie ? Les Turcs possèdent toutes les qualités qui font les grands peuples : le courage, la sobriété, l'obéissance aux chefs, l'honnêteté, la probité, l'amour du progrès ; mais la dynastie régnante, qui jusqu'au règne de Soliman, s'était montrée, malgré des éclipses passagères, à la hauteur de sa situation, est tombée tout d'un coup dans un abîme de corruption. Elle est aujourd'hui — des événements récents l'ont prouvé (1) — peu apte à remplir ses devoirs, incapable de soutenir dans le monde la gloire du nom ottoman. Déchue de ses grandeurs passées, elle traîne, dans le harem, une vie efféminée et sans honneur, ne songeant qu'aux plaisirs et ne tentant aucun effort pour reprendre, dans le monde, le rang élevé qu'elle y occupait autrefois. Nous aurons occasion de parler des causes de cette décadence ; mais on peut affirmer, d'ores et déjà, qu'elle est venue, pour les sultans surtout, de l'insuffisance de l'éducation qui leur est donnée et de leur orgueil démesuré, orgueil irréfléchi et nullement justi-

(1) Les massacres d'Arménie en 1896-1897.

fié ; puisqu'il n'est fondé ni sur la supériorité morale, ni sur le courage.

Tant que l'Europe resta plongée dans les ténèbres du Moyen Age, ces défauts n'apparaissaient que faiblement ; ils étaient d'ailleurs couverts, comme nous l'avons déjà observé, par de hauts faits d'armes, rachetés par des sacrifices méritoires, effacés, pour ainsi dire, par l'éclat de la gloire des ancêtres ; mais à mesure que l'Europe s'éleva rayonnante sous le disque étincelant de la civilisation, ces défauts, aggravés par les vices inséparables d'une vie oisive et sédentaire, devinrent plus marquants et reléguèrent finalement les sultans dans l'ombre, d'où les fera sortir un jour une révolution pacifique qui limitera leur pouvoir discrétionnaire et les initiera par une éducation libérale et virile aux devoirs de leur charge, ainsi qu'aux lourdes responsabilités attachées à la Couronne.

CHAPITRE XII

SÉLIM II

Causes de décadence. — Gouvernement absolu des sultans. —
Révolte des janissaires. — Passion du sultan Sélim II pour le
vin. — Mœurs dissolues. — Le grand vizir Sokoli. — Guerre
contre les Russes. — Défaite des Ottomans. — Guerre en Arabie.
— Conquête de Chypre. — Bataille de Lépante. — Paix avec
l'Autriche. — Mort de Sélim II. — Caractère de ce monarque. —
Circonstances atténuantes.

Des sublimes sommets sur lesquels la puissance des
Ottomans avait été édifiée, on la voit descendre lentement, par des chemins abrupts, la pente de sa décadence. Si dans la première période de la fondation de
l'empire, l'effort continu, l'énergie persistante, l'invincible courage justifient pleinement les succès des Ottomans, il n'est point aisé de s'expliquer les raisons du
changement soudain qui s'était produit chez eux, après
la mort de Soliman. Cet empire qu'il avait élevé si haut,
tomba tout d'un coup dans une misère morale profonde,
roula jusqu'aux abîmes, se releva pour retomber encore
et présenta l'aspect d'un édifice branlant.

Les causes de sa grandeur nous sont connues ; quelles
furent celles de sa décadence ? Un célèbre historien
turc, Kotchibeg, dans une étude remarquable sur la
décadence de l'empire ottoman, en indique cinq qui
méritent d'être citées. Il reproche aux sultans : 1° d'avoir
renoncé à assister aux conseils tenus par leurs ministres,
contrairement à l'exemple qui leur en avait été donné

par les fondateurs de l'empire ; 2° d'avoir élevé leurs favoris aux plus hautes dignités ; 3° d'avoir encouragé la vénalité et la corruption ; 4° d'avoir dépassé les bornes d'une sage économie en accordant des fiefs immenses aux hauts dignitaires de l'État ; 5° d'avoir favorisé l'influence du harem sur les affaires publiques. Sans doute, toutes ces causes ont contribué à précipiter la chute de l'empire, mais il en est une dont Kotchibeg a omis de parler : c'est le despotisme des sultans. Jouissant d'un pouvoir absolu, sans aucun contrepoids, ils ne pouvaient qu'en abuser et tomber conséquemment dans des erreurs fatales qui nuisirent autant à leur gloire et à leur repos qu'à la sécurité et à la grandeur de l'État.

En ce funeste isolement du sérail, autour de ce foyer incandescent du despotisme, tout se dessèche, tout brûle, tout est réduit en poussière. Les bonnes volontés, comme les bonnes intentions, se trouvent paralysées ; et, tandis que les dévouements sincères sont méconnus, le mensonge, l'égoïsme, l'hypocrisie, la délation et l'espionnage sont toujours récompensés. Il n'est pas de peuple, si fortement trempé qu'il soit, qui puisse résister à ce régime, à la fois corrompu et corrupteur, véritable cloaque dont les émanations pestilentielles empoisonnent l'atmosphère. Ce pouvoir, il est vrai, était tempéré par celui du grand vizir. Toutefois, l'autorité tyrannique exercée par ce dernier avait ses inconvénients, en ce qu'elle aggravait le mal, en créant deux foyers de despotisme et de corruption également préjudiciables aux intérêts du pays.

Les causes dénoncées par Kotchibeg existaient, en réalité, depuis longtemps. Déjà, sous le règne des premiers sultans, on avait remarqué ces symptômes de décadence qui se sont accentués dans la suite. Dans le commencement, le mal se trouva localisé, et pour ainsi dire, atténué par la vaillance des princes et par leur activité dévorante, en un mot, par leurs qualités militaires. C'était la croissance, période toujours heureuse et bienfaisante, alors que la force déborde et que la sève monte, abondante et féconde. Les germes de faiblesse, s'il en existe, disparaissent presque entièrement et sont étouffés sous l'irruption incessante et continue des éléments d'action et de vie qui surgissent de toutes parts. Tout autre est la situation d'un empire à son déclin : les ressorts du gouvernement se relâchent, le respect des chefs diminue, la discipline dans l'armée décroît sensiblement, le courage des soldats n'étant plus soutenu par la bravoure des chefs s'altère, la confiance du peuple dans ceux qui le dirigent s'évanouit pour faire place à une méfiance souvent justifiée, enfin, la conscience de la nation se trouble et ses forces dépérissent.

A l'époque dont nous parlons, le mal, qui existait à l'état latent, commença à se manifester avec une extrême violence.

S'il était nécessaire de fixer une date pour marquer la décadence de l'empire ottoman, nous dirions volontiers que cette décadence a commencé quand les sultans ont cessé de prendre une part active à la guerre et causé, par leur indolence et leur faiblesse, la première révolte des janissaires. Là le mal devenait extrêmement grave, car il menaçait de saper par la base la puissance des Ottomans. Les Turcs ne pouvaient vivre et se maintenir dans leurs positions qu'à la condition d'avoir une armée nombreuse, bien disciplinée, et un monarque possédant avec le courage la science militaire. De plus, pour un État essentiellement guerrier, qui n'a jamais cherché à créer aucune civilisation particulière, et qui a mis toute sa gloire à faire des conquêtes, voir s'altérer l'instrument merveilleux de sa force, n'était-ce pas la démonstration la plus éclatante de l'état d'avilissement moral où il était tombé ? Toutes les autres causes deviennent secondaires. C'est ce côté de la question que les historiens ne semblent pas avoir bien envisagé. Sous le règne de Sélim II, les Ottomans en firent la triste expérience. Appelé sur le trône à un âge qui ne lui permettait pas de prendre d'une main ferme et vigoureuse le commandement de l'armée, Sélim II se laissa mener par les chefs de l'émeute. Les nombreuses concessions qu'il fit aux janissaires, loin de les désarmer, les rendirent plus arrogants, au point qu'ils proclamèrent hautement que désormais les sultans passeraient sous leurs fourches caudines avant de monter sur le trône. Ces propos indiquent à quel degré d'insolence et d'insoumission les janissaires étaient parvenus. Chaque changement de règne était pour eux une occasion d'intervenir et de fomenter des troubles. Bien informés, ils savaient d'avance ce que le trésor contenait d'argent, il fallait le vider à fond et leur en compter jusqu'à la dernière piastre. Sélim II commit une grande lâcheté en acceptant les exigences de cette soldatesque effrénée. Jamais monarque pusillanime n'était encore apparu dans la famille d'Osman où la peur avait été, jusque-là, toujours honnie et méprisée. Nous avons connu, en effet, le sultan aux mœurs patriarcales, le souverain batailleur et conquérant, le monarque impudique et incestueux, le chef auguste dont les vertus éclataient sur le trône en bienfaits innombrables, le prince chevaleresque et philosophe, l'empereur pompeux et solennel ; il appartenait à Sélim II de nous montrer, en sa personne, le type du sultan efféminé, vivant en de honteuses débauches, toujours ivre et ne quittant l'orgie que pour se livrer aux plus viles passions. Il avait transformé son palais en un lieu de plaisirs et les administrations publiques en cabarets.

Partant de si haut, l'exemple avait fait de terribles ravages dans la société. En un pays où le Coran interdit formellement l'usage des boissons enivrantes, elles se débitaient dans les rues, sur les places publiques, aux portes des mosquées. Les magistrats, les cadis et les ulémas se mirent à boire tout comme les portefaix et les caïkjis ; les poètes de la cour célébrèrent les bienfaits de l'ivrognerie et Hafiz s'écria dans une ode célèbre : « Le vin engendre tous les vices, mais il nous est plus doux que le baiser d'une jeune fille ». Dénoncé au grand mufti, Emir Séoud, pour ces paroles contraires à la loi religieuse, celui-ci refusa de le condamner, estimant que, quand le sultan boit, il est permis à tout le monde d'en faire autant et aux poètes de célébrer le vin. La passion de Sélim II pour les boissons enivrantes eut néanmoins cet avantage de l'éloigner complètement des affaires dont la direction fut abandonnée aux mains d'un habile renégat, Mohammed Sokoli, qui fut, sans contredit, l'un des hommes les plus remarquables que la Turquie ait connus. Sokoli n'eut garde de réveiller le sultan de sa somnolence et de l'arracher à sa torpeur. Que peut souhaiter de mieux un premier ministre que d'avoir les mains libres ? Il laissa son maître cuver son vin et gouverna l'État à sa guise. Il conclut avec les ennemis de l'empire une paix des plus honorables, condamnant l'orgueilleuse Autriche à payer à la Turquie un tribut annuel de trente mille ducats. Sokoli songea ensuite à amasser pour lui-même une grosse fortune. Il s'était dit que pour devenir véritablement puissant dans un État où règnent la corruption et l'arbitraire, il fallait, de toute nécessité, disposer de grandes richesses. Il avait des idées de gloire et d'ambition qui causèrent sa perte. Soit par haine pour les Russes, soit par zèle religieux, soit enfin par calcul politique, il voulut se mesurer avec les tsars. Il eut lieu de s'en repentir. Ayant entrepris le siège d'Astrakan, les Russes, par une habile manœuvre, le forcèrent à se retirer de la place après avoir subi des pertes considérables.

Le Nord ayant été funeste aux armes ottomanes, Sokoli songea à faire la conquête de l'Arabie. Il envahit le Hedjaz et l'Yémen.

A la vérité, ces expéditions étaient coûteuses et peu productives ; elles eurent cependant ce résultat utile, visé par l'homme d'Etat, de tenir éloignés, pour un certain temps, les janissaires de la capitale et de débarrasser le tout-puissant grand vizir de certains rivaux qui le gênaient.

Si peu soucieux que fut Sélim des intérêts de son empire, il avait cependant quelques rares moments de lucidité que son entourage mettait à profit pour dénoncer les projets ambitieux de Sokoli ; mais ce dernier n'avait qu'à se montrer au palais pour détruire l'impression produite par ses ennemis sur l'esprit du souverain. Il était toujours sûr d'être bien reçu par son maître et ne redoutait d'ailleurs pour lui-même ni la mort, ni l'exil dont il était si prodigue envers ses rivaux.

Sélim, on doit lui rendre cette justice, n'était point sanguinaire. Il avait horreur du bourreau ; aussi Sokoli qui connaissait les sentiments de son maître décidait-il seul du sort des sujets du padischah.

L'amour de Sélim II pour le vin eut un résultat vraiment inattendu. De tous les crus renommés, c'était celui de Chypre que le sultan préférait. Il demanda un jour à son grand vizir de s'emparer de cette île. Rien n'était plus facile à Sokoli, attendu que les troupes qui opéraient en Arabie, où elles avaient subi des échecs répétés, verraient là l'occasion d'une brillante revanche. Déférant donc au désir du sultan, il donna à l'armée de l'Yémen l'ordre de s'arrêter à Chypre. Quelque temps après, le croissant flottait sur les remparts des principales villes défendues par les Vénitiens. Sélim était maintenant au comble de la joie, il possédait le précieux domaine qu'il avait tant convoité. Lorsque Sokoli vint

lui annoncer l'heureuse nouvelle de la prise de Chypre,
il faillit l'embrasser. La conquête de cette île fut au
palais l'occasion de grandes réjouissances. On pouvait
désormais boire ferme, Chypre fournirait le vin. Pendant que les outres se videront, d'autres arriveront sur
les galères impériales et l'orgie continuera.

A ce moment apparaissait sur mer, à la tête d'une
puissante flotte, un des plus heureux capitaines du Moyen
Age, Don Juan, fils naturel de Charles-Quint. Il commandait les vaisseaux de la chrétienté et cinglait à l'Est,
se dirigeant sur Chypre, quand il rencontra les galères
ottomanes près de Lépante. Le choc fut terrible ; mais
la victoire, longtemps disputée, resta aux chrétiens dont
les escadres avaient, du reste, une supériorité marquée
sur la flotte turque. La bataille de Lépante constitue un
des plus hauts faits d'armes de ces temps héroïques, où
l'on se battait constamment, sur terre et sur mer. Bien
qu'elle n'ait pas eu de résultats décisifs, Chypre étant
restée, malgré cette victoire, aux mains des Ottomans, elle
ranima les espérances des chrétiens et contribua puissamment à débarrasser la Méditerranée des corsaires
qui l'infestaient. Lépante terminait glorieusement l'ère
des croisades commencée cinq siècles auparavant, tel
fut l'éclat qui en rejaillit sur la chrétienté que le titulaire
du trône de saint Pierre célébra du haut de la chaire, en
un superbe panégyrique, la gloire du jeune héros qui
revenait chargé de butin. L'effet moral que cette victoire
produisit en Europe fut immense. La destruction d'une
flotte capable de transporter une armée de cent mille
hommes avait pour tout l'Occident une importance considérable. Elle n'affecta pas outre mesure les Turcs. Habitués aux triomphes, ils oubliaient rapidement leurs
échecs. Pour eux une défaite ne comptait pas. D'ailleurs
Sokoli s'était mis à l'œuvre et, en moins de trois années
il avait fait construire et armer deux cent cinquante galè-

res. Il se proposait d'attaquer de nouveau Venise, quand la mort du sultan vint modifier ses résolutions. Ce grand ministre avait tout prévu, sauf cette mort soudaine, qui ruinait ses projets et le plaçait dans une situation difficile vis-à-vis de ses adversaires qui allaient s'acharner à sa perte.

Et maintenant que dire de Sélim si ce n'est qu'il fut un prince nul et sans valeur. Il appartenait à cette catégorie de souverains faméliques qui ne songent qu'à leurs plaisirs et laissent détruire autour d'eux ce que les autres ont édifié de noble et de grand. Il lui suffisait d'être sur le trône, d'avoir ses coffres remplis d'argent, le sérail plein de femmes, le sélamlik de favoris, et le cellier de vins généreux. Que lui importait le reste ! La pensée suprême de son règne fut la conquête de Chypre pour l'indigne motif que nous en avons donné. Encore cette idée, qui fut fatale à la puissance maritime de la Turquie, lui avait-elle été suggérée par un juif, qui ayant passé dans l'île une partie de sa jeunesse, tenait à rentrer en triomphateur dans les lieux témoins de sa misère et de son dénûment.

En neuf années, qui le croirait, le propre fils de Soliman ne trouva pas l'occasion de ceindre une seule fois le sabre d'Osman ; il n'assista à aucune bataille. Le choc des verres remplaça pour lui le choc des lances. Il estimait comme perdue une journée où il n'eût pas bu à satiété, en compagnie de ses favoris. O grand Soliman, reconnais-tu là ta race, reconnais-tu ce noble sang qui bouillonnait en tes veines et qui ne tressaillit jamais que de l'ivresse de la gloire ?

Si coupable, toutefois, qu'ait été Sélim, on pourrait plaider en sa faveur les circonstances atténuantes.

Fils de Roxelane, il avait les instincts lubriques de sa mère, mais il n'hérita point de sa férocité. On dormait tranquillement sous son règne, du moins au palais, et l'on pouvait jouir, bien inappréciable, de la sécurité du lendemain ! Il y eut mieux que cela : le genre de vie qu'il menait ne favorisait ni les intrigues, ni la délation. Plus de meurtres, plus d'empoisonnements, plus de crimes dans le sérail ! Jamais le vice n'avait engendré autant de bienfaits. Ce fut le seul côté consolant de ce règne.

Avec un peu plus de sobriété et de courage, Sélim aurait été, peut-être, un parfait monarque. Il eût probablement fait régner, dans tout son empire, l'ordre et la justice. Que du moins la postérité lui soit indulgente et que l'historien, avant de porter sur lui un jugement trop sévère, se souvienne qu'il est mort sans avoir sur les mains une tache de sang. Il n'eut que ce mérite, mais ce mérite est inappréciable dans un pays où les victimes du sultan se comptent par milliers et où le despotisme sévit si cruellement que nul n'est assuré de vivre, ni de jouir en paix de la position qu'il a conquise.

CHAPITRE XIII

AMURAT III

Début sanglant du règne d'Amurat III.— Relations avec l'Autriche
et la Pologne. — Guerre de Perse. — Orgie et volupté. — Vénalité des chargés. — Avarice d'Amurat. — Expédition de Crimée.
— L'Arménie et la Perse vaincues. — Anarchie. — Guerre contre l'Autriche. — Mort d'Amurat. — Politique anti-musulmane
de la Porte favorable à la Russie. — Amurat continue les errements de ses prédécesseurs.

Sanglante fut l'aube de ce règne. A peine Amurat III
avait-il franchi le seuil du palais qu'il donnait l'ordre au
bourreau d'exécuter ses frères, dont cinq étaient nés de
la même mère que lui. Il fit dresser une potence à
laquelle furent suspendus Féridoum, Moustafa et d'autres
personnages célèbres. Resté seul entre tous les hommes
sur le dévouement desquels il croyait pouvoir compter,
Sokoli interrogeait anxieusement les regards du nouveau
maître. Livrer au bourreau la tête de ce ministre tout-
puissant eût constitué un acte périlleux, à cause du prestige que son nom exerçait sur la foule, aussi le sultan le
fit-il assassiner. Débarrassé de l'homme qui jouissait,
dans le pays aussi bien que dans l'armée, d'une légitime
autorité, il crut nécessaire d'inaugurer son règne par
une mesure destinée à lui concilier les sympathies des
ulémas, rigides observateurs de la loi du prophète. Il
interdit l'usage du vin ; mais aussitôt les janissaires prirent les armes contre leurs chefs, poussés à la révolte

par les propriétaires des cabarets que ce commerce enrichissait. Le sultan effrayé dut renoncer à cette mesure. Il rendit un second décret permettant l'usage des boissons enivrantes ; mais à la condition, qu'il ne serait commis aucune violence contre les musulmans. En revanche, les ivrognes pouvaient se livrer à toutes sortes d'avanies contre les chrétiens. Etrange législation, en vérité, que celle qui fait des catégories entre les citoyens d'un même pays.

A une soldatesque aussi dévergondée, il fallait un capitaine que ses habitudes d'intempérance missent au niveau de ses soldats. Amurat nomma aga des janissaires un rénégat italien, Cicala, converti depuis peu à l'islamisme. Cette mesure ne fit qu'augmenter le désordre dans les rangs de cette troupe indisciplinée et une diversion parut dès lors nécessaire.

La paix subsistait entre l'Autriche et la Porte, mais c'était une paix fort précaire qui n'empêchait ni les excursions dévastatrices, ni les rencontres sanglantes, ni les coalitions. Il était convenu, de part et d'autre, qu'on ne ferait pas un *casus belli* de ces escarmouches et que les soldats des deux camps, lorsqu'ils avaient besoin de se ravitailler, auraient le droit de quitter leurs retranchements. De telles provocations ne pouvaient donc servir de prétexte pour ouvrir les hostilités ; il fallait une déclaration de guerre formelle que l'état des relations de la Porte avec l'Autriche et la Pologne ne permettait pas. En effet, l'Autriche venait d'adopter un excellent moyen pour obtenir des concessions de la Porte. Elle envoyait des émissaires à Constantinople, avec de riches présents et des sacs pleins de ducats. Aussi étaient-ils bien accueillis ; il leur arrivait rarement de revenir au pays sans avoir obtenu quelques avantages. Il n'en était pas tout à fait de même de la Pologne. Là, les Tartares indisciplinés se livraient à des exploits qui motivaient de la

part du gouvernement polonais des réclamations incessantes. La Porte répondait vaguement. La Pologne était,
à ses yeux, un pays d'un rang secondaire qui n'avait
aucun droit de récriminer; c'est tout au plus s'il était
autorisé à envoyer des ambassadeurs auprès de la cour
du Grand Seigneur, encore n'obtenait-il, le plus souvent,
que des résultats négatifs. Amurat excellait dans ce genre
de négociations. Sa duplicité lui fournissait tous les
arguments dont il avait besoin pour justifier les agres-
sions de ses généraux ou de leurs auxiliaires, et, comme
cette situation équivoque convenait aux deux parties, les
Autrichiens et les Polonais ne voulant pas, à ce moment,
de la guerre, tout se passait en échange de visites et
en pourparlers.

Amurat se voyait forcé d'engager les janissaires dans
une nouvelle campagne à cause de leur attitude séditieuse qui commençait à l'inquiéter. De son côté, le
grand vizir, jaloux de la renommée de son prédécesseur, voulait se distinguer par quelque action d'éclat.
Cependant l'Autriche et la Pologne, de plus en plus
pacifiques, cherchaient à éviter les hostilités, et Amurat
dut se rabattre sur la Perse. Depuis quelque temps, les
relations entre les deux pays étaient troublées par de
fréquents combats sur la frontière. La Porte saisit ce
prétexte pour déclarer la guerre au roi de Perse.

Fidèle à l'exemple qui lui avait été donné par son père,
Amurat n'accompagna pas l'armée, dont le commandement fut confié à Sinan-Pacha. Délivré de la présence
des janissaires, il put se livrer à ses deux passions favorites : les femmes et l'or, l'or surtout. Rien ne le réjouis-
sait autant que la vue de ce précieux métal. C'était un
dur sacrifice pour lui de devoir quelquefois, cédant aux
exigences de son armée, le retirer de ses coffres.

Toutefois la crainte que les janissaires inspiraient

aux sultans était salutaire, car elle tempérait dans une certaine mesure la violence du despotisme et rendait le souverain plus attentif à ses devoirs. Après leur départ Amurat s'abandonna à la débauche. L'orgie, la hideuse orgie, reparut au palais, orgie de chair humaine d'où le vin était banni ; mais non le vice. Sa forte constitution lui permit toutes sortes d'abus voluptueux. Nombreuse fut sa postérité : vingt enfants mâles et une quantité de filles que leur sexe protégeait contre les immolations prescrites par la raison d'Etat.

Amurat eut plusieurs favoris ; le plus célèbre fut Schemsi qu'on avait surnommé le fauconnier des pétitions. Il était chargé de remettre au Sultan les placets et requêtes présentés par ses fidèles sujets. Il se faisait avec cette fonction de gros revenus, rançonnant, comme il lui plaisait, les malheureux pétitionnaires. Ayant amassé de la sorte beaucoup d'argent, il eut la malheureuse idée d'associer le sultan à ses gains et lui fit, un jour, présent de quarante mille ducats, ce qui surprit tout d'abord le monarque. Interrogé sur la provenance de cet argent, Schemsi eut la franchise d'avouer qu'il l'avait gagné à son service ; il ajouta qu'en le donnant au sultan, il ne faisait que le rendre à son légitime propriétaire. Amurat encaissa les quarante mille ducats et continua d'exiger de son favori de nouveaux présents. Les fonctionnaires apprirent à leur tour par quel moyen ils pouvaient s'assurer les faveurs du maître. Désormais le sultan devenait accessible à la corruption. Amurat prit goût à ces gains illicites ; il fallait le payer pour lui plaire ; il fallait le payer encore pour échapper à une disgrâce. Bientôt toutes les places et toutes les fonctions furent à vendre. Le prix en était taxé d'avance. La vénalité atteignit des proportions telles que le grand vizir dut se plaindre de l'ingérence abusive du palais dans les affaires de l'Etat. Il lui fut répondu qu'il n'avait qu'à obéir

et que ce qui venait du palais ne pouvait être malfaisant.
Cette réponse ne satisfit pas le grand vizir. Sachant que le
coup porté à son prestige avait été préparé par Schemsi,
qui continuait de jouir de la confiance du sultan et de la
protection de la sultane Safié, une esclave vénitienne à
laquelle Amurat était très attaché, il introduisit dans le
harem deux autres esclaves remarquables par leur
beauté et possédant quelques arts d'agrément, comme
la musique et la danse. Celles-ci ne réussirent pas à détruire complètement l'influence de Safié ; mais elles
parvinrent à maintenir le grand vizir à son poste.

Pendant qu'Amurat III passait sa vie dans les plaisirs, et qu'il amassait de l'or, son armée livrait de sanglantes batailles en Perse. La guerre s'étendait aux contrées voisines, au Caucase, à la Géorgie, à l'Arménie, au
Daghestan. Tantôt victorieuse, tantôt vaincue, jamais
découragée, elle évoluait dans ces lointains pays contre
un ennemi vigilant, qui connaissait les accidents du terrain et savait se dérober aux coups qui lui étaient destinés. Amurat envoyait ordre sur ordre pour qu'on conti-
nuât les hostilités, redoutant de voir les troupes revenir
dans la capitale.

De cette guerre engagée avec la Perse, Amurat ne
pouvait rien espérer et elle allait se terminer fatalement
par la retraite précipitée de l'armée, lorsque le sultan
imagina, pour la retenir en Asie, d'en diriger la plus
grande partie sur la Crimée. Mohammed Ghéraï, avait
refusé d'envoyer ses soldats au secours de l'armée
turque assiégée dans le Caucase. Amurat, pour punir
cette défection, ordonna au serasker, Osman-Pacha de
marcher contre lui et de favoriser les menées d'Islam
Ghéraï qui travaillait à déposséder son frère. La marche
audacieuse d'Osman eut un plein succès ; Mohammed fut
assassiné avant que les Russes aient pu accourir à son
aide, et son frère recueillit sa succession. Osman, en-

couragé par ce succès vint à Constantinople sans y être autorisé. Il ambitionnait, depuis longtemps, le poste de grand vizir. Le sultan, le voyant arriver inopinément, lui fit bon accueil, s'empressa de lui accorder tout ce qu'il demandait et le fit partir de nouveau pour la Perse où les troupes venaient de subir une série d'échecs. Osman-Pacha y trouva la défaite et la mort. L'année suivante, les armées turques ayant recommencé l'attaque, la Perse et l'Arménie furent finalement vaincues. En dépit des prodiges de valeur déployés par le célèbre Hamzé-Mirza, l'un des plus héroïques soldats que l'Iran ait enfanté, et par le valeureux Simon, le dernier défenseur de l'indépendance arménienne, ils furent écrasés par le nombre. Le champion de l'Islam et le soldat du Christ se valaient par le courage, mais les généraux Ottomans, plusieurs fois terrassés par leurs adversaires recevaient sans cesse de nouveaux renforts, ce qui devait leur assurer infailliblement la victoire. Après avoir pacifié la Perse, une partie de l'armée reprit le chemin de la capitale, au grand désespoir d'Amurat.

Ce fut pour les janissaires l'occasion de nouvelles rébellions. Tant qu'ils étaient occupés à la guerre, ils ne réclamèrent pas leur double solde ; mais à peine rentrés dans leurs foyers, ils s'insurgèrent contre leurs chefs, demandant à hauts cris le paiement de leurs arriérés, en bonne monnaie. Si le trésor était vide ou ne contenait que des pièces fausses, de mauvais aloi, la cassette impériale regorgeait d'or. Les mutins voulurent être payés avec cet or et envahirent le sérail. Pour les apaiser, on leur abandonna tout, même la tête du defterdar, ministre des finances, ainsi que celle du beylerbey de Roumélie. A partir de ce moment, le sultan n'eut plus d'autre préoccupation que celle de voir la guerre se rallumer de nouveau en Europe. Il rappela, à cet effet, le vieux Sinan. C'était un homme énergique et entreprenant qui ne reculait devan aucune tâche.

Partout l'anarchie était à son comble. Le gouvernement n'était plus obéi. Du Caire jusqu'à Bude, des troubles éclataient, comme si le sol de l'empire eût été miné. Symptôme grave, les janissaires ne se montraient pas plus soumis au camp que dans la capitale. En Moldavie, ils avaient poussé la témérité jusqu'à nommer de leur propre autorité un voïvode sur ce pays. Ils agissaient comme s'ils avaient été les maîtres. Quel remède à cette situation ?

Deux partis s'offraient à Sinan. Il pouvait rassembler toutes ses troupes, et les jeter sur l'Asie, ou bien déclarer la guerre à l'Autriche qui, ainsi que nous l'avons dit, s'ingéniait à l'éviter. Il opta pour ce dernier moyen. Trente années de paix relative avaient permis à l'Autriche de refaire ses forces. Le pacha de Bude fut vaincu, dès le début de la campagne, et ce premier succès ranima le courage des chrétiens, qui se soulevèrent partout contre les Turcs, notamment en Transylvanie. Sinan se trouvait en fort mauvaise posture. Jadis le sultan fût accouru en personne pour dégager ses troupes et relever le courage de son armée ; mais Amurat, confiné dans son palais, se contenta d'envoyer à Sinan, l'étendard sacré du prophète, faible secours contre des soldats déjà victorieux. Sur ces entrefaites, le sultan mourut subitement, usé par ses débauches. Son règne s'achevait dans la honte et dans la défaite (1).

Pour émettre un jugement impartial sur le règne d'Amurat III, il faudrait pouvoir synthétiser, en quelque sorte, tous les faits qui s'étaient passés depuis la conquête de Constantinople par Mahomet II, en supputer les conséquences, en répartir les responsabilités. Il est évident qu'Amurat n'avait pas créé seul la situation douloureuse dans laquelle la Turquie se débattait. L'ins-

(1) Batailles de Koulpa et de Stuhlweissenburg (1593-1594).

trument avait été faussé aux mains de ses prédécesseurs et voici que deux règnes successifs causent tant d'avaries à l'État qu'on se demandait déjà, avec une certaine anxiété, ce qu'il allait devenir et s'il ne sombrerait pas dans la tempête.

Comment s'était étiolée cette force prodigieuse qui, pendant plus de deux siècles, avait fait trembler l'Europe et dont l'immense rayonnement avait ébloui l'univers ? Par quelles causes secrètes s'était affaibli cet admirable courage dont les premiers sultans avaient fourni tant de preuves ? Toujours sur la brèche, ils dédaignaient les plaisirs ou bien ils en usaient comme d'un délassement. Toute cette force s'était évanouie dans la fumée de l'encens que les courtisans brûlaient autour du trône et dans les parfums enivrants du harem.

Pourtant les exemples de bravoure et d'héroïsme donnés par les souverains de la Turquie, étaient encore récents. Trente années s'étaient à peine écoulées depuis le jour où le nom de Soliman-le-Magnifique avait retenti dans le monde pour la dernière fois, comme un coup de tonnerre, et déjà on pouvait dire que le sommeil de la mort pesait sur sa dynastie. On constate bien çà et là quelques réveils, puis la nuit se fait de nouveau, sombre, obscurcissant les horizons d'un peuple qui semblait né pour la gloire et pour le bonheur.

Tout ceci ne démontre-t-il pas que l'œuvre de la guerre est vaine, si elle ne donne naissance à une inspiration civilisatrice, basée sur l'amour de la science et de l'humanité ?

Les premiers sultans avaient fondé par leur sagesse et par leur vaillance un puissant empire dont les assises reposaient sur leurs forces militaires et dont la base sociale était la tolérance et l'amour du progrès. Qu'en ont fait leurs successeurs ? Amurat III, après Sélim II, inaugure résolument l'ère de la décadence qui va continuer de règne en règne, condamnant la Turquie à une longue et pénible agonie.

On était pourtant fondé à croire que Sélim serait une exception et que la chaîne des grands sultans se serait renouée, aussitôt après sa mort. C'est le contraire qui eut lieu. Il apparut alors à tous qu'Amurat était le second d'une série de souverains dont la faiblesse allait faire mieux ressortir, en quelque sorte, les brillantes qualités de leurs prédécesseurs.

Ce changement subit reste pour nous une énigme indéchiffrable ; car s'il est facile d'expliquer comment le pouvoir absolu corrompt, à la longue, les âmes les mieux trempées, on ne peut comprendre que, du père au fils, le courage militaire, qui était un des plus beaux apanages de la famille, s'efface tout à coup, pour faire place à la mollesse et à la lâcheté.

Le règne d'Amurat accentua le mouvement de retraite des Turcs vers le Danube et les Balkans. Cette retraite va s'aggraver ; à chaque siècle, l'empire subira une amputation et perdra quelques-unes de ses riches provinces. Tels ces blocs gigantesques qui, détachés des sommets des montagnes, glissent sur une pente escarpée vers l'abime ; la puissance des Ottomans en Europe disparaîtra successivement par pièces et par morceaux. Il y aura sans doute, chez ce peuple admirable de résignation et de courage, des retours offensifs, des luttes héroïques ; mais on ne verra plus se produire ces fortes réactions qui changent le tempérament d'une nation et lui donnent une vie nouvelle.

Amurat rendit plus critique encore la situation déjà précaire de l'empire, en affaiblissant au profit des Russes les États musulmans, tels que la Perse, le Daghestan, et la Crimée ; imprévoyance funeste, qui allait faire des tsars les maîtres incontestés de la mer Caspienne et de la mer Noire. L'antipathie des Ottomans

pour leurs coreligionnaires de la Perse avait, on le
sait, ses origines dans le schisme religieux; mais il n'en
était pas de même pour les Tartares de la Crimée qui en
maintes occasions, avaient secouru l'armée turque aux
prises avec les Polonais et les Impériaux. C'étaient des
alliés qu'il fallait ménager, et tout l'aveuglement
d'Amurat n'explique pas une telle méconnaissance des
véritables intérêts de l'État.

La campagne d'Arabie pouvait mieux se justifier par
ce fait qu'il y avait nécessité pour les califes ottomans
de faire disparaître les derniers vestiges de la domination arabe, et par cette autre considération que le sultan
tenait par ce moyen ses troupes éloignées de la capitale
où elles eussent multiplié les séditions et les révoltes ;
mais quel avantage y avait-il pour lui à aider les Russes
dans leurs assauts contre les khans de Crimée.

L'isolement où furent laissés les Maures d'Espagne
constituait une faute grave à la charge de la diplomatie
ottomane, car, il y avait là une occasion favorable, qu'elle
laissa échapper, de porter un coup décisif à la puissance
germanique en Europe, et de donner la main à la France,
au moment où celle-ci luttait contre la prédominance de
la maison d'Autriche. Soit incapacité ou ignorance, soit
mauvais vouloir, les Turcs ne surent pas mettre à profit
les réelles sympathies des Maures et des Arabes pour
leur pays. Après la prise de Constantinople et l'extension de leurs frontières jusqu'au Danube, ils semblent
n'avoir eu particulièrement en vue que de détruire, ou
de subjuguer les États mahométans, quand une alliance
avec ces États leur eût été infiniment plus avantageuse
et leur eût permis de concentrer toutes leurs forces contre leurs ennemis.

Amurat III, commit, en l'aggravant, la même faute
que ses prédécesseurs. Il éparpilla ses forces en Asie
où elles furent décimées, et le jour où il voulut faire face

à l'Autriche, il ne put que constater l'état d'épuisement où ses armées étaient tombées, par les interminables campagnes qu'elles entreprenaient tantôt en Perse et tantôt en Crimée.

La Turquie qui avait été favorisée jusqu'à Soliman par une suite de règnes éclatants et glorieux, semblait condamnée à une irrémédiable décadence. Ce qu'il y avait de plus funeste dans ce déclin que subissait l'empire ottoman, c'est qu'il se produisait juste au moment où l'Europe sortie, en quelque sorte de la période d'anarchie qu'elle avait traversée s'organisait en États puissants, fortement constitués. C'était l'époque où la Royauté française paraissait définitivement raffermie, où l'Espagne tenait tête à l'Angleterre, où la puissance de Venise semblait être parvenue à son apogée, où la Russie naissait à la gloire et où la Confédération germanique devenait menaçante. A ce moment la Turquie avait besoin de se recueillir et de concentrer ses forces au lieu de les éparpiller dans des luttes stériles.

CHAPITRE XIV

MAHOMET III

Avènement de Mahomet III. — Révolte des janissaires. — Débauches du sultan. — Expédition sur le Danube. — Mort de Sinan-Pacha. — Mahomet prend pour un moment le commandement de l'armée. — Expédition de Crimée. — Incapacités des grands vizirs. — Le brigandage dans les provinces. — Entourage des sultans. — Rôle du peuple.

S'il est donné aux sultans de vivre dans la splendeur, la mort est pour eux la fin de toutes les pompes et de toutes les apothéoses. Ils sont d'ailleurs indifférents aux hommages que la postérité pourrait leur décerner. Leurs sujets subissent leur ascendant et ne gardent, d'ordinaire, ni le souvenir de leurs bienfaits, ni celui de l'oppression dont ils ont été les tristes victimes, pendant la durée de leur règne. Courtisans et peuples se tournent du côté de l'astre qui se lève. Aussi les obsèques des souverains ottomans ont-elles lieu de la manière la plus simple, en toute hâte, même avec précipitation, à moins que, par exception, leurs successeurs n'en décident autrement. Mahomet voulut que son père eût de magnifiques funérailles.

Par quelle malheureuse inspiration fut-il conduit à décider, la nuit même de son avènement, de mettre à mort ses dix-neuf frères? C'est en vain que les infortunés princes implorèrent la clémence du sultan ; c'est en vain qu'il supplièrent le bourreau de les épargner, ils furent tous étranglés. Dès l'aube, on vit sortir du harem les dix-neuf cercueils. Que de sang versé ! Que d'hécatombes à chaque règne, et quelle horrible vision que cette suite ininterrompue de meurtres et d'assassinats !

Féroce envers ses frères, Mahomet montra une inconcevable faiblesse à l'égard des janissaires. Il poussa la lâcheté jusqu'à débattre avec eux le prix qu'il devait leur offrir, comme don de joyeux avènement. Tout en réclamant leur dû, les janissaires refusaient obstinément d'en fixer le montant, espérant ainsi obtenir de la générosité du sultan plus qu'ils n'auraient osé demander. En fin de compte, le grand vizir Ferhad fit emplir de pièces d'argent quantité de sacs, et, les ayant rangés dans la cour, il invita les janissaires et les sipahis à se les partager. Les janissaires, qui étaient les plus forts, chassèrent ces derniers et s'emparèrent de tout. Les sipahis se répandirent alors dans la ville et menacèrent de mort le grand vizir. Ces émeutes ne troublaient pas, à proprement parler, la tranquillité de la capitale. Elles ne visaient, en effet, qu'une certaine catégorie de fonctionnaires et les sympathies de la foule étaient acquises aux rebelles. Outre qu'entre le palais et le peuple il y avait une ligne de démarcation bien nette, bien tranchée, une sorte de fossé fait de crainte et de superstition, les commerçants de Stamboul avaient intérêt à rentrer dans l'argent qu'ils avaient avancé à leur clientèle turbulente. Les révoltés une fois en possession de leur solde, s'empressaient de payer leurs dettes, sans que rien, du reste, les y obligeât, par une sorte de vanité, qui les poussait à se montrer généreux, peut-être aussi par un instinct de justice qui est au fond de l'âme populaire.

Les historiens de Mahomet affirment, et nous voulons bien le croire, qu'il était monté sur le trône avec d'heureuses dispositions, mais on en chercherait vainement la trace dans tous les actes de sa vie. Quand dans la nuit de son couronnement, nuit tragique, on aligna devant lui dix-neuf cercueils, ceux de frères aimés, ces dispositions, à supposer qu'elles eussent jamais existé, devaient fatalement tomber dans le néant, On songe, après le crime, à l'insécurité du lendemain, on se croit entouré d'assassins et l'on est prêt à commettre d'autres forfaits pour se soustraire aux châtiments que l'on redoute. On devient assassin malgré soi, par nécessité plus encore que par tempérament,

Une tête coupée en fait renaître mille,

on s'enfonce de plus en plus profondément dans le crime et l'on cherche presque sans le vouloir une issue à une situation devenue inextricable.

Mahomet, menacé par les émeutes militaires, essaya d'y échapper, en ayant recours, comme ses prédécesseurs, à la guerre, moyen infaillible pour sortir d'embarras ; mais les janissaires et les sipahis refusèrent d'obéir et le grand vizir dut se rendre en Roumélie, avec une partie de l'armée seulement, espérant que les révoltés ne persisteraient pas dans leur refus de rejoindre le camp. Le sultan s'adressa dans cette circonstance à l'habileté bien connue de Sinan, qui avait été relégué, pour la troisième fois, au fond d'une province. Il fut rappelé de l'exil, et parvint, à force de cadeaux, à convaincre les mutins qu'il était de leur intérêt de le suivre dans cette campagne où ils auraient trouvé beaucoup de profits. Soit lassitude, soit crainte, ils obtempérèrent à son désir, et la capitale fut enfin délivrée de la présence de ces hôtes gênants.

A partir de ce moment, le sultan put jouir de tous les plaisirs qu'une mère avisée (1) allait lui procurer. Elle fournit à son fils autant de femmes qu'il en voulut. Elle en fit venir des provinces et de l'étranger. Le sultan passait

(1) Biaffa.

ses journées et ses nuits dans ce milieu bizarre, avec des filles de tous les points du globe, ignorant pour la plupart la langue de leur seigneur et maître, tandis qu'au dehors le sélamlik regorgeait de chanteurs, de danseurs et de pages qui se livraient aux plus honteuses orgies, sous les yeux mêmes du sultan.

Pendant que Mahomet s'adonnait ainsi à la débauche, Sinan poursuivait sa route vers l'Allemagne. Il fallait à tout prix attaquer l'ennemi ; aucun traité, ni aucune négociation ne pouvait empêcher la guerre. Qu'elle fût faite en de bonnes ou en de mauvaises conditions, dans des circonstances favorables ou non, il fallait qu'elle eût lieu, que le sang coulât à flots et que le pays voisin fût livré au pillage. Mais voici un autre aspect, non moins étrange, de cette situation anormale. Chemin faisant, Sinan rencontre son rival, qui, prévenu des intrigues ourdies contre lui, revenait en toute hâte à Stamboul. Le nouveau grand vizir lui barre la route et le force à se battre. Celui-ci prend la fuite, mais son implacable ennemi met les sipahis à ses trousses. Le malheureux Ferhad parvient toutefois jusqu'à la capitale, et, se jetant éperdu aux pieds de son maître, il implore son pardon. Le sultan commença par lui faire livrer tous ses trésors et l'ayant ainsi dépouillé de ce qu'il possédait, il rendit un *hatti-chérif* garantissant sa vie. Sinan, de son côté, s'étant plaint au sultan de la condescendance qu'il venait de témoigner à son rival, Mahomet craignant, sans doute, que l'irascible grand vizir ne revînt à Constantinople avec l'armée, rendit aussitôt un second hatti-chérif ordonnant au bourreau d'exécuter l'infortuné Ferhad.

Mais tout se paye, en ce monde ; Sinan ne fut point heureux dans ses opérations contre les Impériaux et leurs alliés ; il essuya revers sur revers et réclama des renforts. Le sultan eut recours aux lumières du mufti qui, faute de mieux, lui conseilla de faire dire des prières publiques dans les mosquées pour apaiser le courroux du ciel. Cependant une chose surprenait Mahomet : tous les rapports reçus de Sinan avant la bataille représentaient la situation des troupes comme excellente et promettaient la victoire. Il s'en ouvrit à l'un de ses confidents qui lui remit à cette occasion un poème de quinze cents vers, composé par Ali Tchélébi, dans lequel ce poète dépeignait sous les couleurs les plus sombres l'état des troupes à la frontière. Ne sachant plus quelle résolution prendre, dans ces circonstances critiques, le sultan remplaça Sinan par le fils de sa nourrice, un intrigant dont il avait fait, quelque temps auparavant, son ministre des finances ; mais ce dernier éprouva une si grande joie de son élévation à cette haute dignité qu'il mourut trois jours après.

Force fut à Mahomet de maintenir Sinan à son poste. Celui-ci, redoutant de plus en plus les intrigues du palais, supplia le sultan de venir se mettre à la tête des troupes. C'était d'ailleurs la volonté expresse des janissaires pour lesquels la présence du souverain était l'occasion d'une distribution d'argent. Mahomet, sur les conseils de sa mère, ajourna son départ jusqu'au printemps. Sur ces entrefaites, Sinan vint à mourir, et le sultan se trouva par cela même dégagé de sa promesse. La mort de ce rude Albanais fut un soulagement pour Mahomet qui en outre recueillit sa succession s'élevant à des sommes fabuleuses. Les janissaires ne cessant pas de réclamer la présence du padischah à la frontière, celui-ci se décida, sur les instances du mufti, à abandonner sa capitale (1). Cet événement eut sur Mahomet les plus heureuses conséquences. Echappé à cet air que l'on respire au sérail, sorti de ce milieu délétère fait

____

(1) 21 janvier 1597.

pour corrompre le cœur et amollir le courage, le sultan s'était ressaisi et avait trouvé en lui-même la fermeté nécessaire pour diriger les premières opérations. Il rétablit la discipline, et, après la prise d'Erlau, à la célèbre journée de Keresztes, ce fut lui qui, à l'ombre de l'étendard sacré, conduisit ses vaillants soldats à la victoire. Il battit à plates coutures l'armée austro-allemande commandée par Schwarzemberg et Teuffenbach. S'il fût demeuré au camp, il eût retrouvé sa popularité, mais il avait hâte de revoir Constantinople. Le commandement des troupes fut laissé au renégat Cicala. Le nouveau grand vizir licencia aussitôt les régiments asiatiques qui revinrent dans leurs foyers. Par cette mesure, il affaiblit son armée et fournit à la rébellion en Asie un nouvel aliment.

Dès son retour dans sa capitale, Mahomet ayant appris que le khan de Crimée avait arboré l'étendard de la révolte, rappela aussitôt Ibrahim-Pacha qui commandait de ce côté de la frontière et lui donna pour remplaçant l'eunuque Hassan connu par ses exactions en Égypte et par sa cruauté. Cet homme, déjà immensément riche, mit la Crimée au pillage et en revint chargé d'or. Il n'eut pas de peine à gagner à sa cause la sultane Validé et fut nommé grand vizir. Il commença à vendre les places au plus offrant et commit tant d'abus que le sultan, lassé des plaintes qui lui parvenaient sur ce singulier personnage, le remplaça par Djerrah Mohammed, chirurgien de profession, auquel il fit la déclaration suivante : « Si tu ne te conduis pas bien, Mohammed, tu seras écartelé ! » Paroles vaines qui ne pouvaient corriger ce malheureux choix, dû à la faveur, non au mérite.

Aussi les dernières années du règne de Mahomet furent-elles attristées par des rébellions qui éclatèrent successivement en Europe et en Asie. Ces révoltes s'expliquent par le surmenage des troupes et le manque de butin. Les guerres devenaient de plus en plus coûteuses et rapportaient peu. Les armées, évoluant toujours dans le même cercle, avaient épuisé les ressources du pays. Au premier signal, les habitants des campagnes prenaient la fuite. Comme ils étaient devenus tous misérables, ils ne laissaient derrière eux aucun avoir. Quant aux habitants des villes, ils avaient proscrit le luxe de leurs maisons et les soldats, pour tout butin, n'emportaient que quelques hardes. Ils pouvaient, il est vrai, se dédommager sur les esclaves, ils en avaient à volonté, mais outre qu'il fallait les nourrir, ils ne se vendaient plus guère sur les marchés, tant il y avait abondance de bétail humain. La détresse était générale et le brigandage montrait sa tête hideuse dans les forêts, dans les grottes profondes, sur les hautes cimes. Janissaires et sipahis se révoltaient tour à tour ou simultanément et les anciens soldats, renvoyés dans leurs foyers, n'avaient rien de plus pressé que de se former en bandes pour rançonner les habitants. Mahomet dans ces circonstances difficiles, trouva un peu d'énergie ; il envoya à ses gouverneurs de province des messages leur enjoignant de sévir contre les coupables et de rétablir l'ordre. Ces messages sont des modèles du genre. S'il n'était pas homme d'épée dans la véritable acception du mot, il était homme de lettres et poète. L'un de ses précepteurs lui rend ce témoignage. S'il faut en croire un de ses historiens, aucun souverain n'eut au même degré que Mahomet III le goût des choses littéraires ; mais les historiens officiels ne sont que des visionnaires, et, quant aux précepteurs, comment croire à la sincérité de leurs déclarations ? Adulateurs de leurs maîtres, ils eurent toutes les lâchetés, même celle de se faire quelquefois dénonciateurs pour se venger de ceux qui ne les payaient pas. Le rôle des poètes à la cour n'était guère plus beau. Ces marchands de littérature vendaient leurs vers, comme on débite des sucreries dans le magasin d'un confiseur, aux bazars de Stamboul.

Nous avons vu que les ministres, dont le sultan s'était entouré, ne valaient pas mieux que ses troubadours. Uniquement préoccupés de leur situation, peu soucieux du bien de l'État, ils s'efforçaient, en toute occasion, de tromper le souverain, qui mal renseigné, ne pouvait que commettre erreur sur erreur dans tout ce qu'il entreprenait. Tel fut Sinan, ce flibustier célèbre qui eut toutes les audaces. Le sultan n'était pas mieux partagé en ce qui concernait son entourage intime. Il avait écarté du trône les quelques hommes qui illustrèrent le règne de son grand-père Soliman et ne pouvait plus compter que sur des conseillers intéressés ou des serviteurs infidèles. Peut-être conviendrait-il d'excepter de ce nombre le grand mufti qu'il consulta en maintes occasions et quelques autres ; mais chez ces hommes encore que de duplicité ! Ils n'avaient qu'un objectif : plaire au maître pour capter sa confiance. Ils inventaient toutes sortes de flagorneries. Le sélamlik se présentait comme un lieu de repos. Mahomet s'y réfugiait fréquemment. Là du moins, il échappait au tumulte, au bruit. Dans le sélamlik, c'était des adorateurs silencieux, des êtres figés, pour ainsi dire, à leur place et auxquels le sultan semblait imprimer le mouvement et la vie. Les pantins sont moins dociles au fil qui les conduit que ces hommes tarés, pour la plupart, qui sont aux monarques ce que la vermine est aux corps des miséreux.

Mahomet III peut se passer du jugement de l'histoire. Il ne semble pas qu'il ait jamais songé à ce que la postérité dirait un jour de lui. Qu'avez-vous fait depuis cinquante ans que vous existez, demandait-on à un sceptique, qui fit à son interlocuteur cette réponse.

« J'ai vécu ». Mahomet ne s'était tracé aucune ligne de conduite, ne s'était imposé aucune tâche. Il voulait vivre dans la joie et les plaisirs. S'il n'y réussit pas pleinement, c'est que dans sa situation de chef d'État, il était impossible de se désintéresser d'une façon complète des préoccupations inhérentes aux affaires publiques. On ne chasse pas d'un coup d'éventail les soucis qui assiègent le trône. Si le souverain détourne la tête pour ne les point voir ils bourdonnent à son oreille et parfois ils le piquent au front de leurs dards. La meilleure manière de les écarter c'est de les aborder de face et d'en faire le sujet de ses méditations quotidiennes. Comment exiger cela d'un sultan comme Mahomet ? Comment un monarque qui consacre ses nuits aux débauches et ses journées à toutes sortes de distractions serait-il capable de traiter les affaires sérieuses ou simplement de les examiner ? Il se repose sur d'autres de ce soin ; mais le jour où une catastrophe se produit, on l'entend pousser de hauts cris et en appeler au prophète de la pureté de ses intentions. Victime de ses mauvais conseillers : s'il a confié le pouvoir à un intrigant, c'est qu'ils lui ont affirmé que c'était l'homme apte à remplir cet emploi, ou à un ignorant, c'est qu'ils le lui ont présenté comme un ministre capable. Pourtant quand il se permettait de prendre pour grand vizir le fils d'une blanchisseuse, ou un chirurgien, ou un eunuque, on est bien forcé d'avouer qu'il commettait une faute grave. De responsabilités, Mahomet n'en eut point, il ne voulait pas en avoir : Être supérieur, il pouvait à son gré planer dans les sphères élevées, ou se vautrer dans la boue, pratiquer la vertu ou le vice, honorer les sciences ou les dédaigner, construire des cités ou les détruire, accorder la vie aux captifs ou les laisser massacrer, protéger ses sujets ou les livrer au bourreau. Dans tous ses actes, bons ou mauvais, louables ou malfaisants, il agissait en maître.

CHAPITRE XV

AHMED 1er. — MOUSTAPHA 1er. — OSMAN II

Graves désordres en Asie et en Europe. — Faiblesse du monarque. — Séditions militaires. — Changements dans l'ordre de
succession. — Avantages et inconvénients des deux systèmes. —
Résultats de ces changements sur la situation générale de l'em_
pire. — Influence pernicieuse du harem. — Avènement de
Moustapha. — Sa déposition. — Osman II est proclamé sultan. —
Nouveaux troubles. — Moustapha remonte sur le trône. — Mort
d'Osman II et de Moustapha. — Période tourmentée. — Indifférence du peuple.

Que l'on se figure, au milieu de l'océan, un vaisseau
assailli par la tempête : le navire est désemparé, les
voiles sont déchirées, les mâts brisés, le gouvernail flotte
sur les crêtes écumantes des vagues furieuses ; telle
est l'image que présentait la Turquie à la mort de Mahomet III.

Il laissait à son fils Ahmed un lourd héritage que les
frêles épaules de l'enfant, âgé seulement de douze ans,
ne pouvaient porter.

Les Firaris — on avait donné ce nom aux troupes
licenciées par Cicala — s'étaient répandus en Asie où
ils fomentaient des révoltes. La rébellion, ayant à sa tête
le célèbre Dély-Hassan, avait trouvé dans les montagnes
de la Cilicie, dans les contreforts du Taurus et du Kur-
distan des éléments qui la rendaient redoutable. Ajou-

tez à cela le voisinage de la Perse qui avait à venger ses défaites passées, celui de la Mésopotamie et de la Syrie désireuses, l'une et l'autre, de secouer le joug et vous aurez une faible idée des dangers que les troubles qui venaient de renaître, en Asie, faisaient courir à l'empire. Les séditions incessantes des janissaires, les intrigues des généraux et des grands vizirs, la rapacité des fonctionnaires, les agissements des ulémas, l'influence du harem, la faiblesse du jeune monarque, étaient autant de causes d'ébranlement pour la puissance ottomane. Tant d'intérêts opposés les uns aux autres, tant de passions déchaînées, tant de desseins séditieux formaient un véritable chaos. Tout autre gouvernement eût infailliblement péri sous la poussée de ces désordres ; mais en Turquie les rébellions étaient, en quelque sorte, entrées dans les mœurs. Au surplus, elles ne présentaient pas en Asie les mêmes dangers qui en seraient résultés pour l'empire, si elles avaient pris naissance en Europe, en face des chrétiens armés. La répression elle-même comportait bien des tempéraments, elle était relativement modérée. Le plus souvent les rebelles se livraient à la discrétion du gouvernement et n'avaient pas lieu de s'en repentir ; ils étaient traités avec humanité et pourvus d'emplois lucratifs, comme la chose eut lieu pour Dély-Hassan qui, gorgé d'or, fut nommé gouverneur général de la Bosnie en 1602. D'autres fois, les négociations précédaient les combats ; il n'y avait, pour ainsi dire, qu'un semblant de lutte qui se terminait ensuite par des embrassades. Gagner les chefs paraissait aux généraux ottomans le plus sûr moyen de vaincre. Si, d'aventure, un de ces chefs refusait les insignes de la sujétion et les faveurs qui les accompagnaient, on le faisait assassiner par quelqu'émissaire. Le vrai péril était dans la capitale où l'anarchie régnait et dans l'émiettement des forces nationales provoqué par l'indiscipline qui sévissait dans les rangs de l'armée. Les Sipahis avaient repris les armes contre leurs chefs, tandis que sur la frontière les Persans remportaient d'importantes victoires. Tébriz et Evian étaient reconquises et la rébellion s'étendait à la Syrie et jusqu'aux portes de Stamboul.

On comprend que, dans ces circonstances, l'Europe ne se soit pas montrée trop pressée de sortir de sa réserve et qu'elle ait gardé pendant si longtemps une attitude expectante. A quoi bon renverser ce qui tombe de soi?

Pendant la minorité du prince, le gouvernement fut entièrement aux mains du grand vizir et de la sultane validé. Plus tard, lorsque le sultan fut avancé en âge, il ne put exercer le pouvoir, ni affirmer sa volonté souveraine, et cela à cause des séditions qui éclataient sans cesse au sein de l'armée et des intrigues du sérail. Un homme, un vieillard de quatre-vingt-cinq ans, Mourad, prit alors les rênes du gouvernement; par son énergie, il dompta la rébellion. Il marcha contre les Persans et périt glorieusement dans un combat. La paix fut conclue avec la Perse, paix éphémère; car la guerre recommença bientôt en Europe où l'imprudent successeur de Mourad crut devoir intervenir dans les affaires de Hongrie. Les Autrichiens remportèrent des succès éclatants qui forcèrent la Porte à conclure le traité de Carlowitz, traité favorable à l'Autriche et qui l'exonérait définitivement du tribut de 3.000 ducats qui lui était imposé par les anciens traités. La paix fut bientôt rompue et la Turquie subit de nouveaux désastres. Le grand-vizir, de plus en plus enhardi par la faiblesse du jeune monarque, en était arrivé à cacher à son maître des défaites telles que celles que subirent les armes ottomanes à Sinope. Dénoncé par le grand mufti, le coupable fut étranglé par le chef des janissaires auquel le sultan, dans un moment d'effusion, avait confié sa peine. En dépit de quelques actes de cruauté commis au nom du souverain. Ahmed passe, à juste titre, pour avoir été plutôt un prince débonnaire. Quand, parvenu à sa majorité, ses favoris lui conseillèrent de massacrer ses frères, il s'y refusa obstinément. N'eût-il à son actif que ce fait, il suffirait à lui faire pardonner bien des faiblesses.

Une modification inattendue survint après sa mort dans l'ordre de succession. Une révolution préparée par les ulémas écarta du trône le fils d'Ahmed, ce fut son oncle, Moustapha, âgé de soixante ans, qui régna à sa place. Cette révolution s'accomplit sans effusion de sang. Les ulémas étaient las de voir sur le trône des jeunes princes qui échappaient presque toujours à leur influence. Comme le pouvoir, sous ces princes, était confié, soit au grand-vizir, soit aux chefs militaires, leur prestige en souffrait ; aussi, avaient-ils le désir de faire régner un monarque élevé par eux dès son jeune âge, ayant profité de leurs leçons et qui favoriserait leur action.

Le changement introduit dans l'ordre de succession, qui depuis lors fut rigoureusement observé, apporta-t-il quelque amélioration à la situation devenue si précaire de l'empire ? Nul n'oserait l'affirmer. Il semble, au contraire, que ce soit un grand malheur pour la Turquie que le fils aîné du sultan ne succède plus à son père. En voici les raisons. Le souverain, sachant que son fils était appelé à régner, aurait été amené par la force même des choses, ce semble, à lui donner une meilleure éducation et à l'initier, dans une certaine mesure, à la bonne marche des affaires publiques. Au lieu de cela, le prince héritier était fatalement tenu en suspicion. Traité comme un prisonnier d'Etat, on l'éloignait du gouvernement et de l'armée. Qu'en résultait-il ? Le jour où, après une longue attente, il montait sur le trône, il ignorait tout, et les sciences politiques, et la manière d'administrer. Il choisissait ses ministres parmi les serviteurs qui avaient partagé sa captivité et qui, le plus souvent, étaient aussi ignorants que lui. De là naissaient mille désordres. Il est vrai aussi qu'avec le nouveau système on évitait les tutelles et les régences plus dangereuses en Turquie que partout ailleurs. Il n'en reste pas moins établi que la Turquie a beaucoup souffert de ce changement de régime qui subsiste encore, mais qu'elle sera tenue de modifier tôt ou tard pour revenir à l'ancienne tradition qui, si elle présente quelques inconvénients, a du moins l'incontestable avantage d'offrir plus de garantie pour la bonne gestion des affaires et particulièrement pour le choix des hommes appelés à gouverner. L'ancien système comportait, en outre, plus de suite dans la direction de la politique extérieure. On pouvait, au surplus, en attendre quelques réformes utiles, au lieu qu'avec celui qui existe actuellement, c'est le désordre perpétuel et la désorganisation de tous les rouages administratifs. Mais ce système avait obtenu les suffrages du haut clergé mahométan, uniquement parce qu'il favorisait ses visées ambitieuses par l'accession au trône d'un monarque fanatique disposé à satisfaire ses passions sanguinaires et ce besoin de persécution qu'il éprouvait périodiquement contre les chrétiens et les sectes dissidentes.

Peut-être, dans ces circonstances critiques, où la puissance des Ottomans semblait décroître, les ulémas avaient-ils également été guidés par le souci de l'intérêt de l'Etat, attendu qu'il existait un péril réel pour l'empire à laisser arriver au trône les fils et les petits-fils des sultanes recrutées parmi les esclaves grecques, russes, serbes, géorgiennes et vénitiennes dont le sérail était alors peuplé. Leur conversion à l'islamisme ne leur faisait oublier ni leur patrie ni leurs anciens coréligionnaires, sans compter que le sélamlik était rempli de renégats qui accaparaient les hautes fonctions. Finalement l'empire aurait été gouverné par des étrangers. Et, de fait, les sultans étaient portés, dès ce moment, on ne sait trop pourquoi, à favoriser l'élément exotique au détriment de l'élément national, soit par calcul politique, soit parce que les Turcs, c'est une justice à leur rendre, ne sont point flagorneurs, et ne se font pas faute, le cas échéant, de dire à leurs chefs la vérité. On remarquait, en tout cas, depuis le règne de Soliman 1er, que le palais était littéralement envahi par des individus appartenant à toutes les nationalités, tandis que les Turcs de race se trouvaient relégués à Stamboul dans les fonctions judiciaires ou dans les rangs de l'armée, sauf pour les emplois subalternes du sérail où ils étaient admis en assez grand nombre.

A aucune époque, les sultans n'échappèrent à l'influence pernicieuse du harem ; seulement, quelques-uns cherchèrent à la restreindre, dans la mesure du possible, et on doit reconnaître qu'ils n'y parvinrent point.

Ainsi donc, des trois partis pseudo-politiques qui gouvernaient la Turquie, deux, le parti civil et le parti militaire, avaient intérêt à maintenir l'ancien droit de succession au trône ; seul, le clergé, dépositaire de la tradition, désirait le modifier pour les raisons que nous en avons données. L'institution du califat transportée à Constantinople, depuis Sélim 1er, a pu influer également sur la décision des ulémas, attendu que les califes arabes avaient adopté cette coutume qui consistait à appeler au trône l'aîné de la famille, coutume qui subsiste jusqu'à ce jour dans les Etats mahométans, à l'exception de l'Egypte où Ismaïl Pacha réintégra l'ancien droit (1).

(1) Ce coup d'Etat éminemment salutaire ne profita guère à

Le passage de Moustapha au pouvoir, ne fut en réalité qu'un interrègne. C'était un fantôme d'empereur, dont l'avènement faillit susciter une guerre avec la France.

Grisé par ce succès, le parti fanatique avait poussé le nouveau sultan à manifester ses sentiments hostiles envers les chrétiens, notamment envers les étrangers.

Un Polonais, enfermé aux Sept-Tours (1) étant parvenu à s'évader, la Porte accusa l'ambassadeur de France d'avoir favorisé cette évasion et il fut emprisonné dans le même cachot. Il fallut acheter les ministres au poids de l'or pour obtenir sa délivrance. Le droit des gens était alors inconnu et l'on en faisait bon marché dans les Etats asiatiques.

De tels actes indiquent suffisamment ce que fut ce règne qui favorisa l'anarchie et le désordre dans tout l'empire. Il n'en pouvait être autrement du moment que les ulémas se mêlaient de gouverner. Moustapha ne se maintint sur le trône que pendant trois mois ; ce n'était pas assez pour leur permettre d'exécuter leurs projets sanguinaires. On ne doit enfin retenir du court passage de Moustapha aux affaires que le souvenir de cet échec infligé au parti religieux qui, s'il se fût emparé du gouvernement, l'aurait infailliblement conduit à sa perte. L'instinct de conservation a toujours guidé les Ottomans. Quoique imbus, à un très haut degré de principes religieux, ils sont parvenus à séparer les deux pouvoirs. Ils se méfient avec raison de la science théologique appliquée à la politique. Il a toujours existé, il existe encore chez les Ottomans, un parti laïque qui, bien qu'ignorant et corrompu, a su montrer des aptitudes à gouverner et une incontestable habileté à éviter

l'Egypte, à cause de l'immixion des Anglais qui, sous forme de protectorat, se sont emparés du gouvernement du pays en 1882.

(1) Prison d'Etat.

les pièges qui lui étaient tendus. Préoccupés uniquement de conserver leur place, les Turcs acquéraient rapidement une extraordinaire adresse pour tourner les difficultés qu'ils pouvaient rencontrer, et c'est ce qui leur a valu, jusqu'ici, le renom dont ils jouissent d'être de bons diplomates.

En cette période de trouble et de désorganisation, quelque chose d'utile fut accompli. Le traité de Carlowitz donna à l'Autriche certains privilèges qu'elle n'aurait pas osé espérer quelques années auparavant. La France renouvela les anciennes chartes ou capitulations et, de plus en plus, s'affirma cette tendance des gouvernements européens à mettre la Turquie sous tutelle. A ce point de vue, le règne éphémère d'Osman II leur fut particulièrement favorable. Il avait remplacé Moustapha, le candidat de ce parti auquel nous faisions allusion tout à l'heure. Il donna aussitôt à son ancien professeur le droit de régenter tout le corps des ulémas et de nommer les hauts magistrats.

Cette réforme hardie lui suscita des ennemis. Elle lui fut suggérée, dit-on, par le refus du mufti de rendre un fetwa légitimant l'assassinat de son frère Mohammed. A cette demande le courageux mufti avait répondu que la famille régnante n'était déjà pas trop nombreuse, pour sacrifier à la raison d'Etat l'un de ses membres qui, tant qu'il resterait soumis, méritait de vivre. Osman se passa du fetwa légal qui l'aurait autorisé à s'ériger en bourreau de sa famille et fit périr secrètement son frère.

Pour vaincre ensuite l'opposition du corps des ulémas, Osman essaya une diversion en déclarant la guerre à la Pologne et en faisant prendre à son armée la direction du Dniester. Une grande bataille s'engagea entre les deux forces ennemies, les Turcs furent vaincus. Ce succès amena un accord entre les belligérants. Pour réparer l'échec subi Osman se proposa de porter ailleurs ses

armes. Il ordonna des levées en masse dans le but d'attaquer la Perse. Les ulémas exploitèrent contre lui cette
mesure, et une rébellion éclata parmi les janissaires. Ils
envahirent le palais et ramenèrent sur le trône Moustapha que son imbécillité faisait passer pour un saint aux
yeux de la foule.

Tombé aux mains des rebelles, Osman se répandit en
supplications pour obtenir sa grâce. Mais les mutins,
jugeant qu'ils seraient plus en sûreté sous l'autorité d'un
prince idiot, sacrifièrent Osman qui fut assassiné dans
sa prison, après avoir soutenu, contre ses bourreaux, une
lutte corps à corps. Il était robuste et, pour l'abattre, un
janissaire dut lui porter un coup de poignard par derrière, pendant que deux hommes le tenaient serrés entre
leurs bras.

Le retour de Moustapha n'apaisa pas la révolte. Les
janissaires nommaient maintenant les grands vizirs et
les destituaient. Ils résolurent finalement de déposséder
de nouveau Moustapha, dont la folie était incurable, et
d'élever au trône le frère cadet d'Osman, agé de douze
ans.

Cette période, qui avait commencé avec le règne
d'Ahmed Ier pour aboutir à l'assassinat d'Osman et de
Moustapha, fut pleine de calamités. On rencontre fréquemment de ces faits tragiques au cours de cette histoire et on ne peut s'empêcher d'admirer l'endurance et
la résignation du peuple turc, en temps de paix comme
en temps de guerre, au sein des troubles qui désolaient
l'Etat. On eût dit qu'il trouvait quelque joie à ce spectacle. Les peuples qui manquent de courage pour diriger leurs propres destinées ou qui négligent de gérer
eux-mêmes leurs affaires par l'intermédiaire de leurs
mandataires, ont une façon particulière de se venger de
ceux qui les oppriment. Ils suivent attentivement les
événements, non avec le dessein d'y participer en quoi

que ce soit, mais pour marquer les coups. Etrange conduite, en vérité, que celle qui consiste à se désintéresser du bien public et à devenir simple spectateur de ses malheurs, alors que l'intérêt commande de s'unir et de se grouper en vue de chercher un remède efficace à une situation devenue périlleuse. Le peuple turc n'a pas toujours montré la même indifférence ; on le vit parfois secouer sa torpeur et manifester sa volonté d'une manière irrésistible ; mais cette effervescence momentanée d'un patriotisme longtemps contenu ne durait jamais plus de trois jours ; après quoi, c'était le calme plat annonçant d'autres tempêtes. Le peuple avait repris le joug et s'était de nouveau résigné à son sort.

CHAPITRE XVI

La décadence s'accentue. — Aversion d'Amurat pour ses ministres. — Kosrem et Hafiz grands vizirs. — Conflit entre les Grecs
et les Latins. — Relations de la France avec la Porte.—Conquête
de Bagdad. — Cruautés d'Amurat. — Sa mort. — Jugement sur
Amurat. — Politique anti-islamique.

Les trois sultans, dont nous venons de raconter suc-
cinctement l'histoire, attestent, par leur infériorité morale, l'existence de deux causes dominantes qui ont influé
sur les destinées de l'empire ottoman et qui, toutes deux,
dérivent du despotisme. La première, c'est le renoncement volontaire des sultans au métier des armes, sans
renoncer, pour cela, au haut commandement, d'où l'a-
narchie dans l'armée. La seconde provient de l'insuffisance de leur éducation et de la vie efféminée du harem.

L'interdiction de Soliman à ses successeurs de prendre part aux faits de guerre a-t-elle réellement existé ?
Il est permis d'en douter. Pourquoi ce monarque, qui
fut un héros dans la véritable acception du mot, aurait-
il songé à édicter cette mesure contraire aux lois de l'islamisme et aux traditions de sa Maison ? Il y a eu là,
évidemment, un malentendu que la pusillanimité des
sultans de la décadence a pu seule transformer en une
loi d'État, loi meurtrière, qui équivaut pour la dynastie
ottomane à un véritable suicide.

Amurat IV, après un règne de quelques années traversé par d'interminables orages, s'était ressaisi, et, quant à lui, du moins, il n'a pas craint de déroger à la prétendue ordonnance de son aïeul prescrivant à ses successeurs de vivre continuellement dans le harem. Il se mit bravement à la tête de ses armées, et ce noble geste amena aussitôt un changement dans la situation. Il possédait, il est vrai, le tempérament sanguinaire de sa race ; mais il rachetait, par les dangers affrontés sur les champs de bataille, les actes de cruauté qu'il commettait envers des passants inoffensifs. Telle fut sa prédilection pour cette chasse à l'homme, qu'on le vit un matin décocher une flèche à un pauvre paysan qui conduisait un attelage de bœufs. Le malheureux ignorait qu'il y avait eu la veille une ordonnance impériale interdisant la circulation dans la rue, à certaines heures de la journée. C'est un trait des mœurs de l'époque qui n'ôte rien, du reste, aux qualités sérieuses qu'Amurat montra dans la suite.

Il ressentait une profonde aversion pour ses ministres, qui entretenait, par leurs intrigues, l'esprit d'indiscipline dans les rangs de l'armée et favorisaient les abus. Il dut cacher d'abord ses sentiments et il commença par confier les rênes du gouvernement au chef des janissaires qui venait d'arborer l'étendard de la révolte. Il donna ensuite à un autre rebelle, Hafiz, sa sœur en mariage, en le chargeant d'entreprendre la conquête de Bagdad et d'en chasser le célèbre Bekir Agha. Ces concessions faites à la paix publique, Amurat songea à sa propre sécurité et à la réorganisation de l'État déchiré par les factions, affaibli par les révoltes, ruiné par les dilapidations des grands. A ce moment, apparurent sur le Bosphore des bandes de Cosaques venus en barques, hardis pillards, véritables corsaires qu'Amurat, jeune encore, pourchassa à la tête de quelques troupes, prenant ainsi goût aux expéditions militaires.

Son esprit se mûrissait, d'ailleurs, au feu des discordes. Sept années venaient de s'écouler depuis son avènement au trône — il y était monté à l'âge de treize ans — années pleines d'angoisses et de calamités. Amurat était devenu un jeune homme robuste, alerte, plein d'entrain et de bonne humeur. Voici le portrait qu'en donne Hammer : « il était, écrit cet historien, d'une taille ordinaire ; il avait le visage ovale, le teint pâle, les cheveux d'un noir d'ébène, l'œil bien fendu et menaçant. Ponctuel dans ses occupations, ayant pleine conscience de ses devoirs, il voulut être instruit de tout ».

Il eut cette chance de rencontrer un homme d'une rare énergie, Kosrew, qui s'était illustré dans les dernières campagnes contre la Perse. Kosrew, dont le nom était populaire en Turquie, fut nommé grand vizir, et, par son autorité, il rétablit le prestige de l'État ; mais les intrigues de ses ennemis firent bientôt éclater une révolte parmi les janissaires. Malgré les brillants services rendus par Kosrew, en Perse et en Mésopotamie, il dut céder sa place à Hafiz, son rival, qui fut, à son tour, menacé de mort par les mutins. Ces derniers s'étaient portés en masse au palais. Furieux, brandissant leurs sabres, ils demandaient à hauts cris la tête du grand vizir. Le sultan parut sur le balcon et harangua les rebelles, mais vainement. Alors se produisit un fait d'une grandeur magistrale digne de l'antiquité. Un vieillard se détachant d'un groupe s'avança vers le sultan, et lui dit : « Sire, que mille esclaves comme moi périssent, plutôt que de voir votre majesté troublée par les cris sauvages de ces séditieux. Livrez-moi, que je meure, et que mon sang retombe sur la tête de ces forcenés ! » C'était le grand vizir. Amurat pleurait de rage, tandis que le courageux ministre tombait percé de dix-sept coups de couteau. Le sultan confia le sceau à Rejeb ; mais ayant su

qu'il entretenait la révolte parmi les troupes pour conserver sa place, il le fit périr, et, avec l'aide des janissaires qu'il avait gagnés à sa cause, il parvint à réprimer
la révolte des sipahis. Les têtes tombaient comme les épis
sous la faux du moissonneur, les ulémas eux-mêmes ne
furent pas épargnés. Dès ce jour Amurat commença véritablement de régner. Il avait tant souffert, qu'il entendait
maintenant se montrer vigilant et attentif au maintien de
l'ordre. De là les actes de cruauté qu'on lui a reprochés
et ces tournées nocturnes, demeurées légendaires, dans
lesquelles il versait le sang des gens attardés dans
la rue, pour semer la terreur dans la ville et donner
à réfléchir à ceux qui seraient tentés de troubler la paix
publique.

Tout semblait sourire à Amurat, qui voyait son autorité respectée : mais soit griserie du succès, soit par calcul, il devint si sévère qu'il provoqua le mécontente-
ment de ses sujets. Les exécutions se succédaient jour et
nuit. « C'était, suivant le témoignage de Hammer, une
triste uniformité de massacres et de supplices ; les motifs
connus ou cachés seuls variaient; l'issue demeurait toujours la même. La gravité et la légèreté, la sagesse et
l'imprudence, le crime et l'innocence étaient justiciables
du glaive et du cordon, et la mort ne cessait d'exercer
ses ravages, tantôt par le supplice d'un seul, et tantôt
par un massacre général. (1) »

Ce langage en dit assez, mais il faut reconnaître que
si Amurat agissait ainsi poussé par son tempérament à
verser le sang, il obéissait aussi à la plus terrible des
nécessités, celle de veiller à sa propre sécurité. Toute
modération eût été taxée de faiblesse par les professionels
de l'émeute. Peut-être éprouvait-il un mortel ennui dans
sa capitale. Or, l'ennui rend fantasque et féroce, quand

(1) Hammer, Tome IX.

on commande aux hommes. Il résolut donc de se mettre
à la tête de son armée et de parcourir l'Asie. Son voyage
fut en quelque sorte une marche triomphale. La prise
d'Erivan et la conquête de Tébriz fournirent un aliment
suffisant à son activité.

De retour dans sa capitale il eut quelques démêlés
avec les ambassadeurs européens, notamment avec le
représentant de la France. L'ambassadeur d'Angleterre
fut gravement insulté. A toutes les observations qui lui
étaient faites, le sultan se contentait de répondre qu'il
était libre d'agir dans ses Etats comme il voulait.

Les Grecs et les Latins se disputaient depuis longtemps
la possession exclusive du saint Sépulcre. Amurat favorisa
les Grecs qui chassèrent les moines catholiques des
lieux saints. La France protesta et obtint quelques satisfactions ; mais le conflit ne fut point apaisé.

Amurat couronna son règne par l'interdiction faite à
ses sujets de fumer le tabac, sous peine de mort. Tuer
un homme pour un peu de fumée ! Cette idée bizarre ne
pouvait germer, évidemment, que dans le cerveau d'un
despote. Ceci l'amena à créer un service d'espionnage
dans tout l'empire. Dans sa campagne d'Asie, il lui arriva
en un seul jour, d'ordonner l'exécution de dix-huit
malheureux soupçonnés d'avoir acheté du tabac. Le fait
se passa en Syrie. Ailleurs, c'étaient les mêmes hécatombes. Quel plaisir ce monarque sinistre pouvait-il
trouver à répandre ainsi le sang ?

Bagdad avait opposé, jusque-là, aux armées ottomanes une résistance héroïque. Amurat s'en rendit maître.
Mais quel autre tyran eût songé à publier un édit pareil
à celui dont nous allons reproduire les termes ? « Quiconque a un Persan près de lui est tenu de le tuer, s'il
ne veut être éventré lui-même ». Des milliers de bons
musulmans périrent, à la suite de cet édit.

Fatigué de cette campagne, Amurat revint à Constantinople. Il avait montré, depuis le commencement de son règne, une austérité de mœurs véritablement extraordinaire, pour un prince oriental, mais le manteau de la vertu semblait déjà lui peser ; il le jeta de dessus ses épaules, et à partir de ce jour, il se livra à la débauche, en compagnie de ses favoris. L'orgie fut courte et violente. La santé d'Amurat s'en ressentit et son esprit fut frappé.

Hanté par des images lugubres, ayant sans cesse devant les yeux des flots de sang prêts à l'engloutir, il eut des hallucinations. Il décréta, dans un moment de répit, la mort de son frère Ibrahim ; mais la maladie avait tellement altéré ses facultés, qu'il n'était plus obéi. Son entourage voyait distinctement que sa fin était proche, et commençait à tourner les yeux du côté du soleil levant. L'auguste malade était traité comme un petit enfant débile. Ah ! il pouvait donner des ordres à présent, signer des sentences de mort, ou destituer les grands vizirs, personne ne l'écoutait et ses serviteurs, qu'il avait comblés de faveurs, le laissaient pousser des cris plaintifs, et attendaient qu'il entrât en agonie. C'est le châtiment des despotes de ne voir autour de leur lit de mort que des indifférents ou des bourreaux.

A ses derniers moments, alors que la vie, par un effort suprême, refluait vers le cerveau et faisait triompher un instant la volonté, Amurat se doutant que ses ordres étaient méconnus, demanda à voir le cadavre de son frère, pour s'assurer qu'il était bien mort. Peine perdue, on lui refusa cette satisfaction. Il rendit enfin le dernier soupir, à la grande joie du peuple qui redoutait sa tyrannie, plus qu'il ne le détestait.

Il expira dans la force de l'âge. Il avait régné dix-sept ans. Les sept premières années servirent à le former ; mais quand il eut pris en mains les rênes du gouvernement, il fut réellement le maître de l'empire,

et un maître redoutable, d'un caractère hautain, d'une
allure martiale, d'une fière envergure.

Au physique comme au moral, il était en quelque
sorte fait d'acier. Il pouvait broyer du caillou entre ses
mains et tordre le fer. Il enleva un jour, avec le seul
secours de son bras droit, et le maintint en l'air pendant plusieurs secondes, le plus grand et le plus robuste
des soldats de sa garde, tant sa force était prodigieuse.

Dans un tel corps, l'âme joue un rôle secondaire,
elle ne peut percer, ce semble, l'enveloppe qui l'en-
serre, pour prendre son essor vers les hauteurs. Elle
reste amalgamée à la matière. Aussi Amurat, n'eut-il
aucune idée géniale, aucun de ces projets qui dénotent
un esprit vif et alerte, une intelligence nette et claire.
La matière l'enveloppait, pour ainsi dire d'une épaisse
cuirasse et sa chair lui servait de rempart contre les
assauts de l'esprit. En revanche, il était follement actif;
il aimait le mouvement, l'air et l'espace. Chez Amurat,
le regard, c'était l'eclair précédant la foudre. Entre
l'instant où il fronçait les sourcils et celui ou il les
déplissait, il n'y avait qu'à regarder : on voyait les têtes
rouler dans la poussière. Le bourreau était toujours là,
prêt à exécuter ses ordres. Où veut-on que la sensibilité
se loge dans une telle armature? Pour dompter l'anarchie qui sévissait depuis quelques années, il fallait cet
athlète, il fallait un prince prompt dans l'exécution de
ses desseins et terrible dans les manifestations de sa
volonté souveraine, faisant flamboyer son sabre au-dessus
des fronts les plus altiers, rendant coup pour coup, dent
pour dent, s'affranchissant des règles ordinaires, brisant
les vieux moules et foulant aux pieds les lois de la justice et de l'humanité.

Les plus grandes iniquités, les plus terribles crimes,
lorsqu'ils ont eu pour but de sauver momentanément

l'Etat, sont jusqu'à un certain point excusables. Il ne semble pas que ce but ait été celui d'Amurat ; mais son œuvre conçue dans un désir de vengeance ne fut ni inutile ni vaine. Il sut en imposer à son entourage, à ses milices, à ses ministres jusqu'au jour où il fut terrassé par la maladie. Ses actes politiques revêtirent également un caractère de sauvagerie. Toutes les guerres qu'il entreprit en Asie n'eurent d'autre objet que de ruiner les Persans et de les exterminer, non en vue d'un agrandissement territorial, mais uniquement pour assouvir sur eux la haine que ses professeurs et ses conseillers lui avaient inculquée contre les schiites. L'interdiction de la vente du tabac dans toute l'étendue de l'empire n'eut pas d'autre mobile. La Perse, pays producteur, faisait avec la Turquie un grand commerce qui rapportait beaucoup au trésor et enrichissait en même temps les habitants. Toutes ces considérations furent dédaignées ; car il s'agissait, avant tout, d'atteindre la Perse hérétique et de consommer sa ruine. Les autres sultans n'avaient pas agi autrement à l'égard de ce royaume islamique qui ne demandait qu'à vivre en paix avec l'empire ottoman. Du reste il fallait aux Turcs en Asie un ennemi à combattre et si la Perse n'avait pas existé, ils l'auraient, pour ainsi dire, créée de toutes pièces pour pouvoir occuper les loisirs de leur armée. Bagdad fut le pendant de Buda-Pesth et offrit aux sultans l'avantage inappréciable d'être très éloigné de la capitale.

CHAPITRE XVII

IBRAHIM 1er

Mœurs dissolues d'Ibrahim. — Sa jeunesse. — Son éducation. —
Système défectueux. — Persécution contre les chrétiens. — Intrigues de palais. — Chute du grand vizir. — Penchant d'Ibrahim
pour le luxe. — Son amour effréné pour les fourrures. — Folles
dépenses du sérail. — Conquête de l'île de Crête. — Complications
extérieures. — Désordres graves à l'intérieur. — Révolte des janissaires appuyée par les ulémas. — Assemblée populaire. — Déposition du sultan.

Ibrahim passe, à bon droit, pour avoir été le plus
débauché et le plus voluptueux des princes ottomans,
non seulement parce qu'il eut un nombreux harem, mais
parce qu'il y mena la vie la plus efféminée et la plus
dissipée qu'un souverain oriental ait jamais imaginée,
depuis la plus haute antiquité jusqu'à nos jours.

Il fut le premier monarque ottoman qui, élevé exclusivement dans le sérail, sans communiquer avec personne
au dehors, dut fatalement contracter, dans cette réclu-
sion, des habitudes vicieuses. Jusqu'à Ibrahim, on avait
placé l'héritier du trône à la tête d'un gouvernement. Il
avait des troupes sous ses ordres, il était entouré d'une
petite cour, il entretenait des relations avec ses futurs
sujets, il se faisait aimer ou haïr d'eux, suivant les bonnes ou les mauvaises qualités qu'il leur montrait. On
venait de changer ce système, à la suite de la fameuse

ordonnance de Soliman interdisant aux princes du sang de paraître à la tête des troupes, et, désormais l'héritier du trône sera gardé à vue, comme un prisonnier et ne quittera plus le harem. Singulière façon de se préparer à l'exercice du gouvernement suprême !

Ibrahim va nous donner la mesure des ravages qu'un tel système devait produire dans l'Etat.

Quand on vint lui annoncer la mort de son frère, il refusa d'y croire et il fallut forcer la porte de sa chambre pour l'en convaincre. Abêti par la solitude, usé par les débauches, terrorisé par son entourage, il abandonna le gouvernement à la validé qui réunit autour de lui un grand nombre d'odalisques auxquelles on apprit l'art raffiné d'exciter chez le nouveau sultan les sens atrophiés.

De plus, chaque vendredi, cette étrange mère glissait dans le lit de son fils une esclave nubile (1). Un tel règne ne pouvait qu'être pacifique, aussi ne tarda-t-on pas à conclure la paix avec la Perse et l'Autriche (2).

Le grand vizir s'appliqua ensuite avec un zèle louable à remettre un peu d'ordre dans les finances. La réglementation des marchés publics et le cadastre occupèrent utilement son temps et ce fut un spectacle assez étrange de voir pendant un moment l'ordre et la prospérité renaître dans l'empire, tandis que le palais se livrait aux plus scandaleux désordres.

Cette situation relativement satisfaisante ne pouvait durer et bientôt une conspiration éclatait, ourdie par les ulémas contre les chrétiens. A Brousse plusieurs églises furent pillées et brûlées, et un massacre s'ensuivit. Kara Moustapha essaya de réprimer le mouvement et

(1) C'était la coutume à cette époque. Plus tard les sultans renoncèrent à cette coutume et la remplacèrent par les sept nuits sacrées du Kader où les épousailles du souverain avec une nouvelle vierge sont célébrées avec éclat.

(2) Traité de Zoen.

s'attira par là la haine de l'entourage de son maître.
L'armée commençait aussi à faire entendre des murmu-
res. Le grand vizir se contentait de payer sa solde, avantage sérieux, mais il ne lui fournissait pas l'occasion de
piller. Cependant il jugea utile d'entreprendre le siège
d'Azow, occupée par les Cosaques, et réussit dans cette
expédition. Le sultan lui laissait toute liberté d'action,
s'il en profitait pour se débarasser de quelques rivaux
qui le gênaient, il faut reconnaître qu'il rendit également
de grands services à son maître et au pays, en maintenant dans l'armée l'esprit de discipline et en réorganisant le gouvernement. Cet énergique ministre était un
décentralisateur. Il donna des pouvoirs très étendus aux
gouverneurs qui, de leur côté imitèrent le grand vizir
en faisant tomber les têtes de leurs rivaux. Il en résulta
un régime de terreur qui, tout en rapportant beaucoup
d'argent au trésor, ne laissait pas de prêter à la critique.
Mais quoi ! on secouait violemment l'arbre pour en faire
tomber les fruits, n'est-ce pas la marque à laquelle on
reconnaît les gouvernements despotiques.

Ces actes arbitraires, se propageant un peu partout,
amenèrent des révoltes que Kara Moustapha dut réprimer, qui entraînèrent en même temps sa chute.

Une importante commande de bois de chauffage faite
par le harem n'ayant pas été exécutée assez promptement fut le prétexte d'une première explication entre le
sultan et son grand vizir. Les choses en seraient restées
là, si les ennemis de ce dernier ne l'avaient accusé d'our-
dir un complot contre la sécurité du sultan. Prévenu de
ces agissements, il accourut auprès de son maître pour
se justifier et dévoiler les intrigues de ses adversaires,
mais le sultan, désirant plaire à sa mère qui favorisait
les intrigues d'un certain Mohammed apparenté à la
famille impériale, et voulant éviter toute nouvelle explication avec son premier ministre, donna à son chambel-

lan l'ordre de l'arrêter dans l'antichambre. Celui-ci se contenta de lui retirer le sceau puis il le laissa partir. Ibrahim furieux lui dit : « Cours, misérable, et rapporte-moi sur-le-champ, sa tête ». Cette fois l'ordre fut exécuté ; le malheureux grand vizir paya de sa vie le semblant de résistance qu'il avait opposée aux volontés de la validé qui désormais exerça sur son fils une autorité illimitée.

Les ennemis de Kara Moustapha, qui lui supposaient de grandes richesses, furent déçus dans leur attente. On fouilla sa maison, de la cave au grenier, et on n'y trouva que quelques centaines de ducats, faible compensation pour un crime aussi hideux. Mohammed, qui avait mené toute cette intrigue, se vengea de cette déconvenue en faisant étrangler tous les serviteurs de son rival soupçonnés de lui cacher le lieu où leur maître avait enfoui ses trésors. Il ne pouvait pas comprendre que Kara Moustapha se fût montré si honnête. Le nouveau grand vizir, réduit aux abois, mit aux enchères toutes les dignités de l'Etat. Ayant constaté que le sultan aimait l'argent, il livra l'administration au pillage, pour pouvoir offrir à son maître de riches cadeaux. Tous les hauts fonctionnaires durent rendre gorge, et ceux d'entre eux qui n'avaient pas amassé de fortune pendant l'administration de son prédécesseur, étaient massacrés sans merci. Mohammed jugea utile de donner en même temps au sultan le spectacle de plusieurs exécutions capitales. Les victimes étaient conduites jusque sous les fenêtres du palais et là, leurs têtes tombaient.

Ibrahim prit goût à ces exécutions. Dans un voyage à Andrinople, il tira des prisons plusieurs malheureux qu'il fit décapiter en sa présence. On arriva à regretter que ce monarque ait été épargné par les émissaires de son (frère 1), tant son règne fut souillé par d'abominables

----

(1) On se souvient que son frère avait rendu contre lui un arrêt de mort qui ne fut point exécuté.

crimes. L'abus des plaisirs engendre toujours chez l'homme une tendance irrésistible à la cruauté, et le pousse aux dernières extravagances.

Ibrahim aimait éperdument les parfums et les fourrures. Il avait pris l'habitude de coucher sur des pelisses d'un grand prix, il en fit une telle consommation, que le lynx, le petit gris et la zibeline devinrent rares.

Son goût pour la toilette l'avait porté à imaginer pour son usage personnel des vêtements spéciaux, couverts d'hermine et étincelants de pierreries. Quant aux toilettes des sultanes, il voulait qu'elles fussent d'une richesse inouïe. Sachant cela, les eunuques pillaient littéralement les magasins de Galata, plusieurs d'entre eux étaient préposés à la visite des navires nouvellement arrivés dans le port et ils prenaient toutes les étoffes précieuses pour les porter au harem. L'ambassadeur anglais ainsi que le représentant de Venise durent intervenir plus d'une fois pour sauver les cargaisons de leurs ressortissants.

La conquête de l'île de Crète, qui fut entreprise pendant ce règne néfaste, donna lieu à une longue guerre avec Venise durant laquelle le sultan resta dans sa capitale. Il réunit autour de lui un grand nombre d'astrologues chargés de lui prédire l'avenir. Ils étaient, de la part de la cour, l'objet des plus insignes faveurs. Chacune des sultanes avait son astrologue préféré qu'elle comblait de ses largesses. Tous ceux qui briguaient une distinction ou une place, s'adressaient à ces puissants intermédiaires auxquels le sultan n'avait rien à refuser, tant il redoutait l'influence des esprits malins.

Pour subvenir aux dépenses du harem, Ibrahim distribua à ses femmes quelques gouvernements de province dont les revenus devaient être affectés à leur entretien. Ces concessions étaient désignées sous les dénominations suivantes : « argent d'orge, de pantoufles, de ceintures ».

Une des préoccupations de ce souverain famélique fut de recevoir régulièrement la glace destinée, en été, à la préparation des sorbets. D'ailleurs sa démence s'accusait de plus en plus par des actes d'une grande excentricité. Il interdit l'entrée des chariots dans la capitale les jours où il devait sortir à cheval avec sa suite. Il déploya dans les fêtes qu'il donna, pour le mariage de ses filles, un tel luxe qu'il voulut que les murs intérieurs du palais où l'une d'elles, la plus aimée, devait loger, fussent entièrement couverts de riches tapisseries.

Cependant la situation devenait sombre, et les nouvelles de la frontière étaient désastreuses. Les Vénitiens et leurs alliés avaient enlevé plusieurs places fortes en Dalmatie. Fazli Pacha, gouverneur de la Roumélie orientale, présenta à son maître un rapport secret dénonçant cet état de choses. « Tu en as menti, lui dit le sultan qui l'avait mandé près de lui, mon grand vizir m'a affirmé le contraire. — Que je meure par vos ordres, répondit Fazli, si je mens à mon padischah ! — Diras-tu cela devant le grand vizir ? demanda le sultan. — Oui, Sire, répondit le courageux fonctionnaire. » Le grand vizir fut aussitôt appelé au palais et une scène inénarrable se passa alors en présence d'Ibrahim. Le premier ministre nia tout effrontément et il eut ainsi raison de la faiblesse du sultan. Fazli fut destitué et exilé pour avoir dit la vérité.

C'est à dessein que nous présentons au lecteur cette série de tableaux de mœurs, moins pour montrer l'incapacité, notoirement connue du sultan Ibrahim, que pour donner une idée exacte de son gouvernement. On remarquera combien il est difficile aux souverains de la Turquie de connaître la vérité sur ce qui se passe dans leurs États, attendu que leurs investigations, même s'ils se donnent la peine d'ordonner des enquêtes, ne servent, le plus souvent, qu'à masquer les faits ; car, quel est le fonctionnaire, si haut placé qu'il soit, qui oserait se déclarer contre le grand vizir ?

L'abstention des sultans serait encore le meilleur moyen d'éviter les catastrophes, si on pouvait exercer un contrôle sur les actes du pouvoir. Ce contrôle n'existant pas, le peuple attend de l'intervention du monarque un soulagement à ses maux. Et voilà pourquoi il a toujours applaudi à la destitution des grands vizirs, à leur mort même.

Toutefois, Ibrahim aurait dû se rendre à l'évidence, lorsqu'il sut que la flotte vénitienne bloquait les détroits et que les Russes marchaient sur la Moldavie. Il n'en persista pas moins à maintenir à son poste le grand vizir. Une émeute s'ensuivit et le peuple s'étant assemblé dans une mosquée, pour délibérer sur la situation qui devenait extrêmement grave et périlleuse, adressa un message au souverain par un des officiers du palais que le sultan avait délégué pour s'enquérir de la cause de ces troubles. Le mufti, qui présidait l'assemblée populaire, dit à l'envoyé du sultan : « Faites savoir au padischah qu'il faut qu'il nous livre le grand vizir, sans quoi nous ne nous séparerons pas. » Comme la réponse du palais se faisait attendre, l'assemblée nomma un nouveau grand vizir, et le sultan dut ratifier cette nomination. La réunion persistait à réclamer le châtiment du premier ministre auquel elle attribuait, à juste raison, les défaites subies par l'armée et le désordre qui régnait dans l'État. Le premier écuyer d'Ibrahim se présenta de nouveau devant cet aréopage improvisé, et l'un des assistants lui tint ce langage : « Vois, aga, le padischah a perdu le pays par le brigandage et la tyrannie, les femmes règnent chez nous, le trésor ne peut suffire à leurs caprices, les fidèles sujets de Sa Majesté sont ruinés et nos ennemis ont conquis quarante forteresses. Pourquoi ne dis-tu pas tout cela à ton maître ? »

Ibrahim se trouvait dans le plus grand embarras, ne voulant pas sévir contre son favori. Il lui conseilla finalement de se cacher dans une maison amie ; mais le peuple ayant découvert sa retraite le fit périr.

Ibrahim tremblait maintenant dans son palais. Sa déposition fut décidée par l'assemblée, et la Validé en fut avisée par un message. Elle invita alors les chefs de la rébellion à venir au sérail. Comme ils disposaient de la force publique, ils ne firent aucune difficulté. La mère du sultan les reçut, couverte d'un long voile de deuil, et plaida la cause de son fils. « Est-il juste, leur dit-elle, de soulever de pareilles rébellions, et n'êtes-vous pas tous les fidèles serviteurs de ma Maison ? » Un des délégués lui répondit : « Gracieuse souveraine, nous sommes venus ici pleins de confiance dans votre sollicitude pour les intérêts des serviteurs de Dieu. Vous n'êtes pas seulement la mère du sultan, mais encore la mère de tous les croyants. Plus tôt vous mettrez fin à ces difficultés, mieux cela vaudra. L'ennemi a l'avantage sur nos troupes, il n'y a point de bornes au trafic des places, le sultan, exclusivement occupé à satisfaire ses passions, s'éloigne des sentiers de la loi. Personne ne peut donner, sans danger, un sage conseil au sultan, vous l'avez éprouvé vous-même. Nos provinces sont livrées au pillage, nos marchés au vol, les innocents sont mis à mort, les esclaves favorites gouvernent l'empire. »

Ne semble-t-il pas que cette sage assemblée prenait déjà les allures d'un parlement et, n'est-il pas remarquable de voir que le peuple possède, dans les circonstances difficiles, un instinct sûr qui le guide dans les voies de la justice immanente et de la vérité ?

Le fils d'Ibrahim, âgé seulement de sept ans, fut élevé sur le trône et la cérémonie du baise-main eut lieu dans le plus profond recueillement. La paix ne fut point troublée, mais il fallait s'attendre à voir les partisans du sultan détrôné nouer des intrigues au palais. Le mufti qui avait présidé les travaux de l'assemblé et qui, en définitive, jouait sa tête, prit aussitôt une résolution énergique. Il rendit un fetwa condamnant le sultan à mort en vertu du Canoun qui contient cette disposition : « S'il y a deux califes, tuez-en un. » Mais ce n'était pas tout de rendre une pareille sentence, il fallait l'exécuter. Le courageux magistrat s'en chargea lui-même. Accompagné du grand vizir et de l'aga des janissaires, il se rendit au palais, où il étrangla, de ses propres mains, le malheureux Ibrahim : « Ayez pitié de moi, s'écriait l'infortuné, vous tous que j'ai nourris de mon pain. » Vaines supplications ! Le fatal cordon fut passé autour de son cou.

La participation des ulémas à cette révolte n'avait pas permis qu'elle déviât, au début, de son objet, le salut public ; mais, ainsi qu'il arrive toujours en pareilles occasions, les instigateurs du mouvement révolutionnaire, qui avait eu une issue si favorable, ne purent aller au delà dans l'œuvre d'assainissement qu'ils venaient d'entreprendre. Il fallait abattre la citadelle du despotisme, on ne fit que la fortifier. Que servait-il de remplacer un despote par un enfant, derrière lequel le gouvernement des favoris et des favorites devait fatalement se développer.

Ce règne est, du reste, le miroir où se reflète fidèlement la situation réelle de l'empire. Tous les éléments de la société turque s'y trouvent groupés. Les défauts et les qualités de chaque groupe ressortent avec un relief saisissant. A la tête du gouvernement, on voit d'abord un souverain débauché qui commet les plus grandes folies avec une inconscience déconcertante. Ses ministres, à quelques rares exceptions près, appartiennent au même type déjà vu. C'étaient, pour la plupart, des intrigants et des malfaiteurs publics, en un mot des bandits, qui rançonnaient les populations et plaçaient, dans les provinces, à la tête du gouvernement, d'autres bandits, de telle sorte que tout le pays était livré au pillage et à l'anarchie. L'armée n'avait point changé ses habitudes ; elle ne cessait de fomenter des révoltes en temps de paix et de favoriser certaines intrigues dont elle continuait de tirer profit. Les autres corps de l'État étaient ballottés entre le désir de bien faire et la nécessité de recourir aux moyens dissolvants, pour pouvoir se maintenir au niveau de la corruption qui sévissait de haut en bas de la hiérarchie. Seuls, les ulémas, dont l'intervention sauva plus d'une fois l'empire d'une ruine complète, et le peuple, avec son profond instinct de conservation, étaient aptes à prendre, dans les circonstances critiques, des résolutions viriles, bientôt suivies, il est vrai, d'indécisions, d'atermoiements, d'abandons. Sous un régime aussi pervers, aussi corrompu que celui d'Ibrahim, il était extrêmement difficile, que les éléments sains de la nation eussent le dessus. Ils étaient bientôt submergés et engloutis dans le cloaque impur.

CHAPITRE XVIII

MAHOMET IV

Nouvelles rébellions. — Les Kœuprulu. — Leur querelle avec la
France. — Suites funestes de ces démêlés. — Satisfactions accor-
dées à la France. — Mort de Kœuprulu. — Incapacité notoire de
son successeur. — Défaites successives. — Triomphe de Sobieski.
— Délivrance de Vienne. — Prise de Bude. — Situation précaire
de l'empire.

Nous avons montré en Ibrahim le type du souverain
ottoman, tel que deux siècles d'abaissement, de troubles
et d'anarchie l'avaient façonné. Ce prince semblait avoir
réuni, en sa personne, toutes les causes de dégénérescence qui avaient affaibli déjà ce grand empire.

A l'avenir, les souverains qui se succéderont sur le
trône, jusqu'à l'avènement des sultans réformateurs, sans
égaler Ibrahim en corruption, en caprices extravagants,
en toutes sortes de folies, auront gardé, pour la plupart,
quelque chose de lui, une parcelle de sa volonté vacillante, les résidus de son tempérament vicié par la vie du
harem, la trace fugitive de cette absence de raison que
l'on constate chez les sultans de la décadence, une chair
suant la luxure et certaines effervescences barbares qui
ne se calmeront qu'en versant le sang. Sur quelques-uns
cependant nous verrons reluire un reflet de la grandeur
des ancêtres.

A la mort d'Ibrahim, il fallait un colosse pour tenir
tête à l'émeute, on plaça sur le trône un homme faible.

Dans la première période du règne de Mahomet IV, la rébellion lève partout la tête et marche, enseignes déployées, jusqu'à la capitale. Les janisssaires et les sipahis se livrent, dans les rues de Stamboul, aux plus sanglants désordres. Leur concours était sollicité, tantôt par les sultanes rivales, et tantôt par les ambitieux qui briguaient le pouvoir. Un événement important qui survint à cette époque mérite de retenir notre attention. Ce fut l'apparition à la tête du gouvernement d'un homme d'Etat, vraiment digne de ce nom, Mohammed Kœuprulu. Il pouvait, s'il l'avait voulu, s'emparer du trône, à la faveur de l'émeute ; il se contenta d'être un grand ministre. Comme tel, il fonda une dynastie glorieuse, celle des Kœuprulu. Pendant plus d'un siècle, ils se succédèrent, presque sans interruption au grand vizirat. Au dehors, leur influence fut plutôt nuisible à l'Etat pour des raisons que nous ferons connaître tout à l'heure, mais à l'intérieur, elle fut bienfaisante, en ce qu'elle contribua puissamment au maintien de l'ordre. L'hostilité, plus ou moins avouée, dont ils firent preuve envers la France, fut une faute grave, irréparable. Elle ne s'explique que par une sorte d'éclipse de leur génie universellement reconnu. Fiers, adroits, rusés, mais doués, en même temps, d'une énergie peu commune, les Kœuprulu furent presque tous des hommes exceptionnels, absolument différents du type de grand vizir créé par le despotisme des sultans Ils avaient une conception particulière du gouvernement, conception qui leur fut propre et jeta un vif éclat sur leur nom. Ils voulaient que le sultan régnât, mais qu'il ne gouvernât pas.

Le premier Kœuprulu rétablit la discipline dans l'armée et l'ordre dans les administrations publiques. Il se concilia la fraction des ulémas fanatiques en faisant pendre le patriarche grec accusé de haute trahison. Il

eût pu se montrer impartial en n'amnistiant pas les ulémas convaincus du même crime. Il reprit l'offensive
contre les Vénitiens, repoussa les offres de la Suède,
appuya les revendications de la Pologne, menaça l'Autriche de sa vengeance et mit en échec la diplomatie
française, qui depuis le règne de Soliman avait perdu
beaucoup de terrain, laissant la place à d'habiles rivaux
qui savaient exploiter contre elle l'antipathie des Kœuprulu, antipathie née de la conduite des agents français,
d'ordinaire si courtois et qui avaient, cette fois, manqué
d'égards envers le chef du gouvernement. Après avoir
obtenu, sous les règnes précédents, les plus grands privilèges auxquels une nation chrétienne pouvait prétendre, et occupé le premier rang à Constantinople, la
diplomatie française s'était laissé dépouiller d'une partie de ses prérogatives, et peu à peu relâchée dans le
choix de ses représentants. Déjà, à deux reprises différentes, les Grecs insinuants avaient pu s'introduire dans
les lieux saints d'où ils chassèrent les catholiques. L'indignation en France fut à son comble, lorsqu'on apprit
les empiétements des moines orthodoxes protégés par
Kœuprulu et qui s'étaient ménagé des intelligences
secrètes dans le palais.

Mazarin, qui avait succédé à Richelieu, dirigeait alors
la politique de la France. Il n'avait point hérité du puissant génie de son prédécesseur, mais il en avait la
prudence sinon la hardiesse. Ayant à lutter tout ensemble contre les ennemis de l'intérieur et contre l'hégémonie allemande, Mazarin ne pouvait se décider à déclarer
la guerre à la Turquie. Et pourtant les relations entre
les deux pays se tendaient visiblement, aggravées par
les imprudences de l'ambassadeur de France et de son
fils, jeune homme inexpérimenté, d'un tempérament
turbulent et dont les allures cassantes déplurent à Kœuprulu. Mazarin cherchait à gagner du temps. Il imitait

la conduite de Richelieu qui n'avait jamais voulu rompre ouvertement avec la Porte. N'est-ce point là, d'ailleurs, la marque certaine du vrai génie, et le temps n'est-il pas souvent le meilleur collaborateur des hommes d'Etat ? En dépit de toutes les avanies dont les Français eurent à souffrir, Mazarin refusa de faire des démonstrations militaires et se contenta d'envoyer à Constantinople une mission spéciale chargée de demander réparation pour les dommages subis et de rechercher un terrain de conciliation qui devait permettre aux deux gouvernements de reprendre leurs anciennes relations. Cette tension des rapports de la France avec la Turquie dura quelques temps et Louis XIV, désirant obtenir satisfaction de la Porte modifia la politique de Richelieu. Il alla même, pour atteindre ce but, jusqu'à se rapprocher de l'Autriche, l'ennemie traditionnelle, espérant par ce moyen forcer le Divan à donner les légitimes réparations dues à la France. Ici apparaît la faute commise par les deux Kœuprulu, faute à laquelle nous faisions allusion au commencement de ce chapitre. La Porte eut à regretter l'obstination du grand vizir. Sur terre comme sur mer la victoire se para des fleurs de lys et le drapeau français fit son apparition au St-Gothard, en Crête et dans les Dardanelles.

Le Divan affolé signa avec l'Autriche la paix de Vosvar ; mais il voulut tirer vengeance de sa défaite en supprimant d'un trait de plume les capitulations qui avaient été données à la France. Tentative vaine ! A ce moment Louis XIV était dans tout l'éclat de sa gloire ; il prêta son concours aux flottes vénitiennes et, n'étaient les divisions qui éclatèrent entre l'amiral français et l'amiral vénitien, l'expédition contre Candie eût été couronnée d'un plein succès.

Au fond de tout cela, il n'y avait, en réalité, qu'une question personnelle entre Kœuprulu et les ambassadeurs du roi. Mieux renseigné sur la situation, Louis XIV se fût tiré de ce mauvais pas, à bien moins de frais. Toutefois le sage Colbert était, comme ses illustres prédécesseurs, opposé à une guerre avec la Turquie et, bien qu'une nouvelle mission diplomatique confiée à M. de la Haye eût complètement échoué, il chercha toujours une solution pacifique à ce conflit qui s'éternisait, par l'entêtement de Kœuprulu et les intrigues des agents anglais, qui avaient intérêt à envenimer la querelle. Elle se termina, un peu plus tard, par un arrangement qui donna toute satisfaction à la France, tant pour le maintien des capitulations que pour la question des lieux saints.

Cependant, grâce à la bonne administration des Kœuprulu, la Turquie s'était relevée et, sa puissance militaire augmentant chaque jour, inquiétait de nouveau ses voisins. Cédant aux instances du grand vizir qui venait de déclarer la guerre à la Pologne, le sultan prit en main la conduite des opérations. Jusqu'ici, il ne s'était guère occupé que de ses plaisirs. Grand chasseur, il passait son temps dans les forêts et cette passion le dominait au point qu'il écrivit, de sa main, plusieurs chapitres sur ses exploits cynégétiques.

Sa campagne en Pologne mérite toutefois une mention spéciale. Sa présence au camp contribua puissamment au succès de ses troupes qui furent victorieuses sur toute la ligne. La mort prématurée d'Ahmed Kœuprulu, survenue à ce moment, fut une perte cruelle pour l'empire. Sobieski, qui venait d'apparaître sur les champs de bataille, reprit Lemberg et par une série de triomphes sur lesquels il est inutile de s'étendre, il obligea le sultan à signer un nouveau traité de paix favorable à l'Autriche ; mais qui comme tous les traités passés avec la Porte à cette époque, n'eut qu'une durée éphémère.

Moustapha, le plus incapable et le plus imprévoyant des grands vizirs avait succédé à Kœuprulu. Profitant des offres faites par une partie de la Hongrie, insurgée contre l'Autriche, il marcha au secours des rebelles à la tête d'une puissante armée. Il obtint quelques succès au début de la campagne ; mais ayant voulu mettre le siège devant Vienne, le boulevard de la chrétienté, sans avoir, au préalable, assuré ses approvisionnements, il fut complètement défait par Sobieski (1) qui poursuivit les débris de son armée jusqu'au delà du Danube, faisant subir aux Ottomans des pertes cruelles.

En apprenant la nouvelle de ce grand désastre le sultan ne put s'empêcher de pleurer. Il se hâta de signer un arrêt de mort contre Moustapha qui fut étranglé.

Vers le même temps l'héroïque Duquesne se couvrait de gloire. Après avoir détruit les flottes ottomanes et les vaisseaux des corsaires africains, il était venu menacer Constantinople. Le Divan se hâta d'accorder à la France les satisfactions que les Kœuprulu lui avaient refusées jusque-là. Cette politique fatale pesa d'autant plus lourdement sur les destinées de l'empire qu'une sainte alliance s'était reformée contre lui. Profitant habilement du conflit qui existait entre la France et la Turquie les puissances venaient de se liguer contre cette dernière. Louis XIV fit tous ses efforts pour en détacher la Pologne, mais vainement. Les armées alliées assiégèrent Bude qui ne put être sauvée par les généraux ottomans accourus au secours de cette ville. Maintenant les désastres succédaient aux désastres, terribles, écrasants. La déroute de Mohacz où périrent vingt mille Turcs ôta tout espoir au malheureux sultan qui dut abdiquer pour calmer l'effervescence populaire. Et plus loin, à l'horizon on voyait apparaître d'autres étendards sur lesquels

(1) En 1683.

était peinte l'image du Christ,. c'était les étendards russes menaçant la Crimée.

Mahomet IV était-il seul responsable de ces défaites ? Nullement. Tout au plus pourrait-on l'accuser d'avoir fait choix de Moustapha pour remplacer l'éminent homme d'Etat et le grand capitaine que fut Ahmed Kœuprulu. Là encore sa responsabilité se trouve très atténuée ; car Ahmed Kœuprulu n'avait laissé pour toute progéniture qu'un enfant au berceau et le sultan avait pensé qu'un homme apparenté à cette famille aurait hérité de quelques-unes des vertus dont les Kœuprulu étaient doués. Il serait peut-être plus juste d'attribuer cette déconfiture des armées ottomanes à l'inimitié des Kœuprulu pour la France qui força Louis XIV de se déclarer contre la Turquie, l'amena à prendre position définitivement dans la Méditerranée où il convoitait la conquête des Etats barbaresques, le rapprocha de l'Autriche et, par ce rapprochement inattendu, permit à la sainte alliance de se reformer contre l'empire ottoman, dont elle brisa la puissance au profit de la race germanique et des Slaves. Puis, il ne faut point demander aux sultans une prévoyance qu'ils ne sauraient avoir, ni une énergie qui leur fait défaut. Chez ces descendants dégénérés des premiers empereurs, le ressort de la volonté était complètement usé. Si Mahomet IV, entraîné par Kœuprulu, était resté à la tête de son armée, il aurait pu peut-être éviter ces défaites successives ; mais était-il à même de faire cela ? Est-ce que le régime qui existait en Turquie ne s'y opposait pas, d'une manière formelle ?

Ainsi tout ce qui restait en Europe de la puissance des Ottomans n'était plus qu'épaves flottantes, débris dispersés d'une force qu'une main ferme pouvait encore assembler, mais cette main capable de sauver une nation où la trouver ? Etait-ce dans ce palais, asile de tous les vices, de toutes les corruptions, de toutes les hontes ? Pour se soustraire à ce milieu morbide, les sultans n'avaient qu'un refuge, le harem ; là encore les plaisirs les attendaient, plaisirs sans doute permis par la religion musulmane, mais dont l'abus devait fatalement entraîner l'affaiblissement et la dégénérescence de la dynastie.

Pour échapper à cette situation périlleuse, ils tenteront un dernier effort vers la réforme ; un effort timide, l'effort d'un corps débile et sans volonté, que la maladie a déjà terrassé et qui, de la vie, n'a conservé hélas ! que les apparences. L'homme, quel qu'il soit, qui écrira un jour l'histoire complète des sultans de la décadence aura une rude tâche à accomplir pour faire le départ des responsabilités dans la grande catastrophe finale dont la dynastie est menacée et qui est l'aboutissant naturel d'une situation anormale, qui nous montre un peuple esclave, livré aux brutalités du despotisme, en face de peuples libres, jouissant de tous les avantages de la richesse, et un gouvernement corrompu, rusé et féroce, en face de gouvernements civilisés qui l'exploitent et le méprisent.

CHAPITRE XIX

Nouveaux désordres. — Guerre avec l'Autriche. — Négociations préliminaires. — Moustapha Kœuprulu. — Ses réformes. — Persécutions religieuses. — Leur origine ; leurs effets. — Diplomatie française et diplomatie ottomane. — Mort de Soliman. — Erreurs fatales. — Régime funeste.

Les événements se précipitaient avec une effrayante rapidité. Maîtres de la capitale, les rebelles attaquèrent le grand vizir (1) dans sa propre maison ; il s'y défendit courageusement et se fit tuer devant la porte de son harem, faisant à sa famille un rempart de son corps. Il avait épousé une des filles du grand Kœuprulu ; mais les mutins ne respectaient rien ; on la jeta nue, ensanglantée, dans les rues de Stamboul et le sultan laissa faire. Il ne pouvait agir contre ces forcenés. A force de cadeaux il parvint cependant à gagner un des chefs de l'émeute qui finit par apaiser la rébellion ou plutôt par l'étouffer dans le sang de ses chefs les plus marquants.

Tandis que ces faits abominables se passaient à l'intérieur, les Impériaux poursuivaient leurs succès en Dalmatie. De leur côté les Vénitiens, commandés par le célèbre Morosini, prenaient leur revanche des défaites subies précédemment dans les eaux crétoises et s'em-

(1) Siavoutch.

paraient de la Morée. En même temps des désordres éclataient sur d'autres points. Les jeunes milices recrutées dans les provinces et sur lesquelles on comptait pour rétablir l'ordre dans la capitale suivirent l'exemple de leurs aînés ; en un mot l'anarchie régnait partout.

La nécessité de conclure promptement la paix avec l'Autriche devenait dès lors manifeste. Une ambassade ottomane envoyée à Rome pour notifier à l'empereur l'avènement de Soliman reçut pour mission de préparer le terrain à une nouvelle entente entre les deux pays. L'Autriche, désirant gagner du temps, souleva des difficultés relativement au cérémonial à régler pour la réception des ambassadeurs ottomans. Elle avait besoin de consulter ses alliés, les Vénitiens et les Polonais, pour arrêter avec eux les conditions d'un accord préliminaire qui devait servir de base à un traité de paix définitif.

Des conférences eurent lieu entre les représentants de la Porte et les délégués de l'empereur ; elles montrèrent tout de suite le fossé qui séparait les deux parties en présence. Les ambassadeurs turcs commencèrent par demander la restitution d'une portion de la Transylvanie et d'autres conditions qui furent dédaigneusement rejetées par l'Autriche. Celle-ci formula des exigences telles que le Divan pour les satisfaire aurait dû renoncer complètement à l'occupation de la Valachie, de la Transylvanie et de la Hongrie. « Pourquoi ne demandez-vous pas Constantinople ? » s'écrièrent à la fois les plénipotentiaires ottomans. Les hostilités furent reprises l'année suivante et affirmèrent de plus en plus la supériorité des armées chrétiennes, plus nombreuses et mieux disciplinées. L'organisation militaire en Turquie n'avait fait aucun progrès depuis le grand Soliman ; elle s'était, au contraire affaiblie par la multiplicité des émeutes et des séditions. Il n'y avait plus en réalité de véritables armées, mais des bandes insoumises que le danger rassemblait en une cohue désordonnée n'obéissant à aucune direction ; mais faisant toujours preuve dans les combats d'un héroïsme que l'ennemi, grâce à sa forte organisation, devait facilement vaincre.

Dans cette détresse le sultan confia à Moustapha Kœuprulu le sceau de l'empire et le commandement dès troupes. Il lui donna des pouvoirs étendus dont l'éminent homme d'Etat profita pour réorganiser l'armée ; il y introduisit un élément nouveau qui lui permit de donner plus de cohésion aux troupes. Chacune des provinces fournit son contingent et ces forces habilement réparties par Kœuprulu endiguèrent, pour ainsi dire, l'émeute et rendirent aux armées ottomanes une densité qu'elles semblaient avoir perdue.

Quoiqu'il fût profondément attaché à ses croyances, le nouveau grand vizir fournit une preuve de son libéralisme en créant le « Nizam djédid » règlement organique accordant aux chrétiens, sujets de son maître, une petite place au soleil. Il les tira ainsi de l'obscurité où ils végétaient misérablement et parvint, pour un temps, à les soustraire aux persécutions.

Libre échangiste, il décréta que l'achat et la vente seraient laissés à la volonté des partis. Cette mesure, conforme aux prescriptions de la loi mahométane, ranima la confiance et donna un nouvel essor au commerce. Par cela même, Kœuprulu améliora la situation des *rayas* (c'était la dénomination par laquelle on désignait les chrétiens dépendant de la Porte), situation devenue intolérable.

Par ces réformes libérales et par le souci qu'il prit pour assurer la bonne marche des affaires, il jeta un grand éclat sur le règne de Soliman II qui, tout en se livrant à ses plaisirs, eut du moins ce mérite rare de soutenir son ministre.

Pour comprendre l'importance de la réforme entreprise par Kœuprulu et qui eut pour résultat d'améliorer dans une certaine mesure le sort des chrétiens de l'empire, il faut se reporter aux premiers temps de l'islamisme et remonter jusqu'à la domination arabe. Après la disparition des premiers Califes, successeurs immédiats du Prophète, qui traitaient les chrétiens avec justice, l'ère des persécutions avait été inaugurée par la caste religieuse avec le concours des princes formés par elle à l'école du fanatisme.

Ces persécutions ne cessèrent pas avec la domination intolérante des Arabes, elles furent continuées dans tous les Etats mahométans et l'on en retrouve la trace jusqu'en Espagne où, pourtant, la religion musulmane s'était affinée au contact de la civilisation européenne à cette époque là à peine naissante et pour ainsi dire embryonnaire. Ces tendances des peuples mahométans provenaient plutôt de la mauvaise direction donnée à l'enseignement religieux que des préceptes du Coran, noyés en quelque sorte, dans des commentaires sans fin qui achevèrent de dénaturer complètement le sens des Ecritures islamiques.

Lorsque Mahomet accorda la paix aux chrétiens de Nadjran qui s'étaient révoltés contre son autorité, il le fit à la condition qu'ils donneraient aux soldats musulmans des vêtements et des armes et qu'ils s'engageraient à ne plus trahir sa cause. On préleva plus tard sur leurs personnes l'impôt de la capitation ou le *Djezié* et l'on établit en même temps sur les propriétés, appartenant à des chrétiens et à des juifs, l'impôt foncier ou le *Kharadj*. On inséra quelques-unes de ces conditions et d'autres relatives à l'exercice du culte dans un acte officiel qui reçut le nom de traité ou de pacte *ahd*, qui se terminait par ces paroles du Prophète : « Ceci établi, tout ce qui sera pour eux sera pour nous et tout ce qui sera contre eux sera contre nous ». Les chrétiens pouvaient dès lors espérer qu'en restant fidèles à leurs maîtres ils n'auraient à craindre aucune persécution.

Toutefois, ce pacte fut modifié dans la suite. Chaque Calife se crut autorisé à y ajouter de nouvelles prescriptions. Les hommes de loi s'en mêlèrent et promulguèrent contre les chrétiens et les juifs une législation draconienne que Mahomet eût sans doute désapprouvée ; mais le fondateur de la nouvelle religion n'était plus, et les hommes restaient avec leurs passions inassouvies et leurs haines implacables. Ainsi, on voulut d'abord qu'il fût expressément défendu aux chrétiens de se vêtir de blanc et de porter le turban, *amama*. Bientôt il leur fut interdit de se couvrir du *jobbé*, robe longue fendue jusqu'au bas et du *cába*, manteau qui se mettait au-dessus de ce vêtement. On régla également la coupe de leurs habits et de leurs pantalons, la forme de leurs chaussures, la façon dont ils devaient se raser les cheveux et la manière de porter la coiffure. Le législateur alla jusqu'à rechercher les couleurs qui convenaient le mieux aux chrétiens et aux juifs ; il imagina le bleu pour les premiers et le jaune pour les seconds. Encore fallait-il que ce jaune fût d'une espèce particulière et qu'il ressemblât à la couleur du miel. Il défendit également aux chrétiens et aux juifs de monter sur des chevaux ; ils devaient se contenter des ânes et des mulets. Il ne leur était pas permis non plus de se servir de selles de cuir ou de bois, mais simplement de bâts. Ils ne pouvaient ni enfourcher leurs bêtes de somme comme le commun des mortels, ni avoir des étriers ; ils étaient obligés de s'asseoir sur les bâts, les deux pieds d'un seul côté. En outre un chrétien ou un juif ne devait jamais saluer le premier et, quand il se trouvait sur le passage d'un musulman, il était tenu de se retirer dans l'endroit le plus étroit du chemin pour le laisser passer, enfin toutes les fois qu'un mahométan avait recours à un chrétien pour lui demander un service, celui-ci se voyait forcé de lui obéir. D'autre part, il était défendu aux vrais croyants de toucher à un objet dont les chrétiens avaient fait usage, et c'était un crime de les employer, soit comme scribes auprès des émirs, soit comme collecteurs des impôts.

A ces conditions que nous venons d'indiquer, et nous en omettons bien d'autres, il était permis aux chrétiens et aux juifs de vivre en pays musulman. On ne leur demandait que d'être humbles et soumis, si humbles qu'en les voyant passer dans les rues, rasant les murs et couverts d'habits noirs, on les prenait pour des ombres. Cette législation bizarre, qui a reçu la consécration des califes, avait donné naissance à une école toute-puissante qui s'ingéniait à trouver dans le Coran certains passages obscurs autorisant les persécutions contre les chrétiens. Des légistes célèbres, comme Eben-Naquah et quelques autres, passaient leur vie à tirer des livres de l'islamisme les arguments les plus saugrenus pour prouver que les chrétiens étaient des êtres inférieurs et vils que l'on devait traiter comme des animaux impurs. Telle est cependant l'impuissance des lois, quand elles dépassent les bornes de la raison et qu'elles ne répondent plus à une idée de justice, qu'en dépit des ordonnances des califes et de la haine des ulémas contre les chrétiens et les juifs, ceux-ci continuèrent à occuper dans le gouvernement quelques places, d'ailleurs très rares, où leurs aptitudes naturelles et la connaissance qu'ils avaient des affaires financières les rendaient indispensables. Mais la situation privilégiée d'un petit nombre d'entre eux ne fit qu'irriter les sentiments hostiles de la majorité des musulmans contre les deux nations confondues dans la même haine et qui subirent pendant plusieurs siècles les mêmes persécutions. Ces persécutions n'avaient pas, il est vrai, le caractère san-

glant et féroce de celles subies par les premiers chrétiens lorsqu'ils envahirent l'empire romain. Elles consis-
taient le plus souvent, comme on l'a vu, en une série
d'actes vexatoires, d'outrages, d'injures, de menaces de
mort et de dénis de justice. En effet, il était rare dans
les premiers siècles de l'islamisme qu'un massacre général des chrétiens eût lieu avec l'approbation de l'autorité
légale. En revanche, les crimes individuels commis
contre eux étaient tolérés. Insultés par les uns, dépouil-
lés par les autres, honnis et méprisés de tous, les malheureux étaient traqués comme des fauves.

Ces funestes doctrines dont les premiers empereurs
ottomans ne tinrent heureusement aucun compte s'étaient
peu à peu infiltrées chez le peuple et dans le gouvernement. Les chrétiens dénoncés par la caste fanatique des
ulémas comme les ennemis de la religion et de l'Etat
souffrirent les mêmes vexations dont nous venons de donner un aperçu général dans les pages qui précèdent. De
temps en temps, ils se voyaient menacés d'une destruction totale ! Ce fut l'honneur de Kœuprulu d'avoir
cherché à ramener les Ottomans dans les voies de la
tolérance et l'on doit savoir gré à Soliman II de son
adhésion à cette politique de sagesse qui, si elle avait
été suivie scrupuleusement par ses successeurs, eût
arrêté l'empire sur la pente de sa décadence.

La diplomatie française qui, dans un moment d'égarement, avait prêté son concours à l'Autriche, était
revenue à ses anciennes traditions et essayait, par tous
les moyens, de porter secours à la Turquie. L'Autriche, on l'a vu, avait mis à profit l'erreur commise pour
s'assurer des avantages précieux qui lui permirent
d'étendre ses frontières à l'Est. En 1688, ses armées
occupèrent Belgrade. Erlau venait de retomber entre
leurs mains, quand elles furent rappelées sur les bords
du Rhin où la France avait tenté une diversion heureuse

pour les Ottomans. Ce secours, joint à la sagesse dont Kœuprulu fit preuve dans son administration intérieure, ramena la prospérité dans l'Etat. La Morée fit retour à la Turquie par la libre volonté des Grecs qui estimaient que la domination ottomane valait mieux que l'hégémonie des catholiques ligués contre leurs croyances.

Encouragé par ce succès, Kœuprulu attaqua les Impériaux qu'il chassa successivement de la Serbie et de la Transylvanie, leur reprenant Widdin, Semendria, Kossova et Belgrade. Après s'être affirmé comme homme d'Etat, Moustapha Kœuprulu se montrait un guerrier illustre. En lui, le sang des ancêtres ne s'était point démenti et son courage fut au-dessus de tout éloge. On doit regretter cependant qu'il l'ait porté à sacrifier aux nécessités de la guerre une existence aussi précieuse que la sienne. Il avait, à un haut degré, par atavisme, le goût des choses militaires ; son père ainsi que son aïeul s'étaient montrés de braves soldats, capables de gagner des batailles. Chez les Kœuprulu, l'attitude et le langage se ressentaient de leur origine guerrière et ceci explique qu'ils furent de médiocres diplomates. En effet, ce n'est pas au moment où il venait de remporter de brillants succès dans la campagne de 1690, enlevant aux Impériaux Nissa, Semendria, Belgrade et d'autres places, que Moustapha devait s'engager dans de nouveaux combats où il sacrifia sa vie sans profit pour l'Empire, chargeant l'ennemi à la tête de quelques escadrons. Sa mort, survenant après celle du sultan Soliman, aggrava la situation. Disons à sa décharge qu'en agissant de la sorte, il voulait servir sa patrie et réparer la faute commise par ses prédécesseurs qui s'étaient aliéné les sympathies de la France.

Le nouvel ambassadeur du roi, Châteauneuf, qui venait de remplacer M. de la Haye, avait une double mission, celle d'abord de pousser la Porte à déclarer im-

médiatement la guerre à l'Autriche et ensuite de récon-
cilier le Divan avec la Pologne. Il réussit auprès de
Kœuprulu pour la première partie de sa mission ; mais,
ce dernier refusa de conclure une entente avec la
Pologne, malgré les instances réitérées de Châteauneuf. Il commettait en cela une faute des plus graves
qui allait peser lourdement sur les destinées de la Turquie. En détachant les Polonais de la coalition formée
contre elle, au centre de l'Europe, Kœuprulu aurait
assuré le succès de ses entreprises guerrières. L'Autriche attaquée sur le Rhin, sur le Danube et la Morava,
aurait été paralysée et peut-être écrasée. Et voyez les
avantages que l'empire ottoman aurait pu retirer de cet
acte éminemment politique. Les généraux turcs venaient
de remporter des succès éclatants sur les Russes commandés par Galitzin et sur Morosoni lui-même, à qui
les troupes ottomanes victorieuses avaient enlevé les
places importantes dont il s'était rendu maître quelques
années auparavant. Une alliance avec la Pologne, appuyée par la France, eût achevé l'œuvre à laquelle la
Turquie s'était dévouée depuis trois siècles, celle de
détruire et de bouleverser la puissance germanique. La
Pologne était d'un grand secours pour l'Autriche. La
priver de cet appoint, c'était consommer sa perte. Les
Kœuprulu, nous le répétons, n'avaient pas cette compréhension élevée des intérêts politiques de l'empire.
C'étaient des administrateurs incomparables, des organisateurs hors ligne et, ce qui est rare en Turquie, des
ministres honnêtes. En présence des résultats obtenus
par leur coopération à la politique européenne, on eût
presque souhaité qu'ils fussent un peu malhonnêtes ;
car, ce qu'on demande à un grand ministre, c'est avant
tout une perception nette et claire des véritables intérêts
de son pays. Le reste importe peu. Est-ce l'honnêteté
d'un Richelieu, d'un Bismarck, d'un Cavour qui a fait

la réputation de ces hommes illustres, ou est-ce leur génie ? Le plus humble scribe de la Porte eût peut-être commis moins de fautes dans la direction de la politique extérieure de l'empire que les Kœuprulu. Dans cet ordre d'idées, Sokoli leur fut supérieur ; mais c'est le destin de la Turquie de n'avoir jamais rencontré un homme d'Etat qui fût complet. Cela tient au régime qui ne peut en produire.

Si nous portons un jugement aussi sévère sur les Kœuprulu, c'est qu'ils étaient des ministres autrement doués que tous ces grands vizirs qui se succédaient au pouvoir pour la ruine de leur patrie plutôt que pour la servir. Les erreurs commises par eux eurent pour le pays des conséquences d'autant plus funestes et par suite leur responsabilité s'est trouvée d'autant plus engagée, qu'ils eurent les mains libres. Les sultans, par une coïncidence sans doute fortuite, leur avaient laissé toute latitude pour gouverner l'Etat. Soliman disait : « J'abandonne entièrement à Kœuprulu le soin de gouverner, de crainte que mon intervention ne gâte le bien que sa sagesse doit opérer ». Paroles admirables dans la bouche d'un souverain oriental, mais qui montrent que, même dans un gouvernement absolu, il ne faut point se fier complètement à un homme, eût-il un génie transcendant. Les assemblées populaires pleines de tumulte et parfois de désordres, ont leur utilité dans un gouvernement ; elles renferment l'instinct populaire, ce bon sens clairvoyant qui illumine les routes sinueuses de la politique et arrache le plus souvent l'Etat aux périls les plus graves.

En réalité, la pauvre Turquie, organisée comme elle l'était à la fin du Moyen Age, marchait à l'aventure. Elle était ce roseau battu par les vents et les tempêtes auquel on ne peut demander d'avoir la fermeté du chêne séculaire sous l'ombrage duquel les oiseaux du ciel viennent chercher un refuge, image de la puissance terrestre qui abrite les peuples sous l'égide de Dieu.

Cette idée d'une providence que Bossuet a si magnifiquement développée dans son étude sur l'Histoire universelle, n'est pas ignorée des musulmans ; elle fait même le fond de leur doctrine, avec cette différence toutefois, qu'elle n'amène pas chez eux ces réactions salutaires par lesquelles se perpétuent la vie d'un peuple et l'existence d'un empire.

Elle produit l'effet contraire, dans ce sens que la résignation se transformant pour eux en la croyance à une fatalité inéluctable, ils se trouvent, de ce fait, comme paralysés dans leurs mouvements et incapables de se régénérer.

Tous les États mahométans ont passé par cette crise redoutable et n'ont pu en triompher, faute d'énergie morale. Ils fournissent d'abord une brillante carrière, puis, ils s'éteignent doucement dans une sorte de somnolence qui les conduit au tombeau.

CHAPITRE XX

AHMED II

En montant sur le trône Ahmed n'eut pas à subir les avanies dont avaient souffert ses prédécesseurs. L'armée tout entière se trouvait à Sophia sous le commandement du grand vizir qui se préparait à attaquer l'ennemi avec des forces considérables. Les Sipahis et les Janissaires s'étaient assagis grâce aux mesures prises par Kœuprulu et ne se montrèrent pas trop exigeants. Ils comptaient d'ailleurs sur une prochaine victoire pour se dédommager par le pillage de ce qu'ils n'avaient pu arracher au sultan comme don d'avènement. Mais au lieu de la victoire, ils rencontrèrent la défaite à Slankamen, une défaite où toutes leurs espérances s'étaient écroulées, et dans laquelle avait péri malheureusement le vertueux et vaillant Moustapha Kœuprulu. Ce fut une journée funeste que celle qui vit l'armée ottomane dispersée et taillée en pièces par l'armée chrétienne, retranchée dans une forte position, où il était imprudent de l'attaquer. Tel était du reste l'avis du vieux Khalil-Pacha, le compagnon de Kœuprulu auquel ce dernier faisait le reproche de se montrer pusillanime. Qu'ai-je à redouter répondit Khalil, je n'ai plus que peu d'années à vivre.

Kœuprulu avait perdu dans cette circonstance tout sang-froid. Il attaqua deux fois les Autrichiens, il fut deux fois repoussé. Que faut-il faire ? demanda-t-il aux généraux qui l'entouraient, combattons à l'arme blanche ; aussitôt, il se jeta dans la mêlée où il trouva une mort glorieuse. Il était à peine tombé sous les balles meurtrières, qu'on se hâtait d'annoncer sa mort à l'armée qui se découragea et battit en retraite dans un grand désordre. Cette faute exerça la plus funeste influence sur l'avenir de la campagne.

Khalil-Pacha, après bien des hésitations, avait pris le commandement de l'armée, il en sauva les débris. L'étendard du Prophète, dont la hampe venait d'être brisée à Slankamen, fut ramené à Constantinople.

Ali-Pacha avait été nommé grand vizir ; mais la situation étant très difficile, il refusa d'assumer la conduite des opérations de la guerre. Il se livra à une série d'abus qui rendirent son nom odieux. Il fit mettre à mort le secrétaire de Kœuprulu pour le punir de n'avoir pas retenu son maître, lorsqu'il voulut charger l'ennemi à la tête des Sipahis. Il fit également trancher la tête à quelques autres hauts personnages dont il redoutait l'hostilité. En réalité, il visait à la bourse de ces grands dignitaires, qu'il supposait être bien garnie. Issu lui-même d'une famille obscure, Ali avait des appétits de parvenu qu'il tenait à satisfaire. Eghienli, aga des Janissaires, fut l'une de ses victimes et non la moindre ; car il avait joué un grand rôle sous le règne précédent où il s'était considérablement enrichi.

Le gouverneur de Damas Kourdji Mohammed et celui de Bossra n'échappèrent pas à sa cupidité. Ahmed qui était dévot et auquel on avait représenté ces immolations comme nécessaires au salut de la religion — que venait-elle faire ici ? — et de l'État, n'eut garde d'intervenir ; il laissa toute liberté à son grand vizir jusqu'au jour où ce dernier tomba dans un piège tendu par ses ennemis. On lui avait représenté le chef des eunuques comme suspect et il résolut de s'en défaire. Ahmed le destitua, en effet, il le condamna même à l'exil ; mais l'irascible grand vizir voulut qu'il sortît de Constantinople sur une charrette à bœufs. La victime protesta et la favorite ayant représenté au sultan combien ce manquement à l'étiquette était préjudiciable à la dignité de la couronne, Ahmed retira le sceau au grand vizir et l'obligea à monter sur la charrette qu'il avait fait préparer pour son ennemi. Sourméli le remplaça comme premier ministre.

A l'extérieur, la situation ne s'améliorait guère. Les opérations militaires traînaient en longueur et l'Autriche faisait la sourde oreille aux propositions de paix qui lui étaient faites par la Porte. Elle y mettait, du moins, des conditions tellement onéreuses que le Divan désespérait d'arriver à une entente qu'il semblait souhaiter, lorsque l'Angleterre et la Hollande offrirent leur médiation à la Porte. L'Autriche demandait notamment : 1° la conservation de tous les pays conquis ; 2° la remise du Saint-Sépulcre ; 3° l'exemption pour Raguse du paiement de tout tribut ; 4° le droit de comprendre le Czar dans les négociations ; 5° la renonciation de la Porte à la possession de l'Ukraine et de la Paladie ; 6° la remise à la République de Venise des territoires compris entre les rivières d'Obrovaez et la Bojana, etc. De telles stipulations ne pouvaient convenir à la Turquie et Chateauneuf, envoyé extraordinaire du roi de France, n'eut pas beaucoup de peine à persuader au sultan de continuer la guerre. Il écrivait déjà en juin 1693 « Le grand vizir fera sa sortie dans quelques jours et ce n'est que lorsqu'il sera sous le pavillon, prêt à reprendre la campagne, qu'il fera savoir à Messieurs les ambassadeurs de Hollande et d'Angleterre sa résolution». Cette résolution, il est facile de la deviner, c'était ni plus ni moins le refus catégorique de la Porte d'obtempérer aux désirs de l'Autriche.

En même temps, la France s'efforçait par tous les moyens d'amener la Pologne à conclure une paix particulière avec la Turquie ; mais elle avait à lutter contre l'influence des papes qui maintenaient le faisceau de la Sainte Alliance. Le résultat final n'était plus douteux. On sentait que les avantages acquis par les alliés ne pouvaient être totalement perdus pour eux, quoi qu'il advînt, et que la Turquie aurait de la peine à triompher de la résistance victorieuse que les Impériaux lui opposaient avec une persévérance et une ténacité qui ne s'étaient point démenties jusque-là. Ces avantages au contraire s'augmentaient de jour en jour par la démoralisation qui existait dans les rangs de l'armée turque et par de nombreux échecs que ne pouvaient compenser quelques succès partiels. Ces petits succès remportés par les généraux ottomans, entretenaient néanmoins l'espoir au cœur de l'ambassadeur de France qui comptait sur une belle victoire pour acculer l'Autriche à ses derniers retranchements. Illusion d'autant plus décevante que Chateauneuf connaissait à fond l'état de faiblesse où la Turquie était tombée. Il dépêcha Férioul, son homme de confiance, à Belgrade auprès du grand vizir pour le confirmer dans ses desseins belliqueux. Férioul arriva au camp au moment où l'ambassadeur d'Angleterre et le représentant de la Hollande y étaient attendus, ayant sollicité simultanément du grand vizir une audience particulière qui leur avait été accordée. Il s'agissait du fameux traité de paix qui s'élaborait depuis longtemps sans jamais aboutir ; mais qui, en réalité, existait déjà de droit sinon de fait, tant les événements que nous avons racontés s'étaient chargés d'en indiquer les clauses et conditions. Après une série de désastres, il ne reste plus qu'à déterminer l'étendue des pertes subies et l'on a souvent du gain à traiter tout de suite avec le vainqueur. C'est ce que les ambassadeurs d'Angleterre et de Hollande ne se lassaient pas de répéter au grand vizir; l'un et l'autre avaient intérêt à voir cesser les hostilités, d'abord pour favoriser l'extension de leur commerce, ensuite pour permettre à l'Autriche de disposer de ses armées sur le Rhin. Ils échouèrent cependant, le grand vizir espérait, avec les forces qu'il venait de réunir autour de Belgrade, pouvoir prendre une éclatante revanche des défaites que l'Autriche avait infligées depuis quelques années aux troupes impériales. Férioul n'en respirait pas et Chateauneuf faisait brûler des cierges pour que fût définitivement décidé par le sultan le rejet des audacieuses propositions formulées par le gouvernement de Vienne. En effet, l'heure était solennelle, palpitante d'intérêt, pleine d'émotions vivement ressenties de part et d'autre. Pour le sultan, il s'agissait d'éloigner de ses lèvres ce calice amer ; pour la France, il y avait un intérêt capital à ce que la guerre fût reprise à bref délai.

Férioul demandait même au grand vizir d'interdire l'accès du camp aux ambassadeurs d'Angleterre et de Hollande; mais Sourméli lui fit cette spirituelle réponse, que la Sublime Porte était ouverte à toutes les Puissances qui voulaient y entrer pour en contempler la splendeur. On tint donc plusieurs conférences dans le camp transformé, pour la circonstance, en une salle de délibérations. La médiation fut rejetée pour la seconde fois et le grand vizir Sourméli marcha à l'ennemi accompagné des vœux de Férioul et de Chateauneuf. Le triomphe de ces deux diplomates s'affirmait momen-

tanément, mais il devait, hélas ! être suivi bientôt de
cruelles déceptions. Nous ne parlerons pas des opérations
qui, jusqu'en 1695, ne donnèrent aucun résultat décisif, l'avantage, en somme, restant aux impériaux et à
leurs alliés qui avaient pu arrêter la marche de l'ennemi, en lui infligeant deux sérieux échecs devant
Gabella et Camieniæ. La situation allait devenir plus
critique encore par l'annonce de la prise de Chio par la
flotte vénitienne. Il est à remarquer qu'originaires des
pays du soleil, toutes les fois que les Turcs avaient dû
abandonner une ville ou une place vers l'Est, ils en
furent vivement affectés. Chio n'avait en réalité aucune
importance stratégique et ne pouvait par conséquent
soutenir la comparaison ni avec Belgrade, ni avec Bude
ou Erlau auxquels les Ottomans n'avaient donné qu'un
faible regret, tandis qu'ils considérèrent la prise de Chio
comme une grande calamité, comme une de ces catastrophes où peut sombrer l'avenir d'une nation. C'est que
Chio était placée sous le même ciel que Constantinople
et que les Turcs redoutaient une attaque de la flotte
vénitienne contre la capitale, attaque qu'ils n'auraient
pu repousser ; attendu que leurs galères voguaient un
peu partout et serraient de près les côtes barbaresques
où des querelles intestines venaient d'éclater entre les
musulmans.

Les sultans qui, on s'en souvient, avaient laissé disparaître successivement les États mahométans et qui
étaient sur le point de sacrifier la Crimée aux ambitions
moscovites, eux qui avaient compromis à jamais la
prospérité de la Perse et avaient vu s'évanouir les derniers restes de la domination arabe en Espagne, ces
mêmes sultans venaient de ressentir, tout d'un coup,
une subite tendresse pour les États barbaresques, nids
de corsaires, dernière citadelle de la barbarie, placée
en face de la civilisation comme pour la narguer ; car

en réalité les corsaires n'étaient plus une menace pour l'Europe.

Sourméli, en attendant qu'il puisse reprendre la campagne sur terre et sur mer, occupa ses loisirs à suggérer au sultan quelques réformes. Il fit décréter que désormais le divan se réunirait trois fois par semaine pour délibérer sur les affaires de l'État, excellente mesure, mais qui fut d'un mince profit pour l'empire et provoqua parfois des résolutions hâtives qui, dans l'état où se trouvait la Turquie, pouvaient devenir éminemment dangereuses. D'autres mesures fiscales furent adoptées pour mettre un terme aux concessions des fermiers qui donnaient lieu à toutes sortes d'abus; mais toutes ces réformes étaient l'indice d'une situation précaire à laquelle on s'efforçait de remédier par des demi-moyens. Ahmed laissait faire. Préoccupé surtout de son repos plus encore que de ses plaisirs, il n'entravait guère l'action de ses ministres. Il s'était acquis une certaine popularité en faisant quelques pensions aux lettrés. Il s'intéressait à leurs travaux et paraissait avoir une prédilection toute particulière pour les poètes qui célébrèrent sa gloire en leurs vers jusqu'à sa mort.

Quelle fut sur les lettres, les arts et les sciences l'influence de cette époque de décadence qui, commencée tout de suite après le règne de Soliman-le-Magnifique, se perpétua à travers les années? Cette influence fut néfaste en ce qu'elle arrêta l'essor de la littérature, des arts et des sciences. Il ne pouvait, d'ailleurs, en être autrement. Dans un pays troublé par l'anarchie, ruiné par des guerres malheureuses, livré aux caprices d'une soldatesque brutale, corrompu par le despotisme et par des pratiques qui ne sont plus en usage que dans les contrées où toute idée de morale semble éteinte, ni la littérature, ni les arts, ni les sciences juridiques (la Turquie, même à la fin du seizième siècle, n'en connut point d'autres) ne pouvaient se développer.

Ce n'est pas que les encouragements eussent jamais manqué aux poètes, ni aux historiens qui occupaient alors des places largement rétribuées en qualité d'historiographes de la cour, ni aux grammairiens, ni aux jurisconsultes, ni aux médecins ; mais pour que la science prospérât, pour que le savoir humain se développât, pour que l'art progressât, il fallait une atmosphère morale favorisant l'éclosion de toutes ces belles choses qui, dans la période dont nous parlons, se trouvaient, pour ainsi dire, noyées, submergées, presque anéanties, par le débordement des passions les plus honteuses, par les émeutes les plus sanglantes, les désordres les plus hideux, la pénurie la plus complète, la misère la plus noire, l'anarchie la plus échevelée, l'oblitération du sens de la vie. Et au milieu de ces ruines et de ces conflagrations, on vit la majesté du trône violée par des révolutionnaires sans idées et sans mandat agissant en leur propre nom, élevant le vol et le pillage à la hauteur d'un principe et inaugurant, à la fin du Moyen Age, une sorte de chantage dont les malheureux sultans faisaient tous les frais. Un tel état social pouvait-il être fécond pour les travaux de l'esprit, surtout dans un pays réfractaire à la liberté où la noble profession des lettres se prostituait au pouvoir, où elle se vendait pour des honneurs et des dignités, où elle descendait même jusqu'à la mendicité ?

Avec Mahomet Ier, Amurat II, Mahomet II, Sélim Ier, Soliman-le-Grand, nous avons assisté à l'éclosion d'une littérature qui n'était ni sans valeur, ni sans charme. Cette littérature ne fut, en réalité, jamais indépendante ; mais il n'y avait pas alors disproportion entre l'éloge décerné aux grands et les qualités dont ces derniers paraissaient doués. On admirait dans les monarques, dans les ministres, dans les personnages marquants des mérites réels. Et puis, le succès était là pour justifier ces éloges, ajoutant de nouveaux titres de gloire à un passé déjà glorieux.

En temps de décadence, ces éloges outrés sonnent mal à l'oreille et paraîtraient de l'ironie amère si on n'était en Orient peu familiarisé avec cette arme toujours dangereuse dans un gouvernement absolu qui la punirait par l'exil ou la mort. En dépit de ces réserves, on doit admettre que le génie d'une nation, même asservie, ne saurait rester entièrement stérile. Ses productions ne sont point luxuriantes, et ressemblent plutôt à la mousse sur les rochers qu'à de belles gerbes de fleurs ; mais telles qu'elles sont, elles jettent encore une note gaie au milieu de la désolation générale, elles attestent l'existence d'une vie intellectuelle qui sommeille et là où la destruction a fait les plus terribles ravages, elles donnent, à défaut de richesses, l'idée d'une misère relative, d'un appauvrissement du sang qui laisse subsister quelques effluves de la vie nationale.

C'est à ce point de vue qu'il convient d'examiner les titres que de rares écrivains et quelques poètes de la période de décadence ont acquis à la postérité et au jugement de l'Histoire.

On nous pardonnera de laisser de côté les cinq ou six cents rimeurs inscrits sur les listes des chroniqueurs de l'époque et dont les noms méritent de rester ensevelis sous la poussière du temps. Parmi les poètes en renom, les uns, comme Khaki, Danischi, Rizki, Remzi, etc., composèrent des hymnes sur le Prophète qui ont une réelle valeur ; car les sujets religieux ont cela de particulier, que l'on n'est point forcé de battre de l'aile pour atteindre les sublimes sommets, ils vous portent tout naturellement vers les hauteurs où plane la Foi. Les autres, comme Tifli, Azarif, Abdi Sbir, etc., publièrent des divans, recueils de poésies, et traduisirent notamment des vers persans et arabes. Aazim, l'un de ces poètes, eut même cette idée originale de continuer le poème romantique de Leila et Medjnoun commencé par Kafzadé (1). Assim suivit son exemple en achevant le poème intitulé : « La collection des fleurs », du même auteur. Ce qui peut paraître singulier, c'est que ni l'un, ni l'autre n'avait reçu les confidences du poète. Ahmed Kœuprulu faisait des pensions à tous ces plagiaires éhontés et il ne faut point s'étonner, dès lors, qu'ils aient pullulé sous son grand vizirat. Moustapha Kœuprulu suivit l'exemple de son prédécesseur. Le chroniqueur Safaï raconte que le plus grand poète de son temps fut Nabi, dont l'inspiration se borna à mettre en vers un livre de bons conseils qu'il dédia au Prophète. En général, les titres valaient mieux que les ouvrages : Perles et Joyaux, Fruits du cœur, Sentiers des amants. N'oublions pas dans les noms d'auteurs le poète Djevari qui a écrit un commentaire fort apprécié sur les deux plus célèbres ouvrages mystiques des Arabes, les « Anneaux à fermer » d'Ibenel-Arabi, et le « Mesnevi » de Djelaleddin-el-Roumi.

La poésie servait d'échelon pour monter jusqu'aux plus hautes sphères. C'était l'encens qu'on brûlait sur l'autel des idoles du jour, la bague miraculeuse qui vous ouvrait toutes les portes. Hammer fait justement observer qu'aucun de ces poètes ne peut être comparé à Baki, le poète national. C'est qu'il faut savoir distinguer ici entre les vrais poètes, partout très rares, et les versificateurs qui sont la plaie de l'Orient, sorte d'insectes bourdonnants qui vous agacent avec le bruit monotone de leurs distiques vides de sens, quand ils ne sont pas pillés dans les anciens auteurs.

(1) Hammer, t. 11.

La Turquie n'a pas produit, non plus, de véritables historiens, quoique Hazim et Abdi se fussent élevés dans leurs écrits au-dessus de quelques-uns de leurs prédécesseurs par une manière plus judicieuse de préciser et de juger les faits. Seulement, ils poussèrent si loin ce scrupule, qu'ils arrivèrent, en quelque sorte, à les photographier avec un réalisme ridicule ou enfantin.

Naïma, l'historien du palais, après avoir fait une compilation des précédents écrits, eut le courage de flétrir les débauches d'Ibrahim qui, heureusement pour cet historien, était mort ; car il lui aurait bien fait voir ce qu'il en coûte, en Turquie, de dire la vérité.

Pour les sultans de la décadence, les poètes, les historiens, les calligraphes, faisaient partie de la domesticité du Séraï. Jusqu'à Soliman le Grand, ils avaient été honorés par leurs souverains et Sélim Ier aimait particulièrement à s'entretenir avec eux et à leur montrer qu'il savait tourner le vers ; mais depuis, leur étoile avait pâli et ce fut, nous le répétons, grâce aux Kœuprulu qu'ils eurent un regain de popularité. Il est vrai que le premier Kœuprulu, l'ancêtre, les faisait attacher à la potence comme des malfaiteurs.

Le gouvernement, assez intelligent pour frapper d'un impôt ceux qui, en Orient, consacrent leurs loisirs à écrire des poèmes ou des Kassidé, augmenterait considérablement ses revenus et mettrait une digue aux flots d'harmonie dont ces versificateurs, qui se comptent par milliers, prétendent inonder leurs concitoyens. Notez que dans ces compositions burlesques, il n'y a pas ce qu'on appelle une œuvre à proprement parler ; c'est un bavardage tantôt amoureux, tantôt agressif ou élogieux, presque toujours trivial.

Nous ne parlerons pas ici des jurisconsultes de cette époque. D'abord la science juridique ne varie guère, surtout dans l'islamisme, où la législation forme par le dogme, un tout complet et intangible. Néanmoins la Turquie, pour les ulémas, était pleine de sinécures. De toutes les corporations c'était celle qui émargeait le plus au budget. Ces savants occupaient leurs loisirs à bien autre chose qu'à écrire des œuvres sérieuses ou à apprendre dans les livres les devoirs de leur charge ; ils dévoraient tranquillement l'argent de leurs pensions. Quant aux livres, ils étaient relegués dans un coin de la maison, couverts de poussière, ou bien soignés et catalogués suivant les goûts du bénéficiaire de la prébende.

Ce qu'il y a de certain, c'est que ce ne sont pas les pensionnaires de l'Etat qui ont jamais cherché à s'instruire ou à instruire les autres. A cette époque là les ulémas s'occupaient spécialement de politique. Les muftis se livraient à de ténébreuses intrigues et visaient surtout les postes les plus élevés, là où il leur était permis de dominer et d'exercer le pouvoir absolu. Ils présidaient les assemblées populaires, destituaient les sultans, les étranglaient même, de leurs propres mains, comme on l'a vu.

Il n'y avait pas plus de vrais savants parmi ces législateurs qu'il n'y eût de philosophes, ou de créateurs, parmi les centaines de poètes lyriques qui encombraient les antichambres des ministres et celles des généraux et des chefs des Janissaires ; c'était une exploitation en règle de la littérature par les thuriféraires de la plume et quelques légistes effrontés. Sauf de rares exceptions, ils méritaient presque tous le sort que leur fit subir le premier Kœuprulu, auquel Hammer refuse tout droit d'être un grand ministre, parce qu'il n'avait pas voulu distribuer les deniers de l'Etat à cette tourbe composée d'oiseaux de proie, à ces juristes qui ne retenaient de la connaissance du code que ce qui pouvait favoriser leurs passions ou leurs intérêts, dédaignant le reste, négligeant même leurs devoirs les plus essentiels, ce que nous appellerons leurs devoirs professionnels.

Autour de ces classes de privilégiés gravitaient les calligraphes auxquels Hammer décerne généreusement le titre d'artistes. Ils savaient, en effet, manier le roseau avec un incontestable talent, formant des hiéroglyphes, coulant les lettres en corps de serpents enlacés les uns aux autres dans un mouvement chatoyant qui ne manquait pas d'harmonie. La ligne droite et rigide formait tantôt des arcades en ogives comme suspendues par un fil invisible et tantôt des manières de stalactites comme on en voit aux parois de certaines grottes. Les contours sont plus moelleux, les cavités des *o* sont fendues en amende et celles des *g* et lettres similaires en une forme arrondie, un peu écrasée à l'extrémité. Dans l'enlacement de ces lettres il y a du savoir faire, nous n'en disconvenons pas, mais l'art pur y est complètement étranger.

L'architecture s'est maintenue à son rang par une tradition séculaire qui remonte aux Grecs du Bas Empire et même au delà. Les biographes du temps ne s'en occupaient guère et dans les pages où ils ont entassé les noms de milliers de poètes, d'historiens, de géographes, de jurisconsultes, de médecins, presque tous médiocres, ils ont omis ceux des architectes parce qu'ils étaient grecs ou arméniens. Ils n'appartenaient pas à l'Eglise musulmane. Or qui n'en fait point partie ne peut être illustre et n'a droit à aucune mention. Soyez un savant distingué, un philosophe profond, un légiste émérite, un artiste génial, si vous êtes chrétien, vous ne serez pas estimé à votre juste valeur. Encore dans cette église déjà si hermétiquement fermée, les Ottomans ont-ils eu soin d'établir une chapelle turque où ne pénètrent qu'en fort petit nombre et exceptionnellement, quelques coréligionnaires appartenant à une autre race. Si vous doutez

de la véracité de cette assertion, prenez toutes les bio-
graphies de l'époque, vous n'y trouverez pas le nom
d'un seul chrétien. C'est à peine si on y remarque les
noms d'un ou deux auteurs arabes, et Dieu sait pourtant s'il y en eut d'illustres ! C'est précisément cet ostracisme que Midhat Pacha et ses partisans ont voulu faire
disparaître lorsqu'ils se sont proposé de créer une constitution libérale à laquelle le Sultan avait adhéré en
1876, à contre-cœur sans doute, puisque deux années
après, il la supprimait purement et simplement. La
nation y est-elle restée attachée ? Nous aimons à le
croire. En tous cas, elle l'aime d'un amour passif, nous
allions dire d'un amour platonique, par conséquent
infécond et stérile.

Existe-t-il un art oratoire en Turquie? On sait que
le despotisme ne s'accommode pas du flux de paroles
que les orateurs déversent sur l'auditoire charmé, ou
bien exaspéré de les entendre, suivant que leur parole
est éloquente ou terne. Il n'y a pas de tribune, comment y aurait-il eu des orateurs? Toutefois l'existence
dans les mosquées d'une chaire et d'un enseignement
dogmatique par la prédication devait nécessairement
créer un semblant d'art oratoire. Les premiers Arabes
l'avaient illustré par leur talent. Il est vrai qu'ils
n'étaient point alors tout à fait sevrés de cette indépendance qui seule est le moteur de la parole et l'on cite
encore cette belle tirade d'un des premiers califes rendant compte de l'état des affaires publiques au peuple
assemblé. « O croyants, leur disait-il, si vous trouvez en
moi ou dans ma conduite quelque chose qui ne soit pas
la droiture même, redressez-le avec les lames de vos
sabres ». Mais l'arbitraire des princes a eu bientôt fait
de modérer cette effervescence oratoire et de la suppri-
mer à la longue, de telle sorte que les prédications sont
devenues banales et la chaire n'a plus retenti de ces

accents virils qui rehaussent la dignité humaine. Chez les Turcs, peuple essentiellement militaire, d'une admirable obéissance passive, l'art oratoire fut toujours négligé. La forme du respect, la règle de l'étiquette étant le silence, le talent du tribun n'est point apprécié en Turquie. Or le tribun est le père et le créateur de l'art oratoire. Il y eut bien, sous le règne d'Ahmed II, un ou deux prédicateurs qui, exaspérés du lamentable état des affaires publiques, ont voulu marcher sur les plate-bandes de la politique et dont l'un d'eux, raconte Hammer, ayant eu à expliquer du haut de la chaire que la loi religieuse autorisait le peuple, dans certains cas, à déposséder le souverain de son trône, vit tout son auditoire prendre la fuite ; mais ce fut l'exception. La règle c'était alors, et c'est encore aujourd'hui, de décerner des éloges au monarque sous forme d'invocations adressées à Dieu. Les prélats chrétiens flagorneurs et obséquieux excellent dans ce genre pseudo-littéraire et on n'a pas besoin d'ajouter avec quelle sincérité ils débitent d'une voix traînante ces longues périodes qui se terminent par des *amens* fervents. On ne doit pas s'étonner, du reste, de voir que l'art de la parole n'existe pas dans un pays où le despotisme sévit avec une extraordinaire violence et où les hommes au pouvoir ne peuvent supporter la moindre objection, quand bien même elle leur serait présentée enveloppée de formules respectueuses.

Les écrivains de la chancellerie impériale nous en voudraient si résumant, comme nous venons de le faire, l'état de choses existant à la fin du Moyen Age pour la littérature, les sciences et les arts, nous omettions de parler de ceux qui les avaient précédés dans la carrière. Cette branche de la littérature officielle, hâtons-nous de le dire, avait fait de sensibles progrès. Quand on compare le texte des lettres adressées par les anciens sultans aux cours souveraines avec celle envoyée au Czar Alexis Nichailowicz par Ahmed II, on est forcé de reconnaître que l'*Inscha*, ou style épistolaire, s'était simplifié sensiblement. On n'y remonte plus au déluge pour parler des faits présents. La période est toujours, malgré cela, trop longue, entortillée, un peu obscure ; mais enfin il y a du progrès dans ce sens qu'on arrive à démêler, dans cette inextricable prose, ce qu'on veut dire. En voici quelques extraits que nous reproduisons à dessein pour montrer les changements introduits dans la rédaction des pièces officielles : « Gloire des plus grands princes « de la chrétienté, élu des grands parmi les peuples du « Messie, vous saurez en recevant ce noble chiffre impé- « rial que, par la grâce du Dieu très haut et par la « bienveillance de notre grand Prophète Mohammed « (nous appelons sur lui et sa famille les plus ferventes « prières) notre trône sublime, comparable au Ciel est « le refuge vers lequel se pressent les plus grands mo- « narques et les Khans les plus éminents afin de pros- « terner leurs fronts dans la poussière. Comme vous « venez d'envoyer en qualité d'ambassadeur le modèle « des princes chrétiens Breslaw, avec prière de renouer « l'amitié et l'amour ; la concorde et le bon voisinage « qui ont existé depuis l'époque heureuse où vivaient « nos aïeux entre eux et les czars, vos ancêtres, nous « vous informons que vos ambassadeurs se sont pré- « sentés à ma Sublime Porte et avec leur visage ont « essuyé mon noble étrier selon l'antique usage. L'es- « sence de vos lettres a été porté au pied de notre « trône de justice par nos honorés vizirs ainsi que les « présents que vous avez envoyés comme témoignage « de votre amitié ; notre science impériale qui embrasse « le monde entier en a pris une parfaite connaissance. « Vous nous avez prié d'agir de manière à ce que S. A. « le Khan de Crimée, notre fidèle serviteur, maintienne

« dans l'ordre les Misas et les Tartares et ne fasse aucun
« ravage sur vos frontières. Votre prière a reçu notre
« suprême sanction auquel Khan il est enjoint de faire
« cesser toute excursion dans nos Etats, etc. ».

Nous supprimons de ces lignes beaucoup d'inci-
dentes ; mais le style de cette lettre confirme le témoignage que nous en avons donné. Il importe de dire ici
que la langue turque se prête admirablement à la
concision et que les amplifications l'enlaidissent plutôt
en lui apportant le tribut exagéré de leurs fleurs de
rhétorique, fleurs sentant tellement les parfums du sérail
que leurs émanations sont plus nuisibles qu'agréables.
Hachée et morcelée, la langue turque est donc d'une
réelle beauté. Elle est simple, douce et harmonieuse
tant les consonnes en sont atténuées par une constella-
tion de voyelles conventionnelles qui l'auréole. On dit
que les peuples en décadence ont un langage châtié,
fleuri, mais touffu et précieux. Tel n'est pas le cas pour
les Turcs qui semblent au contraire avoir tenu à honneur, dans l'état morbide où ils végètent, de créer une
langue, vivante, alerte, de bonne compagnie, qui ne
serait point déplacée dans un salon aristocratique.

Les Ottomans ont tort d'y mêler des mots étrangers,
comme ils le font présentement, pour protester, sans
doute, contre la tendance de ceux qui voudraient revenir
à l'ancien idiome turc, expurgeant le vocabulaire des
mots arabes et persans qui forment, en définitive, les
joyaux les plus précieux de ce bel écrin.

FIN DU TOME PREMIER

LAVAL. — Imprimerie parisienne, L. BARNÉOUD & Cⁱᵉ.

9 782019 913441